JN298742

福元健太郎

立法の制度と過程

Legislative Institutions and Process

木鐸社

目　次

序　章　制度がもたらす意図せざる過程 ………………13
　1　制度がもたらす過程 …………………………………………15
　2　制度の意図せざる影響 ………………………………………16
　　（1）事例　17
　　（2）原因　18
　3　制度と立法過程 ………………………………………………21
　　（1）政治体制と立法過程　21
　　（2）立法過程における政府・与党・野党　23
　　（3）立法の下位制度　25
　4　本書の内容 ……………………………………………………27
　　（1）立法の制度　27
　　（2）データと分析手法　28

第1章　政府法案提出手続の蹉跌 ……………………31
　はじめに …………………………………………………………31
　1　分析枠組 ………………………………………………………32
　　（1）集合行為問題　32
　　（2）内閣の統合機能　33
　2　均衡的帰結：現行政府法案提出手続（1961年-現在） ……35
　　（1）概要：予算関係法案中心主義　35
　　（2）分析　39
　3　総力戦における起源（1941-4年） …………………………41
　4　占領軍による質的管理（1945-52年） ………………………43
　　（1）「議会に於ける立法手続等の報告に関する件」　43
　　（2）事前承認：民政局と外務省による統合の試み　45
　　（3）分析　49
　5　戦後の段階的整備（1946-60年） ……………………………50
　　（1）戦前手続の継続（1946-7年）　51
　　（2）内閣官房と次官会議（1948-57年）　52
　　（3）提出予定法律案件名調の開始と法制局下審査（1949年）　54

（4）試行錯誤（1949-60年）　57
　6　予算関係法案中心主義の形成（1954-99年）……………62
　　（1）プレ現行手続へ（1954-7年）　62
　　（2）現行手続の成立（1958-1962年）　68
　　（3）現行手続成立後（1963-99年）　73
　　（4）臨時国会の提出手続の頓挫（1951-71年）　75
　7　定着理由の理論的考察……………………………………76
　　（1）選別指標と予算関係法案　76
　　（2）国会による法案不成立という選択的制裁　77
　　（3）優先法案のシグナルとしての提出期限遵守　79
　　（4）シグナリング・ゲームの均衡としての現行手続　81
　　（5）予算関係法案中心主義の大蔵省的バイアス　83
　8　予算関係法案中心主義の動揺（2000-5年）……………86
　おわりに………………………………………………………89

第2章　無意味な二院制 …………………………91
はじめに ………………………………………………………91
第1節　議員構成 ……………………………………………94
　1　学歴………………………………………………………94
　2　知的専門職………………………………………………97
　3　在職年数…………………………………………………97
　　（1）反復終結の生存分析：通算時間の条件付分散修正モデル　97
　　（2）独立変数　99
　　（3）分析結果　100
　　（4）任期と選挙区定数の効果：離散時間モデルと時間依存変数　104
　　（5）シニアな参議院議員，ジュニアな参議院　107
　4　年齢……………………………………………………108
　　（1）初当選年齢　108
　　（2）当選後年齢　110
第2節　法案審議 …………………………………………111
　1　一致度…………………………………………………111
　　（1）操作化と現状　112

（2）不一致の要因　113
　2　水準 …………………………………………………………121
　　（1）議院審議の属性と要因　121
　　（2）両院の分析　127
　　（3）後議院の分析　131
おわりに……………………………………………………………134
補　論　生存分析入門………………………………………………139
　1　離散時間モデル ……………………………………………140
　　（1）基本　140
　　（2）リスクの時間依存　143
　　（3）比例ハザード・モデル　144
　　（4）時間依存変数　146
　　（5）左側切断　146
　　（6）右側打ち切り　148
　　（7）反復終結　149
　2　連続時間モデル ……………………………………………151
　　（1）離散時間の集計　151
　　（2）離散時間の短縮　153
　　（3）危険率の時間依存　155
　　（4）離散時間モデルとの対応　156
　　（5）終結時間加速モデル　158
　　（6）左側切断　159
　　（7）時間依存変数　160
　　（8）反復終結　160
　　（9）連続時間モデルから離散時間モデルへ　161

第3章　国会対策戦術としての定足数……………………163
　はじめに ………………………………………………………163
　1　議員の欠席理由 ……………………………………………164
　　（1）与党審査　164
　　（2）選挙区活動　164
　　（3）登院・在京しての政治活動　165

（4）本会議と委員会の同時開催　166
　　　（5）連立与党の内紛　167
　　　（6）徹夜審議後の疲弊　167
　2　定足数割れの発覚 …………………………………………167
　　　（1）野党の定足数要求　167
　　　（2）野党の退席　168
　　　（3）与党の定足数要求　169
　3　野党による定足数の政治的指摘 ………………………170
　　　（1）日常的に見過ごされている定足数割れ　170
　　　（2）非日常的に政治問題化する定足数割れ　172
　4　与党の対抗戦術 …………………………………………175
　　　（1）委員差し替え（代理出席）　176
　　　（2）議員の狩り出し　177
　　　（3）法規改正　177
　おわりに──出欠公表案 ………………………………………178

終　章　結　論 …………………………………………183
　1　本書の要旨 ………………………………………………183
　2　制度をすり抜ける与野党 ………………………………185
　3　制度改革と実証研究 ……………………………………186

付　録　データの紹介 ………………………………………189
　1　政府法案データ：変数の定義と典拠 …………………189
　2　国会議員データ：変数の定義と典拠 …………………196
　3　国会議員データ：基礎統計 ……………………………199
　　　（1）公務員・労組・教員　200
　　　（2）地方政治家　204
　　　（3）その他の前歴・属性　206

　参考文献 …………………………………………………………208
　謝辞 ………………………………………………………………220
　索引 ………………………………………………………………224

図表目次

表1-1	政府法案提出手続の変遷	56
表1-2	留意事項政策の特徴	87
表1-3	省庁別提出予定法案の特徴	88
表2-1-1	議院別・選挙区別の属性の割合	95
表2-1-2	議院別・選挙区別の属性の分布	96
表2-1-3	在職年数と初当選年齢の分析	102
表2-1-4	各議院の在職年数の分布	108
表2-2-1	同一法案に対する審議活動の両院間における一致度	114
表2-2-2	衆参付託委員会の組み合わせ：第142－7回国会（1998－2000年）	116
表2-2-3	優越性仮説が予想する4議院の審議活動水準の多寡	122
表2-2-4	提出議院別の基層的要因の概観	123
表2-2-5	両院審議の活動水準の回帰分析	128
表2-2-6	基層的要因の議院審議属性に対する影響	130
表2-2-7	後議院審議の活動水準の回帰分析	132
表2-4-1	離散時間モデルのデータ形式	141
表2-4-2	連続時間モデルのデータ形式	151
表4-1	前歴・属性の政党別・議院別分布	201
表4-2	前歴・属性別の特徴	202

図1-1	提出時期別・予算関係別の政府法案不成立率	77
図1-2	提出時期別・選挙期別の政府法案不成立率	78
図1-3	シグナリング・ゲームの展開型と利得	81
図2-1-1	ベースラインの退場オッズ	106
図2-1-2	各議院の平均累積在職年数の推移	108
図2-1-3	各議院の平均年齢の推移	111
図2-2-1	両院間の審査回数の差	115
図2-2-2	与党議席率の推移	119
図2-2-3	有効会派数の推移	119
図2-2-4	両院会派構成の違いの推移	120
図2-2-5	予備審査の基礎統計	124
図2-2-6	予備審査の推移	125
図2-2-7	予備審査回数の推移	126
図2-3-1	衆議院先議率と議院間送付の日程値	137
図2-4-1	様々な時間依存のベースライン・リスク	143

図2-4-2	説明変数の効果	145
図2-4-3	暦年上の議員経歴	147
図2-4-4	生存時間上の議員経歴	147
図3-1	定足数不足が指摘された会議の年別件数	174
図3-2	定足数不足が指摘された会議の月別件数	175
図4-1	最終職位別の公務員の割合の推移	203
図4-2	初当選した高級官僚・中堅公務員に占める次官・局長級経験者の割合の推移	203
図4-3	前職・属性の割合の推移	204
図4-4	地方政治家の割合の推移	206
図4-5	大卒割合の推移	207

凡例

・使用したデータについて，変数の正確な定義や典拠を，巻末の付録で詳説した。
・註は節ごと（節のない場合章ごと）に番号を振り，脚注とした。
・参考文献は註に記すのではなく，文中に著者名と刊行年で示し，書誌を巻末にまとめるのを原則としたが，非公刊資料（公文書等），国会会議録，定期刊行物（新聞，雑誌，年鑑類等）の無署名記事については註で触れた。また引用順は著者のアルファベット表記順である。
・国立公文書館所蔵の公文書の出典については，公文書の種類・簿冊請求番号：件名番号，文書番号，年月日，（会議名・発信者・名宛人）「件名」，という形で示した。公文書の種類は，国立公文書館に倣い次のような略記号を用いた。

  類＝公文類集（または公文類聚）
  纂＝公文雑纂
  昭57総＝昭和57年総理府移管公文書（本書では全て総理府公文）
  平1総＝平成1年総理府移管公文書（同上）
  平11総＝平成11年総理府移管公文書（本書では殆ど内閣公文（一部総
     理府公文））
  平16内閣＝平成16年内閣官房移管公文書（本書では全て内閣公文）

 1つの件名番号で複数の公文書が混入していたり，文書番号がなかったりすることがある。文書番号は暦年ごとに付されている。日付は，文書本体に記されているものと鏡に記されているものとが食い違うことがしばしばあるが，なるべく前者を採用している。他の行政機関の所蔵する公文書については，情報公開法による情報開示請求を通じて閲覧し，公文書の種類・簿冊請求番号に替えて，公文書名と所蔵先（原則として主たる調査を行った2002-4年当時）を記した。但し，内閣官房内閣総務官室に所蔵されている内閣公文の国会／会議／提出諸案の第30〜50巻については，「提出諸案」と略記した。
・引用文中，〔　〕で括られた部分及び傍点は，特に断らない限り引用者（福元）による。旧字体は新字体に改めた。旧仮名遣いはそのままである。

立法の制度と過程

序章　制度がもたらす意図せざる過程

　本書は、「制度は過程（人々の行動パタン）に影響するが、制度設計者が意図した通りとは限らない」ことを、日本の立法政治を題材として実証する。このような学問的課題を設定する背景には、現実の政治で盛んに提唱される制度改革論を実のあるものにする上で、過去の制度改革が企図したような効果を実際に持ったのかを確かめなければならない、という実践的動機がある。まず、国会改革論の1つの柱である二院制を例にして論を起こそう。

　日本国憲法案を審議した1946年の帝国議会で、金森徳次郎・憲法担当国務大臣は「何故に参議院を今置かねばならぬか」と問われた。彼は、衆議院「の選挙に依つて尚ほ代表され得ざる国民の欲求（中略）を他の方法に於て代表せしめ」「慎重練熟の要素を盛り込む工夫」として参議院があり、これにより「一院制の持つて居る欠点（中略）多数党の一時的なる勢力が弊害を起すと云ふやうなことを防止」できる、と答えた[1]。それから四半世紀を経た1971年、こうした憲法制定時の意図が現実の政治過程で実現していないことに危機感を抱いた河野謙三・参議院議長は、参議院問題懇談会を設置した。提出された『参議院運営の改革に関する意見』は、「参議院は衆議院とは異なる独自の立場と観点から国政審議にあたり、衆議院に対し抑制と補完の機能を果たすことが期待されている。しかるに現状では、いわば第二衆議院に堕し、その独自性を失なっている」、と率直に問題意識を吐露している[2]。

（1）　『第90回帝国議会衆議院帝国憲法改正案委員会』17号（1946年7月19日）（佐藤達夫（1994, 615頁）から再引用）。

（2）　1971年9月23日。<http://www.sangiin.go.jp/japanese/aramashi/ayumi/460923.htm>

ここで二院制という制度は，「慎重かつ充実した高い水準の審議(3)」という過程を意図していたが，現実の歴史においてそうはならなかった。それにもかかわらず依然として国会改革論の中では，二院制の下では「慎重かつ充実した高い水準の審議」になるはずだと思いこむ抽象論や，「慎重かつ充実した高い水準の審議」をするべきだと声高に唱える規範論が後を絶たない。しかし，二院制を擁護するのであれ批判するのであれ，地に足のついた議論をする上では，「慎重かつ充実した高い水準の審議」を現実に過去において行ってきたかという実証論を避けて通れない。

　このように制度が意図せざる過程をもたらすのは，二院制に限らず広く他の制度をめぐっても起きている現象である。しかし，実際には効果のない過程を目的とした制度改革論が主張されることは少なくない。本書は，立法という分野の，しかもいくつかの制度だけに絞ってではあるが，「制度は過程に影響するが，制度設計者が意図した通りとは限らない」という実証的な知見を，実践的な制度改革論議に向けて提示する。

　本章の以下の流れは次の通りである。まず第1項で「制度が過程に影響する」という考え方を強く打ち出した新制度論について，立法以外の日本政治への適用を中心にして概観する。次いで第2項で「制度は過程に影響するが，制度設計者が意図した通りとは限らない」事例を指摘した後に，その要因として，合理的政治アクターの戦略的行動，その他の制度との間での相互作用，制度の内生的変化，を挙げる。その後第3項は，焦点を本書が扱う日本の立法分野における制度と過程の問題に絞る。まず，議院内閣制やコンセンサス型民主制などの政治体制によって立法過程を説明するのは，限界があることを確認する。その上で，政府・与党・野党の相互関係や，下位レヴェルの立法に関する制度の働きにもっと注意する必要があることを述べる。これらを踏まえて第4項で，本書が具体的に扱う3つの制度，すなわち政府法案提出手続，二院制，定足数を，以上の文脈に位置づけ，次章以降の構成を紹介する。末尾で本書で使用するデータの概要を略述する。

（3）　同上。

1 制度がもたらす過程

制度改革の意味は，制度を変えることそれ自体にではなく，それによって実際の人々の行動パタン（過程）を変えることにある。このように「制度を変えることによって過程を変える」という工学的発想（Lijphart and Aitkin, 1994; Norris, 2004; Sartori, 1994）の前提には，「制度が過程に影響する」という考え方があり，近年の政治学では新制度論と総称される（関連文献は膨大な量に上るが，関心のある読者に現時点で薦めるものとして，Greif（2006），河野（2002），真渕（1987, 1994），Shepsle（1979），Steinmo, Thelen, and Longstreth（1992）を挙げておきたい）。新制度論のアンチテーゼが，過程そのもの（あるいは構造に対する機能）に注意を払ってきた，これまでの主流たる行動論である。その行動論が元々批判していたのが，政治制度の描写をもって事足れりとしていた（旧）制度論であった。「制度が過程に影響する」というだけならば，政治学の古典にまで遡る伝統的な議論であるが，新制度論に新しいところがあるとすれば，それは制度と過程のいずれか一方ではなく，両者の因果関係を探求する点にある。中でも合理的選択（あるいは経済学的）制度論と呼ばれる立場は，次のように説明する。制度の下において政治アクター（政治家，役人，市民など）は，ただ単に制度が規定する通りに動くだけではない。制度が直接は規定しない側面においても，自己利益を最大化するなど何らかの意味で合理的に行動する。その結果，やはり予測可能な規則的行動をとるはずだ，というのである。

新制度論は，通説的地位をうかがうほどの勢いを持っており，日本に限っても既に相当の蓄積がある。わけても，日本以外の研究にも広範に貢献したのは，1993年までの中選挙区制が政党間競争に与えた影響についての研究である。小選挙区制は2大政党制をもたらすというデュヴェルジェ（1970）の法則を拡張すると，定数をMとすればM＋1の政党が存続するという「M＋1の法則」が数理的にも導かれる（Cox, 1994; Reed, 1990）。中選挙区制では大体3から5議席が選出されているので，平均して4＋1＝5の政党（自民，社会，民社，公明，共産）が55年体制下の政治過程では存続していた。また過半数の議席を狙う自民党は同じ選挙区から複数の

候補者を擁立したため,自民党候補者は自民党だというだけでは集票できず,同じ自民党のライバルから自らを差別化して個人投票を確保する必要があった。また小選挙区制に比べて当選に必要な得票率が低いので,一部の組織化された特定利益（農業,中小企業など）を代表し,規制政策や（再）分配政策を通じて保護する誘因が働いた（逆に言えば,広く薄く散らばっている未組織市民や労働者は疎外された）。こうして,5大派閥,後援会,族議員が発達し,公共事業に代表される利益分配が横行し,選挙費用もかさむという政治過程が見られたのである（Cowhey and McCubbins, 1995; Cox, Rosenbluth, and Thies, 2000; Cox and Thies, 1998;川人,2004；Kohno, 1997, chs. 6-7, Ramseyer and Rosenbluth, 1993;建林,1997,2004）。

1996年以降,衆議院では新しく小選挙区比例代表並立制が導入された。制度改革の狙い通り,候補者公認における政党執行部の影響力が派閥や地方支部に対して強まり,また世襲議員や地方議員上がりなど従来型の候補者は,広範囲の有権者の支持が得られにくいために公認されにくくなった（浅野,2006；Cox, Rosenbluth, and Thies, 1999）。この他,政策志向もより有権者一般を利する方向に変化し始めている（住専処理について Rosenbluth and Thies, 2001）。

分析の俎上に載せられてきたのは,選挙制度だけではない。例えば金融の財政への従属という制度配置が財政赤字という政治過程をもたらしたと考えられている。すなわち,日本銀行は政府・大蔵省から独立しておらず,大蔵省内では金融部局が財政部局に従属していたため,なまじ赤字国債の消化が可能であり,財政部局が政治家の支出圧力に抗しきれなくなっていったん赤字国債の発行に踏み切ると,歯止めがかからなかったのである（真渕,1994）。この他,似たような政策領域であっても,政策決定制度の違いが異なる政治過程を生むことも示されてきた（同じ旧厚生省の年金制度と医療保険制度について,加藤,1991；旧運輸省の整備新幹線と空港整備について,高松,2004）。

以上のように,「制度が過程に影響する」ことは,いくつかの制度に関する研究によって,示されてきたと言えよう。

2　制度の意図せざる影響

「制度を変えることによって過程を変える」という制度改革が意味をもつためには，単に「制度が過程に影響する」だけではなく，「制度設計者が意図した通りに，制度は過程に影響する」ことを暗黙にでも前提としなくてはならない。むしろ逆算して，ある特定の過程を実現する意図をもって，制度を創設する。先の例で言えば，2大政党制を確立するために小選挙区制を導入する，といった具合である。こうした工学的発想に対して，本書は懐疑的である。むしろ本書は，「制度は過程に影響するが，制度設計者が意図した通りとは限らない」ことを強調する。つまり制度がもたらす過程は，本来の趣旨からすると全く無意味であったり，逆効果であったり，あるいは予想外の副作用すらもたらしたりすることがある。以下，その事例と原因を探索しよう。

(1) 事例

　前項で指摘した選挙制度と金融制度の中からいくつか例を挙げよう。まず（日本に限らず国際的に）小選挙区比例代表並立制が必ずしも2大政党制をもたらしていないのは，小選挙区における候補者擁立が比例区における政党得票を高める波及効果（contamination effect）があることが一因である（Ferrara, Herron and Nishikawa, 2005；リード，2003）。更に重複立候補制度がこれに輪をかけている（鹿毛，1997）。「政党が選挙制度の利点を活用しマイナスを少なくしようと努力する限り，選挙制度は必ずしもそれが意図されたようには機能しないこともあり得る」のであり，「制度的制約のもとで予測された一定の均衡がつねに生じるわけではない」（川人，2004，169，193頁）。眼を金融政策に転じても，政府は日銀に対する監督権・業務命令権を行使したり，解任権・予算認可権を振りかざしたりすることによって，嫌がる日銀に金利を引き下げさせることができず，日銀の独立性は日本銀行法の規定にもかかわらず実は高かった。それは「制度の機能の変化や，目的合理的アクターの戦略的行動により，政策過程における影響力関係は変容しうる」からである（上川，2005，74頁）。

　ドイツの職業訓練制度も例証に加えられよう。これは当初労組に敵対することを意図して作られたが，皮肉にも労組の発言権を強める結果をもたらした。発端は19世紀末に職人親方による職業訓練制度が確立したことに

遡る。これは国家が親方に熟練技術の認定権を与えて熟練労働者を養成させるものだった。資本家は熟練労働者の安定的供給により低賃金を維持できたので，これを歓迎したが，逆に労働市場の供給量を支配できない工場労働者の組合とそれを代表する社会民主党は，これに反対した。しかしこうした工場内訓練は労使双方に企業特殊熟練技術への投資を促すものであり，英米のような自由労働市場を阻止した。そのため，労働組合は重工業化により力をつけても，工場内訓練を解体するのではなく，熟練技術の認定権を企業にも認める形で参入する途を選んだ。こうして戦後西独では，社会的パートナーシップとも呼ばれる労使協調路線や，共同決定制度に象徴されるような調整型市場経済体制が形成された（Thelen, 2004）。

(2) 原因

このように，制度が成立した時の意図あるいは原因と，動作している制度が現実に果たしている機能とは相違することが往々にしてある。あるいは理念上・建前上の制度と，実際に執行されている制度との間には，ギャップがある。また制度が当初意図していたのとは逆の機能を果たしてしまうことすらある。ではそれは何故だろうか。本書に関係するものに限れば，合理的政治アクターの戦略的行動，その他の制度との間での相互作用，制度の内生的変化，という３点を制度設計者（あるいは政治学者や市民でもよい）が予測しきれないことが原因として考えられる（Greif, 2006, esp. pp. 43, 87, 354; Pierson, 2004, ch. 4; Streeck and Thelen, 2005）。

第１に，合理的政治アクターの戦略的行動から説明しよう。戦略的とは，単に自分の望むようにナイーヴに行動するのではなく，相手の出方をも考慮した上で自分にとって最適な行動をとるということである。この結果，政治アクターは制度を出し抜き，制度の目的を迂回することがある。しかしこうした計算は複雑である。また公式の政治制度は，政治過程の中で政治アクターによって自主的に生成される非公式な組織を，想定ないし十分には考慮していないことがままある。典型的なのは，政党が超然主義的憲法などの制度を世界各国で換骨奪胎してきたことである。

例えば米国憲法は，政党ではなく，権力を分有する諸部門の間での均衡と抑制によって，政治対立を解決しようとして起草された。すなわち，連

邦政府と州政府，行政府と立法府，上院と下院との間で，権限を分割した。しかし19世紀前半には，政治運営は政党なしでは成り立たないことが受容されていった（Hofstadter, 1969）。それは「連邦制度の構造そのものが（中略）政党政治と強力な政党組織とを不可欠ならしめている」からであった。すなわち部門を越えた合意を作り出す「協同は成文憲法の外で確保されなければならず，それを可能にするものが政党制度なのである」（ビアード，1928＝1968，18-20頁）。

近代日本でも事情は同じである。帝国憲法は，行政府，衆議院，貴族院，枢密院，軍，宮廷の間で権力を分有させたため，かえって体制を作動させるためには，国家諸機関を統合する政治主体が必要だった。しかし，藩閥は衆議院に拠点を築かず，その他官僚や軍などの政治勢力は自らが依拠する機関を超える政治力を備えなかった。結局，分権的体制を集権化できるのは，政党を措いて他になかったのである。その表れが行政府と衆議院をつなぐ政党内閣であり，貴族院と衆議院を縦断した2大政党勢力の確立であった（三谷，1977）。

他にも，大統領の強さは憲法制度だけでは決まらず，政党要因も関係してくる。すなわち，大統領には憲法的権力として，議会が通した法律に対する拒否権などの受動的権力や，行政命令発令権のような能動的権力がある。これが権力の分割（separation of powers）をもたらす。しかし例えばメキシコのように，憲法的権力に欠ける大統領であっても，自己の意思を貫徹できることが多い。これは政治力のもう1つの源泉である党派的権力が，憲法的権力の不足を補うからである。選挙制度などの影響で，与党が多くの議席を占め，議会の政党数が少ないため立法上の連合を組むコストが低く，党議拘束が強いほど，大統領と議会の間での目的の分割（separation of purpose）が避けられ，大統領の党派的権力は増すと考えられる（Haggard and McCubbins, 2001; Mainwaring and Shugart, 1997）。

さて，制度が期待通りの過程を導かない第2の要因は，制度創設者がその他の制度との関係を考慮しきれないということである。政治アクターの行動に影響するのは，1つの制度に限られず，他の制度も同時に影響しているであろう。それでも，ある制度の効果は他の制度に左右されないという「無関係の選択肢からの独立性」があればよいが，多くの場合それは満

たされない。つまりその他の制度との間で相互作用がある。制度間で補完性がないと，その制度本来の効果は減殺される（Pierson, 2004, ch. 5）。

例えば，小選挙区制でも2大政党制にならない理由の1つは，先ほど言及したように，比例区へのかさ上げ効果を期待して弱い候補者が退場しないことである。この他，国と地方とで選挙制度が一致していないことも影響している。地方議会選挙制度は原則として中選挙区制であり，1選挙区から2人以上の議員が選出される。そのため彼らは政策選好を国レヴェルでの2大政党いずれかに収斂させる誘因がない。その結果いくらかの地方議員は，国政選挙において2大政党以外の第3党の候補者のために投票者を動員する方が理に適う（Horiuchi and Natori, 2006）。

また政府から独立した中央銀行制度が持つインフレ抑止効果は，賃金交渉のあり方にも大きく左右される。賃金交渉で生産性の改善以上に名目賃金を引き上げても，それによる物価上昇を懸念する中央銀行は，政府から独立していれば政治的配慮をせずに利上げで応えるので，実質賃金は割り引かれてしまうことが予想される。集権的な賃金交渉がなされる場合，労使はこのことを勘案し，過度の賃上げを自制する。ところが賃金交渉が分権的だと，抜け駆け的な賃上げを抑えられないので，結果的に制度の期待に反しインフレを阻止しきれない（Franzese, 2002; Iversen, 1999）。

家族主義の福祉体制が非家族的であることも，制度間の相互作用が働いている例である。福祉サーヴィスを家族が提供する家族主義の国では，女性を家庭内に留め置くことで出生率が高くてもよさそうであるが，実際には逆説的にも少子化が進んでいる。これは教育制度と労働市場が関係している。すなわち，女性の教育程度が上昇し，企業も女性労働者を受け入れるようになるにつれて，仕事か子供かの選択を迫られる女性は，家族主義の福祉体制では仕事を選ぶようになる。福祉サーヴィスの脱家族化を進めて国家や市場が担うようになると，女性は仕事と子供の両立が可能になる（Esping-Andersen, 1999）。

意図せざる効果の第3の原因として，制度の内生的変化がある。制度それ自身が経年変化を起こせば，当然に政治過程も変わってくる。これは実は新制度論において長らくパズルでもあった。制度とは定義上，自己存続的であるのに，何故変化するのか。制度の存続と変化とを，両方同時に統

一的に説明するのは，極めて困難である．仮に何か外在的な要因が変わったのが理由だとしても，ではそれは何故かという問いが残る．

そこで内生的に制度変化を説明するために，準パラメータという考え方が出てきた．準パラメータの値は短期的には外生的に固定されており，制度を自己執行的（self-enforcing）な均衡とする範囲に来る．しかし準パラメータは，長期的には制度それ自身の効果により変化する内生的な変数である．時間とともに準パラメータの値が自己執行的な範囲から外れるようになるとすれば，その制度は自己衰弱的（self-undermining）であり，逆にそうでなければ長期的にも安定な自己増強的（self-reinforcing）な制度である．こうして制度変化を制度それ自体の帰結として理解できる．

例えば，中世イタリアの2つの都市国家，ジェノヴァとヴェネツィアでは，寡頭支配制が築かれ，門閥間協調と経済的繁栄が目指されたが，前者では破綻し後者では成功した．どちらも当初は，都市国家の財産が十分で，門閥意識は強いが民衆の力は弱いなど，準パラメータが寡頭支配制を自己執行的にする水準にあった．しかし両者は，寡頭支配制が準パラメータに与える効果が違っていた．すなわち，ジェノヴァでは，門閥が武装と民衆動員に資源を費やしたので，悪化した準パラメータの下では寡頭支配制は均衡たりえなくなった．これに対してヴェネツィアでは，門閥意識を希薄化させ，むしろ平和と繁栄を享受することを重視するようになったため，準パラメータの値は寡頭支配制を安定させる上で良好なままだった．こうして前者では後者と違い，寡頭支配制の意図は実現しなかった（Greif, 2006, ch. 6）．

3 制度と立法過程

(1) 政治体制と立法過程

以上，「制度は過程に影響するが，制度設計者が意図した通りとは限らない」という一般論を述べてきたが，研究は緒に就いたばかりで解明されていないことが多く，これから様々な制度を題材に分析が進むことが期待されている．以下では対象を立法に限定して，制度の意図と制度がもたらす過程とのギャップを検討する．まず大枠の制度について2つの分類方法を

取り上げ，それぞれの政治体制が議会の政治過程に及ぼす影響を検討し，日本を位置づける(4)。

1つの切り口は，大統領制か議院内閣制かという制度分類である (Lijphart, 1992; Linz and Valenzuela, 1994)。大統領制（典型例は米国）における議会は，提出された法案を修正したり廃案にしたりすることが多いため，変換型議会と呼ばれる。これに対して議院内閣制（典型例は英国）での議会は，法案は大体そのまま可決されるものの，その際に与野党間で有権者向けに議論が行われる舞台（アリーナ）を提供するので，アリーナ型議会と称される (Mezey, 1979; Polsby, 1975; Weinbaum, 1975)。日本は議院内閣制であり，国会は多くの政府法案を無修正可決しており，アリーナ型議会である（岩井，1988；Mochizuki, 1982)。官僚の人事権を内閣が握り，内閣の命運を国会与党が左右するという連鎖的委任がある以上，あくまで与党の意向が国会や内閣を通して官僚の立案・執行する政策に反映されている，と捉えられている (Ramseyer and Rosenbluth, 1993)。

もう1つの見方は，多数決型民主制とコンセンサス型民主制という制度対立である。一方の多数決型民主制は，政府と議会与党が一体となり，議会における政党の数が少なく，最小勝利単独政権が形成され，一院制（あるいは上院の力が弱く，実質的に一院制に近い二院制）であることを特徴とする。この場合，立法府の多数派と行政府の執行部は融合して一体となっており，その意向のみがそのまま政策に反映されることになる。他方でコンセンサス型民主制は，議会における政党の数が多く，（過大規模）連立政権が形成され，二院制である。そこではなるべく多くの関係者の利益が包括的に立法化される。また政府から一定の距離を置いた議会与党が存在する。日本は，政権の派閥連合的性格，政府と区別された与党の存在，対等な権限を持った二院制などのため，コンセンサス型民主制の要素の方が強いとされた (Lijphart, 1999, esp. p.196; 大山，2003a, 特に227頁)。実際，国会に焦点を絞っても，議事運営における全会一致慣行，委員会制による

（4）　国会の先行研究については，福元（2000）に引用されているものを参照。同書刊行後については，福元（2003），待鳥（2001b），増山（2003）で紹介されている。

分権的運営，短い会期制を根拠に，与野党協調的な議会であると考えられた（岩井，1988; Krauss, 1984; Mochizuki, 1982; Pempel, 1986）。

しかし本書の立場からすると，このような政治体制レヴェルの政治制度によって立法過程を説明しようとすること自体に，どうしても無理がある。議院内閣制下の理念的な立法過程では，政府法案の修正や廃案はないはずだが，実際には当然存在する。逆にコンセンサス型民主制では大部分を占める無修正政府法案の存在をどう説明するかが難しくなる。つまり議院内閣制やコンセンサス型民主制などの制度が想定しているような立法過程に必ずしもなっていないのである。そこで前項の考察に従い，政治アクターが戦略的に行動した帰結としての政党と，その他の制度として立法の下位制度について，次項から順に検討する(5)。

（2） 立法過程における政府・与党・野党

議院内閣制論では，議会与党と政府との一体性が強調される余り，政府・与党間の緊張関係がややもすると軽視されるきらいがあった。他方でコンセンサス型民主制論は，与野党間の潜在的対立を隠蔽してしまう。議院内閣制下の立法過程における政治アクター間の離合集散について，5つのモード，すなわち，政党間対立，与野党対立，与党対政府，議会対政府，党派交差的対立，がよく挙げられる（Andeweg, 1992; King, 1976）。このうち連立政権期を除けば，政党間対立は与野党対立に還元される。また党派交差的対立は，具体的には造反投票や党議拘束のない自主投票であり，日本では極めて限られた場合しか見られなかった。いずれにしても，政府・与党・野党の間での相互関係を把握することが鍵になることがわかる。ここで話を日本に絞って，「国会は政府・与党・野党のうち誰のためにあるか」という視点から新旧の研究を整理すると，政府＝与党のため，野党のため，与党のため，与党・野党のため，という4つの立法過程が見えてくる。

第1に，「国会は政府＝与党のためにある」という国会無能論あるいはラ

（5） 川人（2005）は，日本の国会は議院内閣制と国会中心主義（コンセンサス型民主制に近い）という2つの制度が相克する中で運営されてきたが，政党政治が安定するにつれて前者の比重が高まったと論じている。これは先に見た制度変化の例であろう。

バー・スタンプ論が当初通説であった。国会は政府が出した法案に可決というゴム印を押してお墨付きを与えるだけだということである。国会の委員会は中央省庁に支配されて機能せず，政府法案はあまり廃案や修正にならないといったように，立法機関が立法機能を行使していないことが指摘された。これは現在もマス・メディアでよく描かれる俗説であり，（かつて）通説であった「官僚優位論」の一環をなしていた（Baerwald, 1974）。

　第2に，「国会は野党のためにある」と捉える粘着性論が出て来た。「粘着性」（viscosity）とは，法案が通過するのを難しくする性質を指し，国会を通そうとしてもねちねちして通りにくいということから，比較政治学上このように呼ばれる（Blondel et al., 1969）。ラバー・スタンプ論とは裏腹に，実際には野党の法案審議引き延ばしにより，廃案や修正が生まれる。このように少数野党が国会で影響力を持つのは，法案審議に対して時間的制約をかける次のような4つの制度に起因する。まず，議院運営委員会（議運）や各委員会理事会の議事統制に関する「全会一致制」が，野党に拒否権を与えている。次に，国会の活動がある一定期間に限られる「会期制」により，会期末までに成立しない法案は自動的に不成立に終わるため（会期不継続の原則），野党の審議拒否を有効たらしめている。第3に，「委員会制」の下で意思決定が分権的になる結果，野党の介入点が多くなり，党派間の妥協が生まれやすい。最後に，「二院制」が，法案審議の手間を一院制の倍にしている。このように粘着性論は，いわゆる国対政治が何故なされるかを説明し，ここ20年ほど通説的位置を占めてきた（岩井，1988；Mochizuki, 1982）。

　第3に，「国会は与党のためにある」と考えるのが多数主義である。これは究極的には国会の議事手続は全て多数決であることを重視し，粘着性論が言う全会一致ルールは紳士協定に過ぎないとする。皮肉なことに，粘着性論が描いたような野党の（限定的な）抵抗力が生じることによってかえって，野党の攻撃から守る法案と野党に譲って廃案・修正となる法案とを選別する生殺与奪の権力が与党に生じ，逆に政府（官僚制）は国会で与党に法案を通してもらうために，はじめから与党の意向に沿う法案を作る。従って与党は政府法案を廃案や修正にする必要が少なくなるが，これは国会が無力どころか強力だからなのである。つまり国会は，多数与党の政策

を政府法案に反映させるための担保なのである。国会与党の官僚制に対する影響力は，実際には観察できない構造的な権力である。先のラバー・スタンプ論によれば国会は「政府＝与党」のためのものだったが，ここではそもそも「政府≠与党」であり，影響力の大きさからすれば言わば「政府＜与党」であった。これは現在の有力説である「政党優位論」を従来とは異なる視座から擁護している（増山，2003）。

第4に，「国会は与党および野党のためにある」と見るのが討議アリーナ論である。議院内閣制において多数与党の意向が反映されるのはある意味当然のことである。それにもかかわらず（特に大部分を占める無修正成立法案で）何故わざわざ詳細な審議が加えられるかと言えば，それは国会が立法機能より討議の舞台としての役割を果たしているからである。各党は来たる選挙に備え，最後の表決における賛否は言うに及ばず，むしろそこに至るまでの説明・質疑・答弁や，賛否の理由を明らかにする討論で，自らの政策について力点の置き方などの微妙なニュアンスまでも含めて立場表明（position taking）ないし功績誇示（credit claiming）をしている（Mayhew, 1974, pp. 52-73）。党首討論も同様の機能を果たす。国会審議はいわば「延長された選挙戦」であり，マス・メディアを通じて有権者に伝えられる。このように国会が世論に対する政界の情報公開窓口となる点で与野党に差はない。しかも実は重要で党派的対立のある法案ほど審議が重ねられ，審議引き延ばしよりも審議積み重ねの方が修正を生み出しやすいのである。このように立法過程は与党あるいは野党いずれかの動向だけで決まるものではなく，いわば与党と野党の合作であり，本書でもこうした面を強調する（福元，2000）[6]。

（3） 立法の下位制度

政治体制から予想されるのとは異なる立法過程を理解するためのもう1つの方法は，それより下位レヴェルの政治制度，とりわけ立法の制度に焦

---

(6) なお福元（2000）と増山（2003）との間での見解の相違について，詳しくは『レヴァイアサン』35号での誌上論争（福元，2004；待鳥，2004；増山，2004）及び増山（2006）を参照されたい。

点を当てることである。つまり一口に議院内閣制，アリーナ型議会，コンセンサス型民主制といっても，その内実は多様であり，立法過程を把握するには粗すぎるのである。大枠としての議院内閣制やコンセンサス型民主制を構成している諸制度を分解して，ある特定の立法過程をもたらしているのはどの部分なのかを，仮説検証が可能な形で緻密に詰めていくことが問われている。これまで明らかになっているところを，以下紹介する。

議事運営制度，つまり議長や委員長が持つ議事設定権にまつわる制度が，立法過程にどのような影響を与えるかというのは，国際的にも注目されている論点である（Cox and McCubbins, 1993, 2005, 2006; Döring, 1995, 2001, 2004）。日本では，粘着性論によれば，議事設定権の所在は，本会議なら議運，委員会なら理事会にあり，そこでは全会一致制がとられているから，野党に拒否権があるとされた。これに対して多数主義は，制度的に議事設定権の所在は，本会議なら議長，委員会なら委員長にあり，それらは多数派によって掌握され，かつ議運では全会一致ではなく多数決が頻繁に取られてきたことを示した。実際の法案審議に徴しても，委員会付託や採決日程の設定などを通じて，多数派の望む法案が優先されているとする（Cox, Masuyama and McCubbins, 2000；川人，2005，第5章；増山，2003）。

日本の会期制度も論争の的になっている。粘着性論は，短い会期が廃案をもたらすと論じてきた。これに対して多数主義は，会期日数が短いほど逆に1日あたりの法案の成立しやすさは高まること，会期延長可能回数が減ると議事設定権の持つ影響力が強まることを示した。但し，会期不継続という制度は実際のところ継続審議という運用によって骨抜きにされており，国際比較しても会期の長さが法案成立率に影響するとは言えない（福元，2000，2004）。

議員立法制度についても日本で理論的な研究が出始めた。議員立法は内閣が発議・審議に関与できない仕組であるため，政府法案と比べて内閣にとって好ましくない政策的帰結が生じる。政府法案の賛否は与野党対立に影響されるのに対して，議員立法は全会一致かさもなければ採決すらされない，という対照的な立法過程になる。また議員立法の成立確率は，政府法案ほど与野党対立状況には左右されない（川人，2005；川人・増山，2005）。

この他にも精査するべき下位制度は多いが，本書では3つの制度，すな

わち政府法案提出手続，二院制，定足数を具体的に検討対象とする。以下，本書の構成を素描するのを兼ねて，それぞれについて略述する。

4　本書の内容

(1) 立法の制度

　議院内閣制をめぐる議論では，内閣が一枚岩になっていることが暗黙の内に前提とされているが，そもそも果たしてこれは本当だろうか。例えば発祥の地イギリスですら，内閣の議会に対する連帯責任や重要法案をめぐる信任は，必ずしも厳密に確立している原則とは言い難い(Marshall, 1989)。第1章では，議院内閣制に関わる制度として，政府法案の提出手続を考察する。一見純粋技術的に見えるが，イギリスでは個々の議員に対抗して内閣が法案の提出手続を統制することは，政党規律ひいては選挙における党派的投票をもたらすために必要で，議院内閣制を成り立たせる上での重要な条件であった(Cox, 1987)。同様に，内閣は個々の省庁に対抗して法案の提出手続を制御する必要があった。そこで日本の内閣は国会で重要法案が廃案となる事態を避けるために，各省庁が国会へ提出を予定する法案のリストを作成することを通じて，重要法案を選別して提出期限をかける制度により，法案数を削減することを意図していた。しかし実際には，各省庁が重要でない法案や期限に遅れた法案を出すのを，内閣が止める政治力はなく，この制度は想定通りには機能しなかった。

　コンセンサス型民主制を構成する制度の中からは，二院制と定足数という2つの制度を取り上げる。第2章が扱う二院制は，異なる代表原理に依拠する上院と下院が均衡と抑制の関係に立って，多数派の専制を防ぐことがその狙いであったと言えよう。しかし実際の議員構成と法案審議に鑑みると，こうした二院制の意図は実現していない。第1節では，参議院議員の方が優ると期待された，学歴，知的専門職，在職年数，年齢という4つの指標について，両院議員を比較した。すると，年齢については参議院がシニアだが，学歴と在職年数については衆議院がシニアであり，知的専門職は職種によって異なっていた。憲法や公職選挙法の規定も，ほとんどは意図通りに機能しなかった。続く第2節では，衆参の法案審議を比較した。

すると，両院の審議過程は相互補完よりも重複が圧倒的に多い。更に，概して衆議院の方が参議院よりも，先議院の方が後議院よりも，衆議院先議法案の方が参議院先議法案よりも，審議活動の水準が高い傾向にあり，二院制の意図とは逆の結果が生じている。さらに，何度も参議院改革の処方箋として唱えられてきた，参議院の先議案件の増加，審議日程の確保，予備審査の活用という3つの方策は，必ずしも有効ではなかった。また，衆議院の優越を規定した憲法に原因がある訳でもなかった。以上の結果，コンセンサス型民主制で期待されているような，多様な利害の表出や調整はなされておらず，また下院の党派的で拙劣な判断を上院が慎重・熟慮により再考することもなく，従って二院制の意図は実現されていない。

第3章の対象は定足数である。会議が行われている以上，制度を額面通りに受け取れば，定足数は満たされているはずである。しかし実際には定足数が満たされていなくても異議が出されずに国会の議事が進行することは，珍しくはなかった。これは裏を返せば，少なくとも議事運営について多数派は少数派の同意をとりつけていることを含意する。というのも，少数派であっても定足数割れを指摘しその確認を求めることは当然できるはずだからである。つまり，定足数制度はコンセンサス型民主制の一部として機能しているのであるが，それは制度が意図しない形によってであった。

(2) データと分析手法

従来の立法研究では（会期ごとの法案成立率などの）集計データしか用いられてこなかったのに対して（岩井，1988；Mochizuki, 1982），現在の立法研究では，米国の議会研究の影響も受けて，1件ずつの法案を単位とした個別データを収集・分析することが，標準的になりつつある（福元，2000；川人，2005；増山，2003）[7]。本書では，著者が作成した2つのデータを用いる。1つは政府法案のデータである。第1回特別国会（1947年）から第147回通常国会（2000年）までの間に，内閣が提出した全8090件の法律案

---

(7) 米国以外で個別法案レヴェルのデータを分析したものは，まだそれほど多くない。貴重な例外として Döring(2001), Döring and Hallerberg(2004), Martin(2004), Martin and Vanberg(2004) が挙げられる。

を対象にしている。もう1つは国会議員のデータである。現憲法が施行された1947年4月以降1990年6月までに在職した全ての衆議院議員(2072名)と参議院議員（1178名）を対象にしている（同じ人が両院に在職した経験があっても，別人として扱っている）。従来の研究では，資料操作の手続が不明なものもなくはないので，この点について厳密を期すため，使用した変数の正確な定義と典拠資料について，巻末の付録で詳述した。

あわせて付録では国会議員データについて，基礎統計を概観する（政府法案データについては福元（2000））。どのような前歴・属性を持った者が選挙を経て国会議員としてリクルートされるのか，国際比較を交えつつ検討する。その際，従来のように議員の前歴を1つに限るのではなく，複数の前歴を考慮することで相互の連関を検討する。

さらに本書は，分析手法に関して，議事録，情報公開法などにより入手した公文書（第1章），先例集（第3章）などの資料を用いた質的分析だけでなく，ゲーム論（第1章）や統計分析（第2章）などの量的分析をも駆使して，議会を研究する際のアプローチに幅広いレパートリーが備わっていることを示すことも企図している。統計分析は簡単な記述統計に始まって，生存分析などの応用的手法にまで至る。生存分析はなじみのない読者も多いと思われるので，第2章の補論で入門的な解説を付した。通常とは逆に，離散時間モデルの極端な場合として連続時間モデルを説明することで，理解を容易にすることを目指している。

第1章　政府法案提出手続の蹉跌

はじめに

　政府法案の現行の提出手続（以下「現行手続」）は1961年にほぼ固まったが，この制度の目的の1つは，法案数を抑制して重要法案を成立させるという政治過程を確保することにあった。しかし実は現行手続は必ずしも遵守されていないにもかかわらず，1960年代まで200件前後であった年間平均法案数は，1970年代以降100件前後に落ちている（福元，2000，129頁）。では何故現行手続は今日まで定着し，かつ法案数は減少したのだろうか。他方で，1961年以前には現在と異なる提出手続があったはずだが，それらはどのようなものだったのか。それらが長続きせず，現行手続が1961年に成立した理由は何だろうか。

　これらの問いは，政府法案提出手続や法案数管理という一見些末に見える論点に尽きない，より大きな課題に結びついている。それは近代日本政治を一貫して悩ませてきた，内閣の統合機能の脆弱性である。法案数を減らすためには，各省庁が閣議請議して来た法案の一部を，内閣が国会に提出しないことが必要である。現行手続が半ば失敗したことは，内閣が政治的に弱体であったことの帰結であり，他面で法案数削減が成功したことは，統合機能が内閣以外によって果たされてきたことを示唆する。ではそれはどこだったのか。

　こうした問題を検討するにあたり，歴史をゲームの均衡に至る過程として解釈する「分析的叙述」と呼ばれる研究方法（Bates et al., 1998; Greif, 2006）を参考にして，本章は次のように議論を進める。まず第1項で，集合行為論に依拠しながら法案数管理をめぐるディレンマを描き，以下の叙述で着目すべき点を明らかにする分析枠組を提示する。次いで第2項で，

到達点としての現行手続を先に確認して、それ以前の歴史的経緯を追う際の指針とする。その上で、現行手続の諸要素が歴史的にどの時点で出現し、いかにして制度化を遂げてきたか、あるいはまた現行手続とは違った在り方がどのようなものだったのかを、新たに公開された公文書を用いて論証する。まず現行手続の萌芽が見られる戦中から説き起こし（第3項）、次いで占領期の連合国総司令部（以下「GHQ」）による統制を調べた上で（第4項）、戦後の様々な提出手続が現行手続に結実する経緯を追う（第5項）。最も重要な点は、予算関係法案中心主義とでも呼ぶべき特徴が作られたことであった（第6項）。以上を踏まえて第7項では、シグナリング・ゲームを用いて、定着理由を説明する。第8項で最近の変化に触れた上で、おわりに結論を述べる。

1 分析枠組

（1） 集合行為問題

そもそも、何故法案数を減らすことにこだわるのであろうか。各省庁はいずれも権限を確保するためにより多くの法律を成立させたいから、たくさんの法案を提出したがる。しかし、国会が開かれているのは会期という一定期間だけであり時間的資源が限られているので、法案数が多いほど1件あたりにかけられる審議時間は減っていく。すると審議不十分を理由とした野党の反対により、法案がつぶれやすくなる（岩井、1988；Mochizuki, 1982）。従って法案数が一定限度を超えると、国会に対する過剰負荷となり、成立する法律数はかえって減る。しかも必ずしも重要ではない法案まで出したがために、本当に成立させる必要があった法案まで廃案になってしまうことすらありうるのである。

こうした事態を避けるために、法案数の削減が謳われた。その一番直截な方法は、提出数に明確な上限を設けるという量的制限であるが、実際には用いられなかった。代わって質的制限、すなわち重要法案あるいはこの国会でどうしても成立させる必要がある法案に限って提出を認めるという方法が試みられた。ここで難しいのが、提出に値する法案を識別する〈選別指標〉の設定である。というのは、各省庁からすれば建前上は全て重要

法案であるから，自己申告はあまり機能しない。かといって第三者も，法案の内容や重要性をよく理解できないので，適切な格付ができないからである。

　成立法案を増やすにはもう1つ，早期提出という方法もある。法案を会期の早い段階で提出しておけば，十分な審議時間を確保でき，野党の抵抗を退けることが容易になるからである。ここでは〈提出期限〉を設けることが鍵になる。これも余り早すぎても，各省庁の立案準備が間に合わず意味がないし，遅すぎてももちろん趣旨にあわないので，会期のどの段階にするかが大事なのである。

　さらにここでディレンマが生じる。1つの省庁だけが抜け駆けして，重要でない法案を出したり，会期の遅い段階になって法案を出したりしても，国会全体から見れば僅かな負担増でしかないから，特に廃案になりやすくなる訳ではない。これをただ乗り（フリーライダー）と言う。ところが，だからといって他の省庁もみなこれにならうと，上記の通り廃案が増えてしまう。これは理論的には，典型的な集合行為問題，あるいは囚人のディレンマ状況と言える。すなわち，全体としては上述したような提出手続に従うことが得策であるが，個別の各省庁にとってはこれに背く誘因が働いている。集合行為論によればフリーライダーを防ぐための標準的な解決策は，選択的誘因，すなわち提出手続を守るという負担をした者にのみ何らかの報酬を与えることである（Olson, 1965）。現実に試みられたのは，各省庁が提出手続を遵守しているか否かを〈監視〉した上で，違反した法案は提出取り止めさせるという言わば〈選択的制裁〉を課すことで，提出手続の執行可能性を担保することだった（Ostrom, 1990, pp. 94-100）。

(2)　内閣の統合機能

　しかし問題は，〈選別指標〉〈提出期限〉を設定し，その遵守状況を〈監視〉し，違反者に〈選択的制裁〉を加える主体，本章でこれを〈統合組織〉と呼ぶことにすれば，それはどこなのかという点である。集合行為論では，それは人々の上に立って強制力を持つ政府だとされる。するとここでは，各省庁の上に立ってそれらを統べる内閣こそが，それに該当するはずである。しかし各省庁の行政長官である各省大臣と内閣を構成する国務大臣と

はほとんど重なっているから，内閣は上位の第三者ではなく，結局は各省庁同士がいかに協力できるかという問題に還って来ざるを得ない。

憲法上，法案を国会に提出するのは各省庁ではなく内閣であるから，法案は必ず閣議を通さなければならない。従って〈監視〉は容易である。そして内閣が本気になれば閣議で通さないという〈選択的制裁〉を与えることも可能なはずである。しかし現実には後述するように，各省庁及びそれを支援する国会議員（例えば今日で言う族議員）の政治的圧力を前にして，権力基盤を欠く内閣は次から次へと多くの法案の提出を認めざるをえなかった。内閣は法案を集めて右から左へ素通りさせるだけの単なる〈収集組織〉と堕したのである。このように内閣の統合機能が弱いことこそが，法案数抑制をめぐる根本的な問題点だった。

実は内閣の統合機能が弱いという批判は，1885年の内閣制度創設以来，内閣が大日本帝国憲法上規定されず国務大臣が個別に天皇を輔弼した戦前は言うに及ばず，日本国憲法（第65条）・内閣法（第4条）・国家行政組織法（第2条）によって内閣の各省庁に対する優位が制度として明確にされた戦後においても，繰り返し指摘されてきた。内閣の統合機能と言う場合，単に法案数を抑制するというだけではなく，さらに進んで内閣が国会提出の最終決定権を背景にして，各省庁が提案して来る法案の内容に対して修正を命じたり，省庁間の意見齟齬を大所高所から調整したりすることを通じて，実質的な権力を握る政治過程が期待されていた。しかし実際のところ，内閣の意向に沿わない法案提出を止められず，脅しに信憑性がないのであれば，いわんや各省庁に対する指示など望むべくもない。これまでのいくつかの行政改革案でも，内閣機能の強化による総合性・戦略性・機動性の向上が叫ばれてきたが，実現されていない。内閣は十分な政治指導力・総合調整機能を発揮できず，行政事務を分担管理する各省庁がセクショナリズムを謳歌したのである（代表的なものだけを挙げると，行政改革会議，1997；西尾，2001，第7章；大河内，2000；臨時行政調査会，1964，Ⅲ；辻，1969，第2論文）。

以下では，〈統合組織〉は（内閣の中の）どこか，〈選別指標〉はどのようなものか，〈提出期限〉はいつ頃に設定されたか，これら提出手続の遵守状況をどのように〈監視〉したか，そして違反した法案に対する〈選択的

制裁〉を現実にはどの程度執行できていたか，という点に着目しながら，実際の政府法案提出手続を分析する。

2　均衡的帰結：現行政府法案提出手続（1961年－現在）

（1）　概要：予算関係法案中心主義

　現行手続の形成過程をたどる前に，そもそも現行手続がどのようなものかを確認しておきたい。現行手続は，予算国会（当初予算が成立する国会）[1] に関するものだけが制度化されており，それは1961年に出された一連の公文書に基づいている。そこでそれらを整理しながら紹介する（既に他の文献（福元，2000，23-6，136-9頁；小島，1979，52-9頁；関，1984）等で知っている読者は，本款をとばして次款に進んでいただいても構わない）[2]。

　法案は予算関係であるか否かにより諸々の提出手続の期限が異なるので，この区別からまず説明する。予算関係法案とは予算を伴う法律案を言う[3]。その中で「法律案のうち，それが制定されなければ予算及び予算参照書に掲げられた事項の実施が不可能であるもの」は，「※」印がつけられていることから「コメジルシ法案」と呼ばれる（以下「※印法案」）。「金額が少ない等の理由により予算審議との関連性がうすいと考えられる」ものなど，その他の予算関係法律案は「△」印が記されているので，本章では「△印法案」と表記する（1984年以降，該当法案はない）[4]。非予算関係法案は「非コメ」と称される[5]。

（1）　大抵は通常国会であるが，総選挙後の場合は特別国会なので，こう呼ぶ（佐藤・松崎，1986，275頁）。
（2）　内閣法制局百年史編集委員会（1985，213-33頁）は，後述する現行手続関係の公文書が掲載されている，数少ない公刊書である。なお与党事前審査については，公文書ではほとんど明らかにならないので，本章では触れない。
（3）　「予算を伴う法律案」という文言は，議員立法の提出者数下限を定めた国会法第56条第1項と同じだが，内実は微妙に異なる（浅野・河野，2003，105-6頁）。
（4）　最後に見られるのは，提出諸案・第42巻，閣第24号，1983年2月4日，内閣官房「内閣提出予定法律案・条約要旨調」。

各省庁は予算国会に提出予定の法案について，指定された様式により，法案を横の行，予算関係（※や△の別）・件名・要旨を縦の列にした一覧表を書き，その欄外に省庁ごとの※・△・その他の別の件数及び総件数を記した件名・要旨調を，前年9月20日までに内閣官房に提出する。内閣官房はこれらをとりまとめて，「第〇回国会政府提出予定法律案等件名調」を作成する(6)。

　予算関係法案が他の法案と違うのは，政府部内での審議手続が前倒しになっていることである。非予算関係法案は10月中に内閣法制局の下審査を開始すればよい。これに対して，「概算要求書に組み入れられた事項に関係のある法律案」（予算関係法案とほぼ同じと考えられる）は，まず要綱について，他の関係省庁との協議を経た上で，概算要求書の期限である8月末までに大蔵省・内閣官房・内閣法制局に提出しなければならない。さらに年末年始に予算概算が閣議決定された時は，すみやかに※印法案を内閣法制局に提出してその下審査を受けることができるよう，各省庁は大蔵省との予算折衝と並行してその作成をとり進めるのである(7)。これは，非予算関係法案は「予算概算の閣議決定を待たずに最終的な詰めに入ることができるものであり，予算概算の閣議決定後は多数の予算関係法律案が当局

（5）平16内閣5：9，閣甲第83号，1961年12月16日，内閣官房内閣参事官室首席内閣参事官（以下「首席内閣参事官」）「予算関係法律案の区別等について」（内閣法制局百年史編集委員会（1985, 219-21頁）にも収録）。提出諸案第1〜29巻は1999年に国立公文書館へ移管されたが，上記文書がある第7巻だけは2004年に移管された。それは本章で引用する公文書が参照されていたからだと思われる。

（6）平16内閣5：3，閣甲第43号，1961年7月11日，閣議申し合せ「予算の年内閣議決定と国会の常会における予算及び法律案の早期提出について」；同，1961年7月14日，内閣官房長官通達別紙「国会の常会に提出する予算及び法律案の取扱いについて」；同：4，閣乙第69号，1961年7月13日，首席内閣参事官「『国会の常会に提出する予算及び法律案の取扱いについて』の手続等について」；同：11，閣甲第65号，1961年10月20日，「第40回国会（常会）政府提出予定法律案等件名調について」。最初の3つは後年においても参照される。これらは，内閣法制局百年史編集委員会（1985, 215-19頁）にも収録されている。

（7）前掲，平16内閣5：3，同：4。

〔内閣法制局〕の審査に殺到することを考慮してのことであ」った（内閣法制局百年史編集委員会，1985，221頁）。

　年末に予算概算が決定されると，9月の件名・要旨調から変更がありうるため，内閣官房内閣参事官室は予算国会に備え改めて各省庁に対して同じ様式の件名・要旨調及び新たに法案提出時期等調について照会し，各省庁は指定された様式から成る回答調書を通常は1月上旬までに提出する(8)。後者の様式も指定されており，1法案を1行として，予算関係印，件名，提出関係，予算関係，法案の大中小，他省庁関係，与党関係，閣議決定予定日，法制局審査予定日，留意事項，という欄が設けられている。提出関係欄には，提出確定ならA，提出予定ならB，提出するかどうか検討中ならCを記入する（最近はBの例はない（第8項））。予算関係欄は記入しない。法案の大中小というのは，「大は条文50条以上，中は50条以下20以上，小は20条未満」である（これは内閣法制局の審査の負担に直結する）。他省庁関係欄や与党関係欄には，調整が容易か困難かを記入する。わざわざ「与党要望」と書かれていることもある。これを受けて1月上旬に各省庁ごとに文書課長等会議が内閣法制局で開かれ，内閣官房・内閣法制局・大蔵省主計局法規課の当該省庁担当官と当該省庁の文書課長等により「内閣提出予定法律案とすることの適否，予算関係法律案とすることの適否が検討され，閣議決定予定日及び当局〔内閣法制局〕の予備審査予定日が決められる」（内閣法制局百年史編集委員会，1985，215頁。小島，1979，54頁も参照）。また予算関係法案の審議日程や，内閣法制局の下審査を踏まえた非予算関係法案を，確定するようである(9)。これらを「整理した結果」が，改めて「第○回国会政府提出予定法律案等件名調」としてまとめられる(10)

---

(8) 平16内閣5：10，閣乙第136号，1961年12月22日，首席内閣参事官「第40回国会提出予定法案件名等の提出及び各省庁文書課長等会議について」。前掲，平16内閣5：3；同：4と違い，これは以後直接には参照されないが，同様の文書が毎年照会されている。

(9) 平16内閣5：10，1961年12月20日，「第40回国会提出予定法案に関する各省庁文書課長等会議要領」；提出諸案・第49巻：8，参総第9号，1993年1月18日，各省庁文書・国会担当課長会議「法令協議に関する申合せ」。

(10) 平11総3382：1，閣甲第1号，1962年1月10日，内閣官房「第40回国会

（これは会期中絶えず更改される）。

　予算関係法案の一番重要な点は，閣議決定（つまりは国会提出）の期限が予算の国会提出からの経過期間として定められていることであり，※印法案は3週間以内，△印法案は4週間以内となっている。これに間に合わない場合，遅延理由を具体的に記し（「関係省庁名又は党関係部会名等」や「法律案中確定しがたい部分」など），閣議付議予定日を明示した，「〇〇〇法案提出遅延について」という文書を上記期限前に提出して，閣議の了承を得なければならない[11]。非予算関係法案の提出期限は公文書では決められていないが，一般的には※印法案の期限から4週間以内と言われる（内閣法制局百年史編集委員会，1985，223頁，関，1984，29頁）。あるいは，3月下旬をもって提出を打ち切ることが，内閣官房・法制局・大蔵省主計局法規課の会議で「一応の結論に達した」が，これは各省に通知されなかった[12]。実際には※印法案の締切日は年によりぶれがあり，予算国会提出後3週間を越える年が2割あるが，平均値は20日後である。また※印以外の法案の締切日が7週間を越えるのは3割で，これも均らすと48日後である[13]。なお閣議決定予定日の前日に，事務次官等会議を経ておく必要がある。

　こうした提出手続を定めた公文書は，同時に法案数の削減も狙っていた。すなわち「補助金の交付その他法律の規定によることを要しない事項については，特に相当と認められる場合を除き，立法措置を講じないこと」「内容において密接な関連性がある二以上の改正法律案であって，付託される常任委員会が同一であることその他の事情によりこれを統合することが適当であるものは，これを統合すること」を命じていたのである[14]。この後，行政機関の存廃や公務員の配分を閣議限りとして法律事項としない方向で

　　　（常会）政府提出予定法律案等件名調」。
(11)　前掲，平16内閣5：3, 同：4。
(12)　平16内閣5：9, 1961年12月4日，「法律案の件数の削減及び法律案の審査の促進について」。
(13)　内閣法制局『法令審査事務提要（Ⅰ）』（1991年，財務省所蔵），519-20頁，から著者計算。
(14)　前掲，平16内閣5：3。

検討が進み(15)，特に審議会設置を単独法で定めず各省庁設置法に一括することが強調され，1963年9月13日に「内閣提出法律案の整理について」が閣議決定された(16)。

以上が1961年に設定された政府法案提出手続であり，微細な部分で多少の変更はあるにせよ，いわば均衡的帰結として現在に至るまで受け継がれている現行手続なのである。その中核的要素は，予算関係法案を区別しその提出手続を優先する点にあり，これを予算関係法案中心主義と呼ぶことにする。

(2) 分析

そこで前項の分析枠組に照らし合わせて現行手続を検討してみよう。〈提出期限〉が予算との関係に応じて定められているだけではなく，国会提出以前の内閣法制局下審査についても期限を前倒しで設けることで，法案の全般的な早期提出を図っている。興味深いのは〈監視〉である。内閣は最終的な閣議請議の段階で初めて法案に接するのではなく，前年秋や年末年始という事前の段階で，指定様式の件名・要旨調や法案提出時期等調により，法案の内容（要旨や予算関係）・手続スケジュール（内閣法制局下審査）・政治的準備状況（与党関係や各省協議）について照会し，各省の回答調書をとりまとめている。言わば〈早期監視〉により法案情報を掌握しているのである。〈統合組織〉は，最終的には閣議であるが，それを補佐する内閣レヴェルの組織として，内閣官房（特に内閣参事官室）や内閣法制局が整備されている。カウンターパートである各省大臣官房文書課長等（法令担当課長で省庁により名称は異なる（総務課長など）。以下「各省文書課長等」）にも注意しておく必要がある。

---

(15) これらについては国家行政組織法の1983年改正や1969年の総定員法を待たねばならなかった。

(16) 平11総1587：5，閣甲第138号，1963年9月13日，閣議決定「内閣提出法律案の整理について」（小島（1979, 85-6頁），内閣法制局百年史編集委員会（1985, 229-30頁）にも収録）。前掲，平16内閣5：9，「法律案の件数の削減及び法律案の審査の促進について」の多くは，この閣議決定に受け継がれている。

しかし肝心の〈選択的制裁〉は，十分に執行されていない。確かに文書課長等会議は，（予算関係法案であるか否かを問わず）各省庁が出した法案のうち7％を提出取り止めとしており(17)，一定の統合機能を果たしていた。しかしそれでも実は，※印法案の3分の1は予算提出から4週目以降，それ以外の法案の4割は8週目以降に内閣から提出されている。つまり，提出期限を守らなかった法案で制裁を受けていないものが多数あるのである。これは時期を問わず当てはまる（福元，2000，23-4，108，112頁）。「閣議で問題が出るということも」「年に一ぺんか二へんくらい」というのでは（内閣法制局百年史編集委員会，1985，70頁），それも致し方なかろう。実際，秋や年始にとりまとめられた件名調において，まだ準備が整っていない法案が，「検討中のもの」「提出予定のもの」「提出するかどうか検討中のもの」として報告されている。また公文書の綴りにも，件名や要旨の変更，提出遅延，提出取り止めに関する各省庁から内閣宛の文書が，数多く見受けられる。すなわち，制度が意図した過程とはならなかった。

ちなみに非予算関係法案について，「実際には，諸般の事情から，主務省庁における法案作成のための準備作業が遅れる傾向にあり，近年においては，年内には当局〔内閣法制局〕の下審査を開始することができないというケースが大部分である」（内閣法制局百年史編集委員会，1985，221-2頁）。これでも済むのは，内閣法制局がもはや戦前のような「鬼門」とすら呼ばれた「審査機関に徹せず」，「各省事務当局と協力して立案に当」たる「サービス機関的性格を有している」からであろう（鮫島，1996，122頁）。

なお重要法案の〈選別指標〉はさしあたり見あたらない。

このように〈選択的制裁〉が失敗しているにもかかわらず，1961年に完成した提出手続が今日まで制度として続いているのは，それ以前のものに比べれば望ましい過程をもたらしたからではないかと考えられる。現行手続は同年に一挙に出現したのではなく，そこに至るまでに試行錯誤を積み重ねて，失敗した部分を削ぎ落とし，成功した要素を蓄積した末に形作られたからである。すなわち，最近制度変化に関して着目されている，制度の精緻化や内包効果（Greif, 2006, ch. 7, esp. pp. 194-8），重ね塗り（layering,

---

(17) 前掲『法令審査事務提要（Ｉ）』，520-1頁，から著者計算。

Schickler, 2001）である。そこで次項からは，過去に遡って提出手続を検討する。就中，照会と回答から成る〈早期監視〉がいつから始まったのか，現行の指定様式における各照会項目がいつから現れてきたのか，他にはどのようなものがあり何故消滅したのかに着目する。またかつては〈選別指標〉が試みられていたが成功しなかったこと，昔から〈選択的制裁〉が機能しなかったことも確認する。そして何よりも重要な変化は，1954年以降，予算関係法案中心主義が形作られていった点にあることを見る。

3　総力戦における起源（1941-4年）

現行手続の起源は，文字通り管見の限りではあるが，次のような1941年12月19日の閣議決定「来ル通常議会ニ対スル準備ノ件」をもって嚆矢とする(18)。

> 時局ニ鑑ミ来ル通常議会ニ於テハ極メテ短期間ニ予算案及法律案ヲ通過セシムルノ要アルヲ以テ之ガ為政府ニ於テハ左記方針ヲ決定スルコト。
> 　　　　　　　　　　　記
> 一，法律案ハ戦争遂行ニ直接関係アルモノノミニ限定シ其ノ件数ハ出来得ル限リ少カラシムルコト
> 二，内閣及各省ニ於テハ法律案及予算案ノ提出準備ヲ急速ニ完了シ，以テ両院ノ審議促進ヲ期スルコト。之ガ為予定期日ヲ左記ノ通定ム
> 　（イ）提出スベキ法律案件名決定　十二月二十五日
> 　（ロ）法律案要綱ノ決定　昭和十七年一月七日
> 　（ハ）法律案決定　昭和十七年一月十五日
> （後略）

これを踏まえて1942年1月には内閣が「第七十九回帝国議会政府提出法律案要綱」をまとめた(19)。こうした仕組みはある種の均衡として戦中最

---

(18)　類2405：36，閣甲第491号。
(19)　類2548：5。

後の1944年末まで毎年踏襲された(20)。

　ここには法案数管理の骨格が現れている。法案数減少を冒頭に掲げ，「戦争遂行ニ直接関係アルモノ」を〈選別指標〉とし，要綱・法案それぞれの〈提出期限〉を定めた。要綱のとりまとめは件名・要旨調の原型であるから，〈早期監視〉も始まっていた。〈選択的制裁〉が加えられていたか否かは不明であるが，政府は本来ならば提出を希望していた法案を抑制していたようである。既に1941年の第76回通常議会では，衆議院の「戦時体制強化ニ関スル決議案」による要求に従い，政府は予定していた法案を半分に絞って戦時立法だけにせざるを得なかったし，第77回臨時議会も戦時立法のみを提出していた（古川，2001，131-3，148，153頁）。しかし提出数自体はそれ以前とそれほど変わらない100件程度であり（酒田，1993，25頁），必ずしも法案数削減に成功したとは言えない。

　興味深いのは，現行手続の端緒が，総力戦に臨むにあたり弱体であった内閣の統合機能を強化する文脈に位置づけられることである（上記閣議決定は真珠湾攻撃のわずか11日後のことである）(21)。また，最も政府が強力だと考えられる戦中期においてすら，内閣が帝国議会で法案を通すことに困難を感じるほど議会が手強かったことも注目に値する。内閣は議会の予測される反応を事前に織り込んで対処し，「比較的論議の余地なきもの極めて少数を選定して提出」し(22)，「利害関係が複雑で紛糾が予想される法案は提出しなかった(23)」。

---

(20)　類2796：18，閣甲第268号，1944年11月4日，閣議決定「来ル通常議会ニ対スル法律案提出準備ノ件」。なお戦前の提出手続について，個別の政治史記述を越えて，繰り返されるパタンを抽出しようとする政治過程論的な発想をしている数少ない例として，中野目（1996，特に79頁）がある。

(21)　総力戦を前にして内閣レヴェルでの統合機関が模索された点について，御厨（1996，Ⅰ）。

(22)　類2670：3ノ2，1943年5月28日，「臨時議会召集の件を定む」。

(23)　古川（2001，153頁，2005）は，農政分野などにおいて，戦時議会が一定の政治力を持ったことを主張している。それが可能だった理由としては，戦争遂行にあたり公開の本会議を通じて国内対立が諸外国の目に晒されることを政府が嫌ったこと，戦争遂行のための「挙国一致」を名目に議会が体制革新を拒否しあくまで臨時的な戦時体制のみ受容したこと，利益集団がバッ

第1章　政府法案提出手続の蹉跌　43

4　占領軍による質的管理（1945-52年）

(1)　「議会に於ける立法手続等の報告に関する件」

終戦後初の第89回臨時議会が始まる前の1945年10月22日に，GHQ は日本政府に対し，法案及び立法手続の経過に関する英文報告書を GHQ に提出する手続を制定するよう命じた。これを受けて外務省終戦連絡中央事務局（終連）は11月2日に「議会に於ける立法手続等報告に関する件」を定めた(24)。これによれば，まず法制局は審査が概ね完了した法律案の写し及び参考資料を，主省省と連絡の上で終連へ送付する。次いで内閣は，議会へ提出した法案の写しを終連へ送付する。終連はこれらを英訳し，議会提出後すぐ GHQ に報告する。

以上のような，終連が全法案を収集して GHQ に渡すという体制は，占領終結まで継続した（但し1945年8月26日に設置された経連は，1948年2月1日に総理庁連絡調整中央事務局（連調）に，1949年6月1日には外務省連絡局（1951年12月1日に国際協力局）へと改組された）。GHQ と終連は，内閣と同様に全法案を〈監視〉できる立場にあった。GHQ は以後一貫して，法案提出の遅れと情報の不十分さや不正確さを懸念し，終連を通した情報収集をより前倒しに（〈早期監視〉）かつより詳細にしていく。

次の第90回臨時議会を前にして，GHQ が「法律案原案及審議経過を一層早く提出するやう要望し」たため，終連は1946年5月7日に「議会に於ける立法手続等の報告に関する件」を改訂した(25)。前年と異なるのは，閣議決定された法案要綱・閣議決定された法案要綱からの変更箇所・議会に提

　　クにあったこと，が挙げられている。議会の争点提示機能については，福元（2000, 終章2）も参照。
(24)　纂3079-2：4, 外乙第4号。これは，内閣法制局百年史編集委員会（1985, 108-12頁）でも触れられている。なお同109頁は「この間〔占領期〕の事情を示す資料が〔内閣法制局に〕それほど残っていない」として，いくつかのもののみを掲載している(107-26頁)。従って本章は資料的にも貢献しうるものと考える。
(25)　纂3101：17, 外乙第6号。

出した法案を，日本文だけでなく英訳文も添えて，各省が終連政治部政治課に即日送付する，という点であった。しかしGHQ民政局（または政治部。Government Section（以下「GS」））立法課は依然，こうした「終連による報告システムの確実さ」に「疑問」を持つなど，不満を抱いていた（ウィリアムズ，1989，37，42-3頁）。

続く「第九十一臨時議会に於ける立法手続の報告に関する件」は，GHQのさらに高い要望を反映した(26)。新たに，各省が決定した法案要綱，それから閣議決定されるまでの修正点，成文化した法案，議会提出予定日，提出予定法案の取り止めその他の変更，議会における修正，参考資料，それぞれを和文及び英文で終連に送付するものとされた。

最後の帝国議会となる「第九十二通常議会に於ける立法手続の連合国総司令部に対する報告に関する件」において，終連は「第九十一臨時議会の場合と全く同様に行ふ」とした上で，「第九十一臨時議会の経緯より見て特に注意を要する点」（おそらくは遵守されなかった点）を次のように指摘した。終連がGSと連絡するには3日かかるので，各省は議会上程予定日の遅くとも3日（できれば5日）前までに法案を終連に送ることとし，それに遅れると予定通りの上程は不可能だと警告した。そして，「法律案が各省で内定した時は仮令それが法制局に未提出であつても〔終連〕政治部に必ず連絡」すること，「上程法律案が追加された場合右を至急当事務局政治部に連絡すると同時に其の閣議に於て決定した要綱を同政治部に提出すること」，「貴省と関係方面〔GHQ〕との間の協議の進捗状況を通報すること」を求めた(27)。さらに1947年1月24日に終連は，GSより「客年末以来三度」「至急連絡するよう厳重申し入れがあつた」ため，各省に対し「成案を得たものはもとより要綱の程度でも差支へないから至急当事務局に連絡」するよう督促した(28)。

---

(26) 纂3101：45，外乙第36号，1946年11月7日。
(27) 纂3119：1，外乙第1号，1946年12月28日，終連事務局次長発内閣書記官長宛。
(28) 纂3119：3，外乙第3号，終連次長発内閣書記官長（各省次官）宛「第九十二通常議会に於ける立法手続の連合国総司令部に対する報告に関する件」。

こうした枠組は日本国憲法の制定により帝国議会が国会へ変わっても受け継がれる。追加されたのは、司令部の審議相手部局課名及び担当官氏名や日本側の担当者の所属部局課、氏名及び電話番号を附記することぐらいであった[29]。また8月には「法律改正案の場合には改正される法律（勅令）の英文」を添付することとなった[30]。1949年末に「期限付法律案」（おそらく日切れ）についてはその理由を外務省（連絡局法制課）係官に十分説明することになった[31]。1950年に入ると、「提出する法案については、提案理由と英訳文をもれなく添付するよう」GSから要求があった[32]。そして占領末期にもなると、GHQによる法案の事前審査は事後審査に変わった（内閣制度百年史編纂委員会、1985、上、96頁）。

（2）　事前承認：民政局と外務省による統合の試み

　以上のようにGHQは、自らの意向が正確に法律（案）に反映されているかどうかを、立法過程のあらゆる段階にわたって事細かに〈監視〉することに執心した。ところがGHQの意向は部局によって違うことがあり、必ずしも統制がとれていなかった。ここでGHQの〈統合組織〉となろうとしたのがGSであった。

　1948年の第2回通常国会にあたり、終連次長から内閣官房長官へ「法律案の連合国総司令部ガヴァメント・セクションに対する報告に関する件」が出された[33]。ここで初めてGHQの法案審査が定型化されて提示されるとともに、とりわけGSが前面に出るようになり、「承認」という言葉が登場する。すなわち、終連「に回付された法律案は総司令部政治部立法課

---

(29)　簒3123、34、外乙第4号、1947年5月18日、終連次長発内閣官房長官宛「第一回国会における立法手続の連合国総司令部に対する報告に関する件」。
(30)　簒3123：36、外乙第6号、1947年8月28日、終連次長発内閣官房長官宛「法律案及び政令案の連合国総司令部との連絡に関する件」。
(31)　昭57総118：1、総乙第1号、1949年12月27日、外務事務次官発各省事務次官宛「第七国会提出予定法律案に関する総司令部との連絡に関する件」。
(32)　昭57総118：6、総乙第59号、1950年3月1日、外務事務次官発各省事務次官宛「総司令部に提出する法律案に提案理由の英訳文添付方依頼の件」。
(33)　簒3134：3、外乙第9号、1948年1月8日。

(Legislative Division) に提出する。同課は政治部内関係課に法律案を回付し、関係課において承認した場合に、総司令部内関係部局の承認済なることを確めた上、当方に対し承認の旨通報する、すなわち、立法課は、法律案について、総司令部内各部局間及び政治部内各課間の連絡調整に当る訳であるから、その承認があつて初めて総司令部としての正式の承認があつたこととなる訳である。従つて同課から当方を通じて正式の承認の通報がある迄は、法律案を国会に提出するが如きことのない様」注意した。そしてGS「における審査は、何日位かかるか予測し難く」「法律案は十分に時日の余裕をとつて前広にこれを回付せられる様」要請した。

以上を定式化した「法律案要目票」を添付することになった。これは横書きで、1　件名（A和名、B英名）、2　主管省名、3　主管部局課及び担任事務官氏名（電話番号）、4　閣議決定の有無及び期日（又は予定日）、5　総司令部主管及び関係部局課並に担任係員氏名、6　終連政治部政治課への提出期日、7　政治課への提出部数（和文ママ部、英文ママ部）、9ママ　備考（総司令部主管部局における審議に関し特記すべき事項）、という8項目から成っていた。

さらにGSは、各省庁が連調「を通じ既に正式に総司令部に提出した法案に関し、その後の事情の変化に因り総司令部各関係部局課との話合いの結果」修正や廃案の決定（の可能性）がある場合は、各省庁は常に連調に連絡を保つと共に、「総司令部関係部局課より直接修正の指示があつた場合には必ず当該関係部局課より正式に民政局国会政治課係官（中略）に修正点を連絡するよう」要請することとした。その上で「民政局としては先ず右修正案につき総司令部関係部局課より正式に通知を受け、その旨連調を通じ関係各省庁に通知した上で作製された修正案以外の一切の修正案は受取らない」とした。そして「総司令部関係部局課の指示に基かずに総司令部提出法案に正誤を要する場合」「法案の再提出を要求せられ、結局承認が遅れることになる」から、「審査を迅速にするため」に以上の指示に従うよう各省庁に求めた(34)。つまりGSはGHQと日本政府双方の部局課がGS

---

(34)　簒3137：3、閣乙第15号、1949年3月31日、連調次長発内閣官房次長宛「法律案に関する総司令部との連絡に関する件」；同：7、閣乙第19号、1949

を迂回して法案を国会へ提出することを忌避し，日本政府が国会に提出する法案がGHQの意向に合致することを最終的に確定させるのはGSであることを目指したのである。

　10月に入ると，GSの承認を得るために正式にGHQに提出するのは，閣議決定後であることが明確にされた。つまり最終意思決定権は，閣議ではなくGSにあった。閣議決定した法案とGS承認案との「相違が相当重要な場合は法律案修正の閣議請議の手続を進め」，「又軽微な場合は法務庁法制局に連絡し原案修正方の手続を執る」(35)。他方で閣議請議の正本には，GHQ各原局の承認済みであることを証明する主管課長の「G・H・Q承認済証明書」が添付され，GHQ担当部局名，同担当官氏名，同承認月日が記されたようである(36)。1949年の「第五国会提出予定法案については総計三百一件の中三月三十一日迄に」GHQに出したのは「四十二件に過ぎず，会期切れ真際になつてから当事務局〔連調〕に法案が殺到し，先方の承認取付並に国会通過も不能となることも予想される」ので，「法案は総司令部の承認取付を期待する日の遅くも一週間前に閣議決定を得るのを原則」とした(37)（1950年に入ると「十日前」まで前倒しになる(38)）。但し「事前

　　年4月23日，連調次長発内閣官房次長宛「連合国総司令部に対する法案連絡の件」所収の国会政治課係官による口頭指示；同：8，閣乙第21号，1949年4月26日，連調次長発内閣官房次長宛「連合国総司令部に対する法案連絡の件」所収の民政局の指示（内閣法制局百年史編集委員会（1985年，118-20頁）にも収録）。

(35)　纂3130：26，閣乙第43号，1948年10月2日，内閣事務官発「各庁に対する内閣官房及び総理庁官房総務課の要望事項」。なお明治以来存続した法制局は，1948年2月15日に法務庁に吸収され，1949年6月1日に法務府と改称され，1952年7月31日に内閣に置かれる法制局に戻り，1962年7月1日に内閣法制局と改称された。

(36)　纂3134：6の2，大乙第6号，1948年8月26日，大蔵大臣官房文書課長発内閣官房岩倉〔首席〕事務官宛「法律案政令案の閣議請議について」；同，文520号，1948年8月26日，大蔵大臣官房文書課長「政令案等の閣議請議関係の取扱について」。大蔵省のものしか見つかっていないが，内閣の公文書に綴られている点は注意を要する。

(37)　前掲，纂3137：3。
(38)　前掲，昭57総118：1。

承認取付けを急ぐあまり閣議決定を受ける前にこれを受けたものとして提出, そのため事故をおこし却つて遅延した例が多い」ことが警告されている(39)。また GS の最終承認を得た法案を承認後1週間以内に連調第2部調整課へ提出すること, 連調は「大体国会提出後一週間以内に法案の英和文を司令部に提出すること」が明確になった(40)。

このように GS は〈統合組織〉になることで権力基盤を固めようとしたが, 日本側のカウンターパートである外務省連絡局法制課もまたその恩恵に浴そうとした。法制課は1949年9月10日に「累次の公信で連絡したところ」を「取りまとめた」「連合国総司令部ガヴァメント・セクションによる法令等の事前審査手続要綱」を作った(41)。基本的には従来の手続を再確認する色彩が濃いが, GS について「事前審査」という言葉が使われ始め, かつ法制課の役割が明確化・強化された。「法制課においては, 書類が完備しているかおよび英訳文が法律案文の正確な翻訳であるかどうかを確認した上で GS に提出」し,「英訳文が正確な翻訳でないときは, 法制課において主管課に返却, 訂正をうけたのちにおいて, GS に提出する」ので,「時間的余裕を法制課に与えるよう閣議決定後速かに提出」することを求めた (同要綱の11月10日版では,「法案の確定したものについては法制課と非公式にご連絡があれば閣議決定前といえども英訳の正確であるかどうかを審査することがある」という点が付け加えられ,〈早期監視〉が図られた(42))。GS は「最終的承認を法制課に通告」し, これは「法制課より当該府省庁及び内閣官房あて電話その他口頭をもつて連絡せられ, 文書にはよらない」。また要目票についても, 翻訳責任者氏名(電話番号), 総司令部主管等の英文名, 参照法律(英文で記載)が追加された。これを踏まえて9月29日に法令連絡会議打合せ会が, 各省法令担当係官を集めて開かれた。

(39) 昭57総74：2, 総理府乙第187号, 1949年9月10日, 外務省連絡局法制課「連合国総司令部ガヴァメント・セクションによる法令等の事前審査手続要綱」(内閣法制局百年史編集委員会 (1985, 120-6頁) にも収録)。
(40) 纂3137：1, 閣乙第7号, 1949年2月18日, 内閣事務官発各省文書課長等宛「法律案の連合国総司令部に対する提出に関する件」。
(41) 前掲, 昭57総74：2。
(42) 昭57総74：4, 総理府乙第252号。

さらに同要綱の1950年11月1日版では「法制課においては、これらの案件を機械的にGSに転達するのではなく、メモランダムその他による要求に基き、正文と英訳文とを対照して事前審査を行」うこと、「法案の起草に際して随時連絡せられれば一層便利であ」ることが強調された[43]。つまり法制課は単に法案を収集するだけではなく、GHQ側の統合組織であるGSとのパイプを掌握していることを梃子に、英訳以上に踏み込んだ統合と〈早期監視〉を図った。これは外交一元主義へ向けた努力の一環とみなすことができよう。実は、外務省終連、総理庁連調、外務省連絡局という組織改変は、GHQとのパイプを、外務省と内閣（あるいは芦田均率いる民主党と西尾末広指導の社会党）のどちらが握るかという権力闘争の表れでもあった（パイプはもう1本、先述の通り各省庁とGHQ各部局との間にもあった。荒、1994、114-9頁、栗山、1981）。もっとも、外務省連絡局法制課（あるいはその前身部局）が、よし全法案の〈収集組織〉ではあったとしても、地位が低下していったことを考えれば、法案を審査して取捨選択や修正を行う〈統合組織〉であったかどうかは疑わしい。

(3) 分析

以上の通り、GHQは法案内容の確認という、いわば質の管理には熱心だったが、法案数の抑制という量の統制には無関心な〈統合組織〉だった。GHQが法案数の抑制を示唆したことはなく、そのための〈選別指標〉も〈選択的制裁〉もなかった。また早期提出を求めることはあっても、〈提出期限〉を設けることはなかった。法案数管理の必要理由が議会の過剰負担と慎重姿勢にあったことに鑑みれば、日本政府全般に対して強い政治力を持つGHQがこれらに配慮しなかったのも、もっともなことである。こうしたこともあって、占領期に年間200から300件という空前絶後の数の法案を政府が提出することが可能となった。また法案内容の〈早期監視〉は、占領軍であるからといって自動的にできるわけではなく、微に入り細を穿った監視網を敷くことで初めて可能になった。

他方でGSは〈統合組織〉となることに失敗した。まずGHQ各部局は

---

(43) 平1総44：1、総理府乙第316号。

GS審査にお構いなく立法作業を続行していた。実際にも「民政局が正式に承認を下した法案に対して」「修正を申出られる場合が最近少なからざる数に上つた」ことをGS自身が認めており，だからこそそうした場合も前述のようにGSに連絡するよう求めざるをえなかったのである。そもそもGHQ関係部局からGSへの連絡というGHQ内部の問題について，GSが日本側各省庁に連調を通じて協力要請していること自体，かえってGSがGHQ各部局を必ずしも直接掌握していないことを示すものである。芦田内閣瓦解に象徴される当時のGSの地位低下はここにも窺われる。また「法案を正式に総司令部に提出する際には既に相手部局課の非公式了解を得たものであることを通則とするが，相手部局課との折衝中特に問題とせられ，完全な了解を得るにいたつていないような点があれば」連調に説明することとされているから，裏を返せばGHQ関係部局課の承認がGS事前承認の完全な必要条件だった訳ではない。しかも「民政局において承認を与えた法案については，国会が修正を行う場合は別として，絶対に修正を認めない」というから，提出後の立法府における修正は認めていた[44]。従って，国会提出前にGHQ担当部局課との調整が完全には済んでいないが故に，提出後の再調整が国会における修正として表れた可能性もある。

また意図的かどうかはともかく誤訳が散見されたことも含めて，英訳作業が時間的制約を狭めていた。例えば「第五国会に当り総司令部民政局の事前承認を得るため提出せられた法律案の英訳文については重大な誤謬のあつたものが数件にのぼ」ったとして，注意されている[45]。

5　戦後の段階的整備（1946-60年）

占領軍とは違い，内閣による法案数管理は戦前に引き続き試みられた。本項では，現行手続を構成する諸要素が試行錯誤を経ながら段階的に出現する過程を辿る。

---

(44)　前掲，簒3137：3。
(45)　簒3136：14，閣乙第30号，1949年5月30日，連調長官事務代理発内閣官房次長宛「民政局提出法律案英訳文に関する件」。

（１） 戦前手続の継続（1946-7年）

〈提出期限〉と〈選別指標〉の設定という戦前の提出手続は，一時的にぶれたものの，戦後にも受け継がれた。但し所期の成果を挙げることには依然として失敗した。

1946年3月29日の閣議決定(46)では，「四月十五日迄ニ法律案要綱（五部）ヲ内閣ニ提出スルコト」「四月三十日迄ニ法律案ノ閣議請議ヲ為スコト」とした（第90回臨時帝国議会は6月20日に始まった）。法案数を抑制する発想はないが，要綱と法案の〈提出期限〉を設定する仕組は戦前のままだった。

ところが〈提出期限〉は緩められる。翌1947年1月24日の閣議決定(47)では，1月23日付で法制局が作成した「第九十二回帝国議会提出予定法律案件名」で省別に法案名が掲載された158件のうち，特定の100件「は概ね速かに成案を得て，議会に提出を要する」としつつ，「右以外に於ても，特に今期議会に提出を必要とする法律案は，閣議に於て，更に検討の上，追加せられるものとする」として，予定にない法案の追加を正面から認めた。さらに「議会に提出する法律案については，主任大臣より予めその要綱を閣議に提出し，その決定を経るものとする。但し，簡単なものについては，法律案を閣議に提出する際，その内容を説明して閣議決定を得ることとしても差支えない」としていたから，基本的に要綱も含め法案の〈提出期限〉はないも同然であった。

その結果，会期残り1ヶ月となっても法案提出準備が遅れていたため，2月26日に「今期議会に提出する法律案の提出準備促進に関する件(48)」が新たに閣議決定された。提出遅延の主な原因はGHQとの「折衝の困難に基」いているので，主務大臣自らGHQの担当セクションと交渉すると同時にGSとも連絡をとり，「遅くも三月五日迄に結論を得ることとし，若し同日迄に結論を得ること困難なる場合に於ても，少くとも懸案を含んだ儘の法律案を，議会に提出することの了承を同日迄に取付けることとし，遅くも三月十日迄に，議会への提出を完了すること」を義務づけた。10日ほ

---

(46) 類2958：6，閣甲第115号，「来ルベキ特別議会ニ提出スベキ法律案ニ関スル件」。

(47) 類3165：18，閣甲第36号，「今期議会え提出する法律案について」。

(48) 類3037：6，閣甲第75号。

どかかる枢密院審議についても，GHQ審議と並行して進めるものとされた。また「会期切迫の状況に顧み新憲法施行上絶対に不可欠の法律案以外の法律案は出来る限り今期議会への提出を見合はせ，これを解散後最初の国会へ提出」するよう求めた。つまり「新憲法施行上絶対に不可欠」か否かを〈選別指標〉として法案数を減らす方針が復活した。結局この議会へ実際に提出したのは，予定した半数にも満たない71件であった。

日本国憲法施行後も大きな変更はなかった。第1回特別国会が5月20日に始まった後，6月12日の閣議で「法文及び要綱（止むを得ずば要綱のみ）を遅くとも六月十六日（月）までに内閣官房に提出すること」が申し合わされた(49)。ところが6月24日の閣議了解「法律案提案準備促進に関する申合」では，数十件の法案が予定されているにもかかわらず提案準備の完了したものは数件しかないことが憂慮され，7月5日までに法案を閣議請議するよう定めるとともに，GHQから「完全なる承認を得難きときは，少くとも懸案を含んだままの法律案を国会に提出することの了承をとりつけること。尚重要法案については，予め要綱案として法制局と打合の上，至急閣議決定の手続を執」ることを決めた(50)。ここで重要法案は，提出するか否かの〈選別指標〉でこそないが，現行手続の予算関係法案と同様に，提出準備を前倒しにさせる指標となっている。

なお1948年の第2回通常国会冒頭ではこうした動きは特に見あたらない(51)。

（2） 内閣官房と次官会議（1948-57年）

1948年の後半に，統合を補佐する内閣レヴェルでの官僚組織，次官会議

---

(49) 類3082：14，閣甲第269号，閣議申合「国会再開当初に提案すべき法律案に関する件」。

(50) 類3082：16，閣甲第278号。

(51) なお1回目の延長直後の5月11日には，24日までに法案を閣議請議し，31日までにGHQの「承認を取付けるよう，努力すること」，「件名及び内容の要点を五月十五日（土）までに内閣官房に通知すること」が閣議了解となった。纂3135：3，閣甲第179号，「第二回国会提出法律案の閣議請議期限に関する了解」。

と内閣官房が一層整備された。8月19日付の内閣官房次長通達で、「各省庁より閣議に提案する案件については、原則として次官会議に附するものとすること」が初めて定められ、「次官会議の議題は、原則として遅くとも、前日正午迄に」「総理庁官房総務課迄申出ると共に印刷物は三十部（部数厳守）提出する」ものとされた(52)。但し重要なことに、「前日正午迄」という締切はしばしば破られ、督促の文書が後年にわたるまで何度も出されている(53)。

さらに10月2日の「各庁に対する内閣官房及び総理庁官房総務課の要望事項」では、法案について「GSの承認があつた場合は、主務庁は速かに修正の有無及び閣議決定の原案とGS承認の最後案との間に相違があるか否かの二点を内閣官房へ連絡」すること、「GSの承認後法律案を国会へ提出する際は、国会内の内閣官房からその主務庁の政府委員室に打合を行うから各庁の主務部課はその庁の政府委員室の連絡官に対し、関係法案の提出期日及び提出希望議院名等を予め連絡」することが指示された(54)。こうして次官会議と内閣官房が〈統合組織〉であるかはともかく、少なくともその前提条件である法案の〈収集組織〉ではあることが明確化された。

旧憲法下での法案数管理は閣議レヴェルでなされたが、後に見る提出予定法案の照会は次官レヴェルとなり、閣議もしくは次官会議の了解や申合を、内閣官房長官または副長官が、各省事務次官へ通達した。さらに1953年以降、内閣総理大臣官房（以下「総理府官房」）総務課長から各省文書課長等宛の通達になり、さらに下位レヴェルへ落ちた(55)。こうした経過は、

---

(52) 纂3130：22，閣甲第339号，「次官会議の運営について」。内閣制度百年史編纂委員会（1985，上，580頁）にも収録されている。纂3130：21，閣甲第35号，1948年8月24日，内閣事務官発各省文書課長等宛「法律案，政令案の閣議決定について」も同旨。なお次官会議は1949年に事務次官会議に，1957年に事務次官等会議に改称される（内閣制度百年史編纂委員会，1985，上，578頁）。

(53) 例えば，平11総1734：2，閣甲第66号，1958年7月16日，首席内閣参事官発各省文書課長等宛「閣議，事務次官等会議に附議する案件について」；同，閣甲第272号，1950年11月20日，内閣総理大臣官房（以下「総理府官房」）総務課長発「閣議，次官会議附議案件について」。

(54) 前掲，纂3130：26。

照会する度に政治的決定を要していたものから，事務的な判断で済むルーティン的な制度になったことを示すと思われる。

　また回答の提出先は全て内閣官房（後に内閣参事官室）＝総理府官房総務課であった。実は新憲法施行時に，内閣の補佐機関と行政分担管理にあたる内閣総理大臣の補佐機関とを区別するために，内閣官房から総理庁を分離したが，内閣官房の所掌事務は総理庁官房がつかさどるとされ，これが1949年に発足した総理府官房にも受け継がれ，就中閣議事項の整理その他内閣の庶務は総務課が所掌した。さらに人事運用上，総理府官房の職員は内閣事務官を兼任し（1952年以降は総理府官房に内閣事務官室が置かれた），事務室も物理的に同一箇所であったから，両者は実質上同一の組織であった。1955年から総理府官房に内閣参事官を置いていたが，1957年に内閣官房と総理府官房との所掌事務を明確に区別することになり，内閣官房に内閣参事官室と首席内閣参事官を置いた。しかし実際には，総理府官房三課長がそのまま内閣参事官を兼ねたように（うち総務課長が首席内閣参事官，他1名が専任の内閣参事官），従前通りの運用が続いた（教育社，1979，154-60，199頁，内閣制度百年史編纂委員会，1985，上，153，下，61-2頁，総理府，1959，273頁，総理府史編纂委員会，2000，507-8，526，556，566頁[56]）。こうしたところにも内閣組織の脆弱性が窺われる。以上は，2001年の中央省庁再編における内閣強化の一環として，内閣官房内閣総務官室と内閣府大臣官房とが，（会計課を除き）人的にも空間的にも分離するまで続いた。

（3）　提出予定法律案件名調の開始と法制局下審査（1949年）

　1949年2月11日に第5回通常国会が始まると，18日に内閣官房次長から各省次官等に対する「第五回国会提出予定法律案について」という照会が登場し，ここで初めて回答する調書の様式が指定された[57]。1法案を縦1列とし，件名（法案名），提出を必要とする理由，司令部との関係，閣議

---

(55)　類3771：1，閣甲第1号，1953年1月6日，「再開後の第十五回国会に提出予定の法律案件名等照会の件」。
(56)　内閣と総理府との関係については，牧原（1996, 2005, 2006）も参照。
(57)　類3313：16，閣甲第35号。

提出予定日，国会提出見込日，を書く欄が横に走る一覧表を，府省ごとに作成して内閣官房へ提出するのである。戦前と異なり，要綱の内閣への提出期限が見あたらなくなった（GHQには提出していた）。これは「予め要綱の閣議決定が行われるのは，特に重要な法案の場合に限る」ようになったためであろう（佐藤，1953，46頁）。さらに閣議請議日を内閣が決めるのではなく各省庁に答えさせるようになったから，内閣の統合機能は落ちていた。以後，内閣から各省に対して通常国会が始まる前に提出予定法案を照会し，各省が回答し，それを内閣が件名調としてとりまとめるという一連のプロセスが毎年繰り返される。但し指定様式の項目は頻繁に更改された。その経緯をまとめたのが表1-1である。

　第6回臨時国会の開会を控えた7月5日の閣議では，閣法提出が遅いことを不満とするGHQの示唆を受けて，新たに，立案開始の有無，法務府審議の予定時期，備考，それぞれの欄を加えた調書を，7月9日までに提出することが了解された(58)。閣議・国会提出日を落として法務府審議の予定日や立案開始の有無を尋ねるのは，〈早期監視〉が進んでいることを意味する（提出を必要とする理由も訊かれなくなった）。各省の回答をとりまとめた資料は，現行手続と同様の名称である「第六回国会提出予定法律案件名調」と題され，各府省別の法案数とともに，7月11日の次官会議及び翌日の閣議で報告された。これは以後毎年作られることになる。

　実は法制局の「予備審査ないし下審査が行われるようになったのは，戦前に比べて大きな変わり方」であった。というのも，「戦前においては，各省庁が閣議請議した後に法制局の審議が行われるのが建前」だったのに対して，戦後は下審査で実質的な審査が行われ，正式の閣議請議に際する審査で「修正が行われることは極めて少な」くなったからである。この変化の理由として，各省にとっても法制局にとっても便利だからとか，「法令案の著増傾向から，少数の参事官で短期間に集中的に処理することが無理になったこと，特に原案に大修正を加えることとなったときは，その修正のための事務がいたずらに煩雑であり，また提出府省の立場からもあまり名誉でない等の事情による」ということも挙げられたが，より根底的には「総

---

(58)　類3314：3，閣甲第256号，閣議了解「次期国会提出法案について」。

表1-1　政府法案提出手続の変遷

年	締切日程 法律案件名決定	締切日程 要綱内閣提出	締切日程 閣議請議	締切日程 予算関係法案の閣議請議	予算国会提出予定法案件名調 開会前(前年)日程 照会	締切	件名調とりまとめ	再開(休会)後日程 照会	締切	件名調とりまとめ
1941-42	12月25日	1月7日	1月15日							
1942-43	11月10日	11月24日	12月22日							
1943-44	11月30日	12月21日	1月11日							
1944-45	11月28日	12月22日	1月12日							
1945-46		4月15日	4月30日							
1946-47		なし	3月10日							
1947-48										
1948-49								2月18日	2月23日	なし
1949-50			1月21日		10月27日	11月15日	11月28日			
1950-51					10月25日	10月31日	11月2日			
1951-52		2月末	3月上旬		12月1日	12月8日	不明	2月1日	不明	2月6日
1952-53					10月31日	不明	11月8日	1月6日	1月14日	不明
1953-54					11月24日	12月5日	不明	1月16日	1月20日	2月16日
1954-55					11月19日	12月4日	不明	3月25日	3月30日	4月22日
1955-56				2月10日	11月30日	12月15日	不明	1月11日	1月18日	1月30日
1956-57		3月5日	2月26日	11月28日	12月15日	廃棄	1月8日	1月17日	1月19日	
1957-58					10月11日	至急	10月31日	1月17日	1月22日	不明
1958-59		1月30日	1月23日	11月1日	11月17日	11月19日	12月27日	1月7日	1月10日	
1959-60					9月14日	10月10日	11月14日	12月24日	1月9日	1月20日
1960-61					11月15日	11月21日	12月7日	1月5日	1月19日	1月23日
1961-62		3月10日	2月10日	7月14日	不明	10月16日	12月22日	1月6日	1月10日	

司令部〔各部局〕が了解を与えたものを内閣の機関である法制局が修正することはその心証を害する」ので，それを避けるために法制局下審査をGHQ各部局の審査よりも先に持ってきたのであった。「それが今日に至っている」のである（内閣法制局史編集委員会，1974，315-6頁，内閣法制局百年史編集委員会，1985，107頁，鮫島，1996，120-1頁，佐藤，1953）。

また占領中は「司令部の規制等もあつて，法令案の未確定のままに閣議請議の手続をとり，あるいは（中略）当日に，当局〔法務府法制意見第二局〕に閣議請議書を持ち込まれる等のことがあり，やむを得ず，閣議決定後において法令案を修正し，または正誤等の形式で訂正する場合があつ

照会項目													備考欄
件名	閣議提出予定日	司令部との関係	提出理由	法制局審議状況	要旨	省別総件数	省別予算関係法案数	予算関係	先議希望議院名	年内成立	日切れ		選別指標
													戦争遂行ニ直接関係アルモノ
													戦争遂行ニ直接関係アルモノ
													戦争遂行ニ直接関係アルモノ
													戦争遂行ニ直接関係アルモノ
													新憲法施行上絶対に不可欠の法律案
○	○	○	○										税制関係法案の外緊急やむを得ない法案
○		○	○	○									提出の必要順位
○	○			○	○								
○	○		○	○								○	
○	○		○	○	○							○	
○	○		○	○	○	○	○	○					今国会に必ず成立させる必要があるもの
○	○		○	○	○				○				
○	○			○	○	○		○	○	○	○		緊急やむを得ないもの，今国会に必ず成立させる必要があるもの
○	○		○	○	○							○	
○	○		○	○	○							○ ○	政府・与党の公約事項に係るもの，重要政策に係るもの
○	○		○	○	○								
○	○		○	○	○							○	
○	○		○	○	○							○	

た」。独立後は「未確定の法令案は，閣議請議の手続をとら」ず，閣議請議の前々日までに請議書を出すよう法制局は求めた[59]。

(4) 試行錯誤（1949-60年）

　1949年から1960年にかけて提出手続に見られた新規事項は，その後現行手続に結びつかないものが多かった。つまり現行手続は一直線にできあが

---

[59] 平1総96：6，総理府乙第81号，1952年4月26日，法務府法制意見第二局長発総理府官房総務課長宛「法令案の閣議請議について」。

ったのではなく、その形成過程では試行錯誤もあったのである。

1つは直截な選別指標の試みである。先に見た第6回臨時国会提出予定法案の数は多すぎると考えられたようであり、1949年7月18日の次官会議は次のように申し合せた(60)。

　一　臨時国会の提出法案は、税制関係法案の外緊急やむを得ない法案に限定すること。
　二　先に各庁から提出された第六回国会提出予定法律案件名中臨時国会に提出するものとしないものとの振分は、遅くとも七月二十六日（火）の閣議において決定し得るよう手順を進めること。
　　　追って各庁は、予定法律案中の順位を決定の上来る二十日（水曜日）迄に官房総務課宛連絡すること

これを受けて22日の閣議で配布された資料「第六回国会提出予定法律案件名中特に提出を要すと認められるものの件数調(61)」では、A「最も重要と認めらるもの」17件、A'「Aに次ぎ重要と認められるもの」19件、B「A'に次ぎ重要と認められるもの」8件、の各府省ごとの数が集計された。添付資料から大蔵省の希望順位のみわかるが、そこでは「A　司令部の要求により是非共提出を必要とするもの」5件、「B　当省において是非共提出を要すると認められるもの」6件、「C　提出を希望するが諸般の事情により万止むを得ない場合のみ提出を見合せてもよいもの」5件が挙げられており、このうち大蔵省のAの3件が閣議のAに、Cの1件がA'に選ばれている。つまり、内閣は法案の内容に詳しくないので、法案間の相対順位については省庁の希望を反映するものの、全体の法案数を制限する必要上、絶対量としては相当割り引いている（但しそれでも大蔵省はAが多い方である）。また税制関係法案を〈選別指標〉にしていることは、後の予算関係法案に通じる動きである。これに若干の修正を加えて予定通り26日に「第六回国会提出予定法律案の件」が閣議決定された。

---

　(60)　類3314：4, 閣甲第261号,「次期国会提出法案に関する申し合せ」。
　(61)　類3314：6, 閣甲第262号。

第7回通常国会の準備段階でも同様のことが続けられた。10月27日の次官会議申合に基づく照会により(62)，11月28日にまとめられた「第七回国会提出予定法律案件名」には，278件もの法案が寄せられた。そこで12月6日に内閣官房長官が各省庁に再度照会した指定様式には，提出の必要順位，制定を必要とする理由，が加えられた（立案開始の有無はなくなった）。ここで「提出の必要順位」とは，A「提出が絶対に必要なもの」，B「提出が望ましいもので，本年中に各庁において成案を得る見込のもの」，C「その他のもの」の3段階であり，A，Bのみに「制定を必要とする理由」が尋ねられた(63)。12日付「第七国会提出予定法律案調」を踏まえ，15日の次官会議で，A（193件）は「さらにこれを整理減少するとともに，その国会提出が遅れないように努めること」，B（53件）は「明年一月二一日までに閣議請議の手続をとるものとし，同日までに右手続がとれないものは，原則として今期国会への提出を見合わすこと」，C（59件）は「原則として今期国会への提出を見合わすこと」，という申合がなされた(64)。

　こうして，重要性や必要性を〈選別指標〉にするだけではなく，〈提出期限〉が復活し，それを遵守しない場合には提出取り止めという〈選択的制裁〉を課すことが目指された。ただこのようなあまりに直截な選別指標はうまくいかなかったらしく，翌1950年後半からは落ちている。実際制裁が加えられた痕跡も見あたらない。また〈提出期限〉が1月というのも非現実的に早いので，1952年2月12日の閣議申合せでは，次のように定められた(65)。

　　イ　各府省は本国会に提出予定の法律案の全部につき遅くとも二月末迄に要綱の閣議決定を行うこと
　　ロ　国会提出は遅くとも三月上旬までとすること
　　ハ　右に依れないものは本国会の提出を見合すこと

---

(62)　類3314：14，閣甲第319号，「次期通常国会提出予定法律案の進行順序に関する申合」。
(63)　類3314：19，閣甲第355号，「今期通常国会提出予定法律案について」。
(64)　類3314：21，閣甲第368号，「第七回国会提出予定法律案に関する申合」。
(65)　類3639：5，閣甲第21号，「第十三回国会に提出予定の法律案について」。

これは現行手続の日程に近い。但し閣議提出予定日を（指示しておきながら）照会することも復活し、翌年以降は〈提出期限〉が再度消えてしまう。

　1950年末から1952年末にかけての次期通常国会に関する照会は、件名、要旨、司令部関係、法務省審議などが調書の項目であったが、変更が多く一貫していない。さらには口頭で照会された時もあり、その場合各省の回答事項は区々である(66)。

　1952年4月28日の占領終結に伴い、第14回通常国会以降の回答調書から司令部欄が消滅した(67)。また1953年1月6日の照会から、回答の提出部数が従来3部であったところが85部に激増した。GHQに提出していた書類は110部程度であったから、これも実質的な法案審査がGHQでなく内閣官房を通じて行われるようになったことの証左であろう。またこの時から、回答調書の欄外に省庁ごとの総数件数を書く様式に変わっており、各省の自覚を促す内閣の姿勢が感じられる(68)。

　第19回通常国会からは2つの試みが始まった。1つは、年内成立法案である。国会法旧第2条に基づき12月に召集される通常国会で、「今年中〔1953年〕に成立を要する法律案等には、その件名の上部に○印を付け、要旨の欄の末尾にその理由を附記」することとされた(69)。これは他の時期の実例から見て、人事院勧告を年内に反映させるための公務員給与諸法案を主として指していると思われる。しかし実際には、照会後の「給与国会」と呼ばれた第18回臨時国会（内田・金原・古屋、1990、300頁）で給与諸法案が成立したためか、通常国会で12月までに提出された法案はない（要望

---

(66) 類3421：19、閣甲第262号、1950年10月25日、内閣官房副長官「臨時国会提出予定法律案について」；類3526：1、閣甲第253号、1951年12月1日、内閣官房副長官発各省事務次官宛「通常国会提出予定法律案について」；類3639：25、閣甲第222の1号、1952年11月8日、「第十五回国会提出予定法律案」。

(67) 類3639：21、閣甲第198号、1952年8月7日、内閣官房副長官発各省事務次官宛「第十四回提出予定法律案について」。

(68) 前掲、類3771：1。

(69) 類3773：1、閣甲第190号、1953年11月24日、総理府官房総務課長発各省文書課長等宛「第十九回国会常会に提出予定の法律案件名等照会の件」。

もない)。同様のことが1955年末まで続き、1960年末にも照会された(70)。

　もう1つは年度末成立法案、いわゆる日切れ法案である（福元、2000、25頁）。すなわち「本年〔1954年〕三月三一日までに成立を要するもの期限のあるものは、件名上部に○印を附し、且つ、要旨の欄にその期限（月日）を附記すること」が定められた(71)（但し早くも1950年から日切れという言葉は使われていた(72)）。また翌1955年の第22回特別国会直前には、「三月末までに成立を要する法律案調」で6件が計上された(73)。1956年にも照会されるが、これはすぐ後で触れる。1958年に内閣官房長官が各省事務次官に照会した調書の指定様式は、区別、予算関係、法律案名、事由という欄から成っており、このうち「区別」とは、A「時限法であること等の特別の事由により三月末日までに成立公布を要するもの」、B「以外の法律案で予算の執行等から早急に成立公布の運びにいたることを強く要望するもの」の2つだった。そして、A, Bとする理由を「事由」欄に書かせ、内閣参事官室へ提出させた(74)。もっとも、日切れ法案はつい最近まで正式に制度化されることはなかった。それはおそらく、厳密な線引きが困難なためと、提案者の政府が審議権・修正権を持つ国会に対して成立時期を「期待」することはできても、成立期限を設定することには憲法上疑義があったからだと思われる(75)。

---

(70)　なお1956年末については、照会文書が11月28日に起案されているが、「廃棄」されている。平11総3378：1、閣甲第92号、総理府官房総務課長発各省文書課長等宛「第二十六回国会（常会）に提出予定の法律案件名等照会について」；平11総3381：3、閣甲第85号、1960年11月15日、首席内閣参事官「特別国会及び通常国会提出予定法律案等について」。

(71)　類3960：1、閣甲第4号、1954年1月16日、総理府官房総務課長発「再開後の第十九回国会に提出予定の法律案件名等照会の件」。

(72)　『第7回国会衆議院議院運営委員会議録』19号（1950年2月7日）、2頁。

(73)　平11総3376：1、閣乙第5号、1955年3月10日。

(74)　平11総3378：13、閣甲第20号、1958年3月17日、「第二十八国会提出済の法律案について」。

(75)　日切れの定義が曖昧なことは、例えば竹下登大蔵大臣が「何月何日から施行したいということでお願いしておる限りにおいては」「すべて日切れという認識」を示していることにもよく表れている。また茂串俊内閣法制局長官

6 予算関係法案中心主義の形成（1954—99年）

（1） プレ現行手続へ（1954-7年）

現行手続の形成過程における最も重要な変化は，1954年以降，予算関係法案中心主義が作られ始めたことである。

「予算関係法案」という言葉自体が国会に現れるのは，1952年2月13日である[76]。だが件名調で初めて予算関係法案が言及されるのは，1954年の内閣「第十九回国会政府提出及び提出予定法律案等件名調」であり，「予算に関係のあるもの」に「予」と記されている[77]。また同年8月13日の閣議決定「昭和三〇年度予算の編成に関する手続について」により，「各省各庁は，予算に関連ある法律又は重要なる政令の制定又は改正を予定する場合は，その要綱を必ず概算要求に添えて〔大蔵省に〕提出すること」とされた。「それまではそうした制度的改正に関する情報の伝達が遅く，予算との不一致が予算審議を渋滞させた」からであった[78]。

もっとも予算関係法案の本格的な差別化が進むのは1956年1月11日の照会からである[79]。回答調書の指定様式に「種別」という欄が3つ設けられ，「予算との関連その他特別の事情により今国会において是非成立を要する

は「もとより法制上の観念ではございませんので，どうも私から御答弁申し上げるのはいかがと思う」と留保を付けている。『第101回国会参議院予算委員会議録』14号（1984年3月30日），4頁（前掲『法令審査事務提要（Ⅰ）』，308-10頁，から再引用）。

(76) 『第13回国会衆議院大蔵委員会議録』11号，1頁。
(77) 類3962：12，閣乙第3号，1954年2月16日。
(78) なお同旨の閣議決定が1955年8月12日にもある。ほぼ同名の閣議決定が既に1946年9月17日，1947年8月19日，1948年9月17日にあったが，要綱提出は求められなかった。他の年にはこうした名称の閣議決定は見あたらない（大蔵省財政史室，1981，968-9，1025-6頁；大蔵省財政史室，1982，3頁；大蔵省財政史室，1994，196頁；財政調査会，1955，668頁；財政調査会，1956，777頁）。
(79) 平11総3377：3，閣甲第2号，内閣官房「再開後の第二十四回国会に提出予定の法律案件名等照会の件」。

重要法案については，◎印」，「既存の法律との関係で一定の期日までに成立施行を要する法律案については，○印」（日切れ法案と考えられるが，「一定の期日」は年度末とは限らない），「予算を伴う法律案については，※印」を付けることになった（「※」印が予算関係として用いられるのは，これが初めてである。なお◎と※との違いは明らかでない）。以上に対する各省からの回答を受けた後，内閣官房長官は「今次国会提出予定の法律案の提出促進について」で各省次官に対しはっぱをかけ，「予算を伴う法律案を優先処理」して「二月十日までに国会に提出」し，間に合わない「特別の事情があるものについては，その具体的事情を予め内閣参事官室に文書をもつて通知」させた(80)。その結果，件名調では各省別に全法案数だけでなく「予算を伴う法律案」の数も計上された。こうして予算関係法案が明確に特別扱いされ，かつ早めの〈提出期限〉を設定されることになった（非予算関係法案に提出期限はない）。なおここで，提出法案は「今国会に必ず成立させる必要があるものに限定する」と〈選別指標〉が示された他，初めて「法制局審議に当つては，事前に関係各省庁間の意見調整を十分遂げておく」ことが指示され，〈早期監視〉も一層進んだ(81)。これはかつて1952年に「権限争議に関する事項その他の事項について閣議により決定しなければならないものと認められる法令案の場合」は「未確定の法令案」であっても「閣議請議の手続をと」ることを認めていたのとは対照的である(82)（但し現行手続下でも権限を閣議で確定することは皆無ではない）。

　予算関係法案の提出を前倒しにするということは，予算の閣議決定を待たないと予算国会に提出する予定の法案をどれにするかが確定しない，ということを意味する。1955年3月25日の照会では，2月末の総選挙で予算編成が遅れたため，「追て昭和三十年度予算案の決定に平行して，更に右件名等を照会する」と注記され，初めて予算と法案とが内容上だけでなく日程上も連動することが明示された(83)。また予算の復活折衝が難航した

---

(80) 平11総3377：4，閣甲第10号，1956年1月24日。但し予算の国会提出は1月30日であり，現行手続なら2月20日締切のはずだから，2月10日というのは相当早い。

(81) 前掲，平11総3373：3。

(82) 前掲，平1総96：6。

（大蔵省財政史室，1994，323-30頁）1957年1月19日の件名調では，「予算確定の上は件数に相当の増減がある予定で」，「予算確定後提出予定法律案は確定するのでこれについては後日調査する」と別記されていた[84]。しかし予算編成が遅れた時に限らず，提出予定法案は前年の照会時から「予算の決定に伴つて変更を生ずるものもある」ので[85]，予算概算決定後，国会が年末年始の自然休会を終えて再開する前に，再度照会された。

　もう1つこの頃の動きで現行手続につながるのが，内閣と法制局との連携強化である。1955年11月30日に予定法案を照会した際，「法律案については二百二件（中略）が一応予定されているが，これらの法律案等のうち十二月十九日現在法制局において審査を受けている法律案は数件にとどまつている」ことが判明したため，「提出法案は緊急やむを得ないものに限られるとともに，法制局の審議については，同局と緊密な連絡の上早期審議が期されるよう」内閣官房長官は各省庁に指示した（「緊急やむを得ないもの」という〈選別指標〉も示された訳である[86]）。「なお，本件については，法制局長官と協議済みである」という文言がここで初めて登場し，以後毎年繰り返されるようになる。

　なお同時期に先議希望議院の照会が現れる。まず前述した1954年の「第十九回国会政府提出及び提出予定法律案等件名調」で，「参議院先議にし得るもの」に「参」という印が付けられた。1956年1月30日になって，総理府官房総務課長から各省文書課長等に対して，予算を伴わない法律案について衆参どちらを先議とすることを希望するかが照会された[87]。回答の

---

(83) 平11総3376：2，閣乙第23号，1955年3月25日，総理府官房総務課長「第二十二回国会（特別会）に提出予定の法律案件名等照会の件」。

(84) 平11総3378：3，閣甲第1号，1957年1月19日，「第二十六回国会提出予定法律案等調」。

(85) 例えば，平11総3378：12，閣甲第2号，1958年1月17日，首席内閣参事官発各省文書課長等宛「再開後の国会に提出予定の法律案件名等について」。

(86) 平11総3377：1，閣甲第149号，総理府官房総務課長「第二十四回国会（常会）に提出予定の法律案件名等照会の件」；同：2，閣甲第173号，1955年12月21日，内閣官房長官「第二十四回国会提出予定法律案等の審議促進について」。

(87) 平11総3377：5，閣甲第11号，「予算を伴わない法律案等の先議議院の照

選択肢は、「衆議院先議を希望するもの」「参議院先議を希望するもの」「衆・参両院のいずれでもよいが、できれば衆議院先議を希望するもの」「衆・参両院のいずれでもよいが、できれば参議院先議を希望するもの」「衆・参両院のいずれを先議としてもよいもの」「法案未確定のため、前記各号のいずれとも決定しかねるもの」の 6 種類であった。続く1957年からは回答調書の指定様式に先議希望議院が入り[88]、この後1961年まで尋ねられたものの、興味深いことに現行手続には受け継がれなかった。注意すべきは、1954年には予算関係かつ参議院先議という法案もあったのであるが、1956年には当初からそうした道が封じられているということである。これは1958年に自民党国対が「予算に関係のある法律案又は省，府設置法案等は，先例により，衆議院を先議とする」よう命じたことで確定する[89]。実際にも予算関係法案の99％は衆議院先議である（福元, 2000, 23頁）。これは予算関係法案の審議を衆議院先議である予算の審議と関連付けるようになったからである。また衆議院先議の方が重要法案や与野党対決法案が多かった（第 2 章第 2 節）。

以上の諸要素が凝縮されたのが、1957年 2 月 4 日に内閣官房長官が各省庁に出した「第二十六回国会提出予定法律案等の提出促進方について」である[90]。これは「予算決定の遅れたことによるやむを得ない事情があつたため，特に今後その進捗を期する要がある」とした上で、次のように指示した。

　一　予算関係法律案等（当該法律案等が成立しなければ予算執行上支障を生ずるもの）は特に審議を先にし，その軽易なものは，二月十五日までの閣議に，その他のものは二月二十六日までの閣議に附議

　　　会に対する各省庁の回答」。
(88)　その前に単独でも照会された。平11総3378：2，閣甲第 4 号，1957年 1 月31日，総理府官房総務課長発各省文書課長等宛「予算を伴わない法律案等の先議院の照会について」。
(89)　「国会対策要領」（1958年10月 2 日，事務次官等会議配布），前掲『法令審査事務（Ⅰ）』，476頁。残る法案の先議院も国対は打ち合わせを求めた。
(90)　平11総3378：4，閣甲第 8 号。

できるようにすること。
二　前号以外の法律案等については、法制局と緊密な協議の上、成案の得られ易いものから逐次提出に及ぶ等審議の効率を期し、おそくとも三月五日までに閣議に附議できるようにすること。
三　各省庁の共管に属する等のため法律案等の成案について協議が整いがたいもの及び党側との折衝が困難なものは、遅滞なくその旨内閣官房に申し出られたいこと。
（後略）

これに応じて、予算関係、閣議附議予定日、先議希望の議院名、件名を一覧にした資料を提出させた。閣議附議予定日は、2月15日まで・26日まで・3月5日までのいずれであるかを記入させ、「特別な事情により閣議附議が三月六日以降となるもの」には「その事情を記入すること」とした。また前年は「予算を伴う法律案」という国会法第56条第1項と同じ文言が使われたのに対し、ここでは現行手続と同じ「予算関係法律案」という用語が使われ、かつより精緻に定義された。また各省協議に加えて与党折衝の困難が認識され、把握が目指されたことは、裏を返せば従来は特に注意するほどのものではなかったことを示唆する。

このように体系化してきた提出手続が意識的に制度化されたのが、1957年9月5日の事務次官等会議申合せ「法律案の法制局審査及び国会提出について」である（以下「プレ現行手続[91]」）。

> 内閣が国会に提出する法律案については、その提出時期をなるべく速やかにし、国会における審議が円滑に行われ、その成立に遺憾のないようにしなければならないが、特に常会の場合においては、内閣提出法律案の数が多数にのぼり、しかも翌年度の予算と関係するものもあるので、法律案の法制局審査及び国会提出は、つとめて早期に行う

---

(91) 平11総1587：1、閣甲第68号、1957年9月9日、平11総3378：11、閣甲第92号、1957年11月22日、「第二九回国会に提出する予定の法律案の法制局審査及び国会提出について」。

ようにする必要がある。

　よって，今後は，次の要領により，法律案の審査及び提出について遺憾のないよう措置するものとする。

　　一，各省庁は，常会に提出しようとする法律案の件名及び提出趣旨五部を十月十日までに内閣官房に提出すること。この場合，内閣官房は，法制局及び関係省庁と法律案の取り進めについて必要な協議を行うこと。

　　二，第一類の法律案（その主たる内容が翌年度の歳入歳出等の概算の決定時に至るまでは確定し難いと思料されるもの）については，その法律案要綱を毎年十一月末日までに法制局に六部送付することとし，その法律案は，翌年度の歳入歳出等の概算が決定され次第，法制局の審査（下審査を含む。以下同じ。）が行われるよう配意し，法律案の提出が適確に行われることを期すること。

　　三，第二類の法律案（第一類の法律案以外のもの）については，毎年十一月末日までに法制局の審査が開始できるようにすること。

　　四，（中略）

　　五，二，三及び四のいずれの場合においても，法制局における法律案の審査は，閣議に請議され，法制局に回付された法律案について行われるものであるから，閣議請議の手続をとる事前に法制局が主務省庁の求めに応じて下審査をする場合においても，その法律案は，少なくとも事務的に，その内容に関し，主務省庁の議がまとまったものであり，かつ，当該法律案の内容が他省庁にも関連するものであるときは，関係省庁との意見の調整がつくされたものであること。

　　六，（後略）

この申合の重要な点は，これまでのように各年ごとに提出期限を設定するというアドホックなスケジュール設定を止め，前年秋というかなり早い段階で，より定型化しようとしたことにある（要綱の提出期限を設定するのは1952年以来である）。また予算関係法案がより詳細に定義された。そして法制局審査を効率化するために，非予算関係法案を前倒しにするという

現行手続の仕組は、この時点でできあがった。ここで「注意すべきは」「予備審査（下審査）の方式がいわば正式にとられることになったことである」（鮫島，1996，122頁[92]）。もっとも、この申合は9月9日の閣議で「未決廃棄」となったため、単なる事務次官等会議申合せとして9月10日に「閣議報告」された、という形にとどまっている。

これに則り、早速10月11日に予算国会提出予定法案の照会がなされた。調書の回答欄は、第1類、第2類、件名、要旨、備考というものであった。さらに欄外冒頭に、従来のように各省ごとの総数ではなく、1類、2類に分けた件数を書くようになっている。つまり予算関係がどれくらいあるかを、申請側にも意識させる書式になっている訳である。11月22日に内閣官房長官は各省事務次官に対し、次期通常国会の準備に関して、この「申合せの趣旨を達成するよう」促しているが、「一部においては臨時国会が開かれた等の事情により、法律案の法制局持込みが所定の期限より遅れること」に懸念を表明している[93]。

また興味深いことに、「本件は一応準備のため事務的にとりまとめたものである」、「本調は関係省庁から提出されたままの資料であ」る、「本件は全く事務的に各省の希望をとりまとめたものである」などと、ことさら文責が内閣にないことが強調されている[94]。こうした断り書きは後にも繰り返され、内閣が〈統合組織〉ではなく単なる〈収集組織〉であることが随所に表れている。

（2）　現行手続の成立（1958-1962年）

「第三十回臨時国会提出予定法律案等調」が内閣官房でとりまとめられた

---

(92)　この引用箇所自体は現行手続を指しているが、正しくはプレ現行手続である。
(93)　前掲、平11総3378：11。
(94)　平11総3379：3、閣甲第76号、1957年10月31日、首席内閣参事官発各省文書課長宛「常会に提出予定の法律案の件名，要旨の照会について」；平11総3378：13、閣甲第20号、1958年3月17日、内閣官房長官発事務次官等会議構成員宛「第二十八回国会提出済の法律案について」；平11総3378：9、閣甲第54号、1958年5月23日、「第二十九回特別国会提出予定希望法律案等調」。

1958年7月17日[95]，内閣官房長官は各省事務次官宛に「臨時国会及び通常国会提出予定法律案調について」を出した[96]。そこでは，「来るべき通常国会の審議負担をなるべく軽くすることなどの見地から，明年度予算と深い関係のあるものを除き，その他の法律案は，つとめて臨時国会に提出」する構想を打ち出し，次のような分類基準で提出予定法案の再調べを命じた。

A—(一) 政府・与党の公約事項に係るもの並びに直接公約には属しないが，重要政策に係るものであつて，いずれも緊急に成立することが望ましいもの。ただし，明年度予算と深い関係にあるものは除く。
　(二) 公約又は重要政策にわたるものではないが，第二十八回国会に提出し審議未了となつているなどの事情からみて早期に成立することが望ましいもの。
B—諸般の情況からみて，Aには属さないができれば臨時国会に提出し成立することが望ましいもの。ただし，明年度予算と深い関係にあるものは除く。
C—臨時国会，通常国会のいずれに提出してもよいと思われるもの。

このようにより政治的な〈選別指標〉が設定された。ここでの特色は，非予算関係法案について合理化が図られていることである（「明年度予算と深い関係にあるもの」が特別扱いであることは前提とされていると思われる）。珍しい試みであるが，非予算関係法案の法制局審査を先行させたこととも相通ずるものがある。さらに「来るべき臨時国会が，通常国会と一体的に考えて提出法律案を考慮する必要があるので，通常国会に提出することが現在において予定されているものは，予算関係の有（※印を付す）無を問わず，その件名および要旨を報告」することとされた。前年臨時国会と翌年予算国会とをセットにして考えるという点で意欲的な構想であった。なお第1類・第2類の区分ではなく「予算と深い関係にあるもの」という文

---

(95) 平11総3379：1，閣甲第69号。
(96) 平11総3379：2，閣甲第68号。

言を用いているが，何を意味するのかは不明確である。

　しかし7月では翌年予算国会の見通しをつけるには早すぎる。そこで11月1日に改めて「その後今日まで相当日時を経ているためこれに相当の変更があるものと思われるので，改めて提出予定法律案（中略）を来る十一月十七日までに十部内閣参事官室に提出」することとされた（「予算に関係のあるものは※印を付する」こととなっている(97)）。19日付け「第三十一回国会（通常会）提出予定法律案等調について」では，2つの省から出てきた法案が重複するという件が3つあり，25日の文書課長等会議で整理を検討するとしている。12月27日には，予算政府原案が決定したのを受けて，翌1959年1月7日締切で提出予定法案が再度照会されている(98)。その回答調書は，予算関係，件名，要旨，法制局審議状況，閣議提出予定日，先議希望議院名の欄がある他，省ごとに予算関係法案とその他の法案それぞれの件数を書く様式になっていた。

　1月10日付けで内閣官房「休会明け国会に提出予定法律案・条約件名調」がまとめられた中で，「本調は，各省庁の一応の事務的意見を徴し，内閣官房において取りまとめたものであるので，閣議及び党との打合せ結果によつて，件数の増減等の変更がありうる」と断られていた。「予算関係法案」にはここでも※がついている。末尾には「法案の骨子についてなお，関係省庁間の調整中のもの」，「事務的には，提出したい希望を有するが，国会提出が二月中旬以降となると思われるもの」（おそらくは与党調整が難航のため），「提出するかどうかなお検討中のもの」といったリストが掲げられた(99)。

　1月13日にはこうした「区分」を「再検討」するための文書課長等会議が開かれた。これは，通常国会に提出予定の法案について議する文書課長等会議としては，管見の限り最初のものである。そこでは次のような「取

---

(97) 平11総3379：4，閣甲第101号，内閣官房長官発各省事務次官等宛「通常国会提出予定法律案調について」。

(98) 平11総3380：1，閣甲第113号，首席内閣参事官「休会明け国会に提出予定の法律案件名等について」。

(99) 平11総3379：5，閣甲第3号，内閣官房副長官発各省事務次官等宛「第三十一回国会提出予定法律の取り進め協議について」。

り進め」が方針とされた(100)。

　一，予算関係法律案の閣議決定は，原則として一月二十三日（金）とし，やむを得ないものも，遅くも一月二十七日（火）に限ること。
　二，特別の政治的事情があるため，右の期限内に閣議決定ができないものは，その事情を具体的に明らかにしておくこと。
　三，予算関係法律案であって，その骨子とするところに関係省庁間に意見の調整ができていないものは，一号の期限内に閣議決定ができるよう調整を急ぐこと。（中略）
　四，予算関係外法律案については，遅くも一月三十日（金）までに閣議決定をすることとし，この期限内に閣議決定ができないものについては，大幅に提出件数の整理を行うこと。
　五，予算関係外法律案のうち，一月三十日（金）までに閣議決定をすることが困難であつて，しかも特別な政治的事情のため提出を要すると思われるものは，その事情を明らかにしておくこと。

もっとも，ここには特に新しい要素はなく，むしろ提出期限の日付を特定しているので一般化・普遍的なルールから遠ざかっていた。また期限に間に合わないものでも，「特別の政治的事情」があれば，提出を認めることが明示されている。なお興味深いことに，2月27日の「法律案等の国会審議の促進について」で内閣官房長官が「官房長又はこれに代る者を連絡責任者に任じ，常時当該委員会その他関係の向と緊密な連絡を保ち，機宜の措置をとりうるようさらに格段の配慮を」求めている(101)。

　9月14日に前年同様の形で予算国会について申合通りに照会されている（プレ現行手続が添付されている(102)）。これをまとめた11月14日現在の件名調は，「予算の編成により今後相当の異動を生ずる」としている。12月23日に，前年と同じ通常国会提出予定法案の照会がなされており，翌年1月

---

(100)　同上。
(101)　平11総3577：14，内閣閣甲第10号。
(102)　平11総3380：8，閣甲第45号，首席内閣参事官「臨時国会及び通常国会提出予定法律案等調について」。

20日付けで内閣官房による「第三十四回国会政府提出予定法律案条約件名等調」としてまとめられている(103)。

1960年11月20日の総選挙を前にした15日，首席内閣参事官より「特別国会及び通常国会提出予定法律案等について」21日締切で照会があった(104)。調書の様式は，予算関係，件名，要旨，備考から成っていた（なおこの頃から横書となる）。このうち『予算関係』欄には，案件が本年度補正予算に関連があるものは『補』と，明年度予算に関連があるものは『予』と記載のこと」とされ，備考欄には，特別国会に提出する理由を記すようになっていた。12月7日にまとめられた表では，再提出法案を別途数えている他，特別国会については提出希望と提出予定の法案を分けている。また予算の閣議決定を受けて，1961年1月5日に改めて照会し，23日にまとめている(105)。

以上を踏まえ，7月14日付内閣官房長官通達をもって，第2項で述べた現行手続が確立され，プレ現行手続は7月11日の「閣議申合せにより自然消滅したものとして取り扱う」とルール置換が明言された（裏を返せば，それまでの提出手続はルーティンとして考えられていなかったので，新しい手続ができても古い手続の廃止が明言されることはなかった)(106)。そして以後は，この閣議申合と内閣官房長官通達とが準拠枠組として，1990年秋まで毎年言及された(107)（以後も実質的には準拠し続けているし，1961年12月16日付首席内閣参事官通達(108)が参照され，その中で上記2文

---

(103) 平11総3381：1，閣甲第68号，首席内閣参事官「通常国会の休会明け国会に提出予定法律案等の件名等について」。なお「内閣総理大臣の施政方針演説中に盛り込むべき」各省庁関係事項を，法案件名調と同時に内閣参事官室に提出するよう求める仕組みがこの年から始まり，現在でも続いている。

(104) 前掲平11総3381：3。

(105) 平11総3381：4，閣甲第1号，首席内閣参事官発各省文書課長等宛「通常国会の休会明け国会に提出予定法律案等件名等について」。

(106) 前掲，平16内閣5：3。

(107) 閣第139号，1990年9月28日，「次期通常国会に各省庁が提出を予定している法律案・条約の件名及び要旨について」（内閣官房内閣総務官室（以下「内閣総務官室」）所蔵）。

(108) 前掲，平16内閣5：9。

書が言及されている)。(作成時期は遅れていくものの)「件名調」あるいは2月前半に「内閣提出予定法律案・条約要旨調」を毎年とりまとめることが定例化し、内閣官房は法案管理制度を整えたのである。

　それに比べてプレ現行手続や第1類・第2類という分類は、1958, 1960年には参照された形跡が見あたらず、現行手続が出る1961年までに定着していなかったと思われる。現行手続がプレ現行手続とは異なる点をいくつか挙げれば、予算関係の有無にかかわらず秋の照会日程が早められたこと（表1-1参照）、予算関係法案の要綱を概算要求時に大蔵省にも提出することが法案手続に組み込まれるなど(109)、大蔵省による予算面からの法案統制が制度化されたことがある。また秋の件名調は「定期的に」提出するものとなったから、内閣が特に照会することはなくなった（予算概算確定後の照会は残った(110)）。またかつてGHQ欄があった回答調書の指定様式に初めて与党関係欄が入った（この4年後、自民党は「GHQ的」と評されている(111)）。裏を返せば、それまではまだその程度の権力しかなかったのである。そして1959年以来3年ぶりに、文書課長等会議で提出予定法案が議され、以後は毎年続く。なお予算関係法案の中でも△印法案という範疇は、おそらくは中途半端であるが故に、1984年以降は該当法案がなくなる(112)。

(3) 現行手続成立後 (1963-99年)

　1961年以降の変更点で今日まで続いているものは大きく言って2つある。1つは、第2項で紹介したように「内閣提出法律案の整理について」が1963年9月13日に閣議決定された(113)。もう1つは、1973年の予算国会以降、

---

(109) しかも関係各省との調整について、省・局名、問題点、進捗状況をも大蔵省に伝えることとされた。大蔵省主計局「概算要求に関係のある法律案等要綱作成要領」前掲『法令審査事務（Ⅰ）』、434頁。

(110) 内閣参事官室「内閣関係事務処理要領（法律案・政令案について）」(1964年11月、内閣総務官室所蔵)、第二5 (2), (3)。

(111) 『ジュリスト』331号（1965年10月1日）、座談会「立法のあり方」、12, 18頁。

(112) 本章註4を参照。

衆議院予算委員会が，総括質疑（現在は基本的質疑）当初（あるいは終了時）までに国会に提出できない予算関係法案について，法案要綱（又は大綱，大綱的文書）の提出を求めるようになった(114)。総括質疑当初とは，予算関係法案の提出期限とほぼ同じ予算提出後3週目ぐらいである。提出期限に間に合わないなら，せめて要綱は出せるくらいに進捗を図るよう，国会の側が求めたということである。ここで注意するべきは，非予算関係法案は対象となっていないこと，監視主体が他ならぬ予算委員会であることである。なお2000年末以降も無視できない変化が始まっているが，これは第8項に譲る。

その他には，提出の早期化や法案数の削減をより徹底する試みが散見されたものの，いずれも根付かなかった。例えば1963年末の「第46回国会に提出する法律案の取り進め方について」で，「重要法案の早期提出について」として，「提出法案中重要と目されるものは，国会再開直後他の法律案にさきだち提出するものとし，その他の法案は，その後に提出する方針」を示し，「予算関係法律案の提出については，予算と同時に提出する気構で，その準備を始めること」とした(115)。しかし「重要と目されるもの」といった抽象的規定や，「気構」といった精神論では，後に続かなかった。1965年には，「自由民主党総務会から，今国会に提出する法律案中，予算関係法律案は2月10日，その他の法律案は2月中に提出することを目途にするよう政府に要望がありましたので，貴省庁関係法律案についてこの方針に沿うよう格段の御配慮をお願いします」と指示された(116)。また「予算関係

---

(113) 前掲，平11総1587：5。

(114) 提出諸案・第32巻：2，閣第21号，1973年1月27日，首席内閣参事官発各省官房長宛「第71回国会（特別会）に提出を予定している予算関係法律案の要綱について」。なお1974年までは，要綱を内閣法制局と打合せの上，総理府官房総務課に提出するよう求めているが，そこまで強い統合は翌年以降につながらなかった。提出諸案・第33巻：2，閣第4号，1974年1月14日，首席内閣参事官発「第72回国会（常会）に提出を予定している予算関係法律案の要綱について」。

(115) 平11総3386：3，内閣閣第222号，1963年12月24日，内閣官房長官発各省大臣宛。

(116) 平11総3391：2，閣第18号，1965年1月28日，内閣官房長官発事務次官等

以外の法律案で未提出の案件の提出促進」を督促し，閣議付議を3月中旬で打ち切ると警告したり(117)，「明年は参議院議員通常選挙をひかえ審議期間もかなり制約されること及び与党側の強い要望もあるので，極力件数を抑えること」「予算関係法案と緊急必要な法案に限ること」「趣旨，内容において密接な関連がある2以上の改正法案で統合することが適当なものは，統合して提出するよう努めること」「予算関係以外の法律案は，参議院先議を多くすること(118)」といった指示が出ることもあったが，単発的なものに終わり，制度にはならなかった。

（4） 臨時国会の提出手続の頓挫（1951–71年）

最後に，叙述を省いた臨時国会の提出手続に触れると，1951年頃から，予算国会に準じる形で幾分定型化した。大まかなところを述べれば，内閣官房が「臨時国会に提出予定の法律案件名等の照会について」といった文書を出し，件名，概要・要旨，臨時国会に（わざわざ）提出する理由，法制局審議（及び占領中は司令部関係）などについて，指定様式の調書を各省から提出させた。それらを内閣官房が「第〇回国会提出予定法律案」としてまとめ，省庁別の件数なども集計する，といった具合である。多くの

会議構成員宛「今国会に提出する法律案の提出促進についての自由民主党総務会の要望について」。
(117) 平11総3407：7，閣第39号，首席内閣参事官発各省官房長宛「法律案の提出期限の厳守について」，提出諸案・第31巻：6，閣第49号，1972年3月2日，首席内閣参事官発各省官房長宛「法律案の提出期限の厳守について」。
(118) 平11総3404：12，閣第16号，1970年1月26日，首席内閣参事官発各省文書課長等宛「第63回国会（特別会）提出予定法律案件名等の提出及び同国会における内閣総理大臣の演説中に挿入すべき各省庁関係事項について」；平11総3407：3，閣第29号，1970年12月23日，首席内閣参事官発各省文書課長等宛「第65回国会（常会）提出予定法律案件名等の提出及び同国会における内閣総理大臣の演説中に挿入すべき各省庁関係事項について」；提出諸案・第32巻：27，閣第254号，1973年12月22日，首席内閣参事官発各省文書課長等宛「第72回国会（常会）提出予定法律案件名等の提出及び国会再開当初における内閣総理大臣の施政方針演説中に盛り込むことを希望する各省庁関係事項について」。

場合,「緊急やむをえないもの又は諸般の事情からみて臨時国会に提出することが適当であり,かつ短時日に成立が期待されるもの[119]」,「補正予算案に伴うもの等緊急やむを得ないものに限られたい[120]」といった具合に,法案数を抑制することが強調された。但し全ての（法案を提出した）臨時国会でこうした照会がなされた訳ではないし,回次ごとに様式の違いも大きく,予算国会のような制度化が進んだとは言えない。そして1971年を最後にして,臨時国会の提出予定法案件名調はなくなった[121]。従って補正予算に関係する法案を差別化する仕組もまた,作られなかった。

7　定着理由の理論的考察

（1）　選別指標と予算関係法案

　本項では,現行手続に至る過程を分析枠組に従って考察した上で,それが欠陥を持つにもかかわらず何故以後40年以上も定着してきたのかを,理論的に明らかにする。

　〈選別指標〉として,「戦争遂行ニ直接関係アルモノ」「新憲法施行上絶対に不可欠の法律案」「緊急やむを得ないもの」「政府・与党の公約事項に係るもの」「重要政策に係るもの」といった具合に,様々なものが試みられてきたが（表1-1),いずれも根付かなかった。それは既に述べた通り,各省庁からすれば全て重要法案である一方で,内閣には重要性を判断する能力がないからである。つまり法案を実質面から選別することは政治的に不可能なのである。

　それに代わって導入され現行手続に受け継がれたのが,〈提出期限〉に違

---

[119]　平11総3378：7,閣甲第66号,1957年9月2日,内閣官房長官発「臨時国会提出法律案等の取扱について」。

[120]　類3772：14,閣甲第166号,1953年10月23日,総理府官房総務課長発各省文書課長等宛「第十七回国会に提出予定法律案件名等照会の件」；同：27,閣甲第188号,1953年11月18日,総理府官房総務課長発各省文書課長等宛「第十八回国会に提出予定の法律案件名等照会の件」。

[121]　提出諸案・第30巻：3,閣第197号,1971年10月6日,「第六十七回国会（臨時会）に各省庁が提出を予定している法律案等について」。

いをもたらす予算関係法案という指標であった。それを中心に件名調という〈早期監視〉のテクノロジーが徐々に整備されていった。これがあって初めて内閣は情報を収集できた。

(2) 国会による法案不成立という選択的制裁

もっとも，繰り返し見たように，度重なる督促にもかかわらず〈提出期限〉はしばしば遵守されず，かつ内閣による提出取り止めという〈選択的制裁〉も加えられなかった。だが実は予算関係法案中心主義形成以降，〈選択的制裁〉は，国会による不成立という形で課されていたのである。

図1-1は，1954年以降の予算国会に提出された政府法案を予算関係法案（△印法案は含まない。以下同じ）か否かに分けて，法案提出日が予算提出後何週間目かに応じて，法案が継続後も含めて最終的に不成立に終わった割合を示したものである。すると，法案提出が遅くなるのに比例して（残りの審議時間が少なくなるので）野党の審議引き延ばしにより不成立が連続的に上昇するというよりも，予算関係法案では5週目，それ以外の法案では8週目に入った時に段階的に増加することがわかる。つまり提出期限に間に合わない法案は，よし内閣では認められても，国会は通りにくい

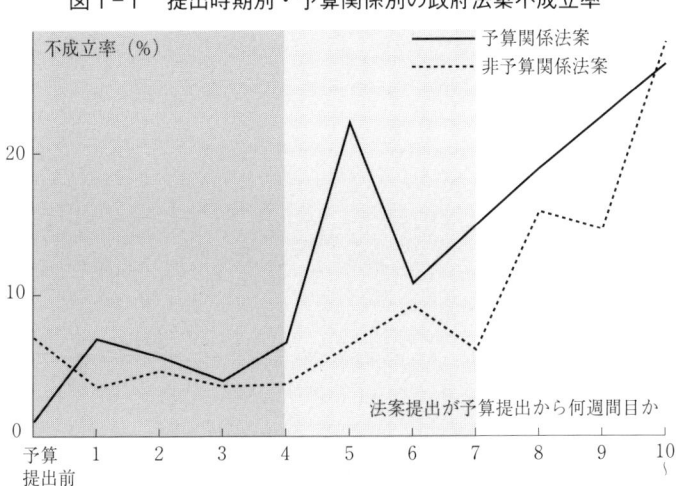

図1-1 提出時期別・予算関係別の政府法案不成立率

のである。

　さらに，予算関係法案の区別がない1953年以前も含めて，法案提出が，予算提出から3週間以内か，4週間以上7週間以内か，8週間以上かの3種類に分けて，選挙期（総選挙から次の総選挙までの期間。例えば最初の47年選挙期は，1947年の総選挙から1949年の総選挙までを表す(122)）ごとに予算国会における政府法案の不成立率の推移を追ったのが図1-2である。すると，提出時期に応じた不成立率の違いが広がったのは，予算関係法案中心主義が生まれた55年選挙期以降であり，裏を返せばそれまでは差がなかったと言える。しかも国会開設後当初は，早期に提出された法案すら後から提出された法案と同じほど不成立率が高く，前者が後者の巻き添えで廃案となっていたことが示唆される。

　以上から，集合行為問題で懸念されたような法案の過剰負担が生じたとしても，その犠牲を〈提出期限〉に遅れた法案にしわ寄せすることで，提

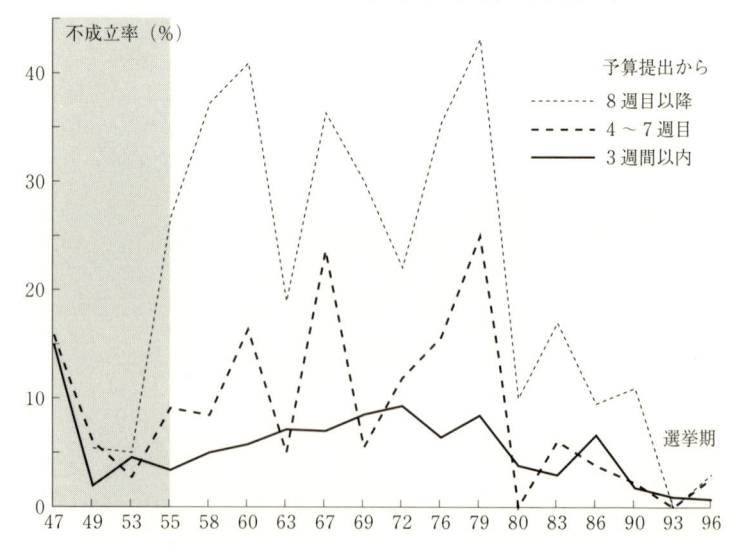

図1-2　提出時期別・選挙期別の政府法案不成立率

(122)　年でなく選挙期を単位としたのは，短期的変動を均すためである。なお第15回特別国会（1952-3年）しか含まない52年選挙期は除かれている。

出期限内の法案が共倒れとなるのを防いでいたことが明らかになった。

　国会での取捨選別は，多数を握る与党の一存で決まるのではなく（与党は全法案の成立を望む），あくまで与野党（特に国対）の駆け引きの結果でしかない。つまり〈選択的制裁〉を課しているのは，与党でも野党でもなく，両者の会議体としての国会なのである。そしてこれが遡及して，内閣は現行手続確立以降，徐々に提出法案数を減らしていったのだと考えられる(123)。国会は，内閣のような各省の身内でないが故に，外部から法案を精査し，かえって内閣に規律を与えうる。ここには〈統合組織〉としての国会を見い出すことができる。当初その役割を期待された内閣（及び内閣官房内閣参事官室や内閣法制局）は，単なる〈収集組織〉としての色彩の方が濃かった。巷間では与党による事前審査ばかりに注目が集まっているが，実は与党も内閣と同様に〈統合組織〉たりえていないからこそ，このような問題が起きていると言える。

（3）優先法案のシグナルとしての提出期限遵守

　では何故現行手続は今日に至るまで定着したのだろうか。それは〈提出期限〉の遵守が，内閣が優先したい法案を国会に伝えるシグナルとして有効に機能し，内閣・国会の双方にとって望ましい立法成果を生み出したため，変える必要がなかったからだ，というのが本章の主張である。

　国会では与野党の駆け引きにより，何件かの法案が不成立にならざるをえない。国会与党としては，何としても成立させたい法案（以下「優先法案」）よりは，致し方ない場合は不成立も止むをえない法案（以下「劣後法案」）を犠牲にした方がよい。しかし，各省庁とも全て重要法案だとして建前に終始する限り，どの法案を本当に優先すべきなのかは国会与党にわからない。従って内閣としては，本当のところどの法案を優先してほしいのかを国会に伝える，実効的なシグナルが必要となる。

　〈提出期限〉の遵守は，そうしたシグナルとして機能する。というのも，

---

(123) 増山（2003，特に75頁）に倣って言い換えれば，国会審議制度の「派生的構造」として政府法案提出手続があり，さらには提出取り止めという「未熟な立法時間」をもたらしている，ということである。

内閣が法案を提出する際にかかる政治的・行政的調整コストは，期限を遵守する時の方が同じ法案を遅れて出す場合よりも努力を要する分，大きい(124)。すると内閣は，優先法案については〈提出期限〉を遵守してみせ，政府内調整を急ぐコストを払ってでも成立させたい法案であるというシグナルを国会に送る。そしてこのシグナルは国会にとって，口先で優先法案であるというだけよりは，はるかに信憑性のある優先法案のメルクマールとなる。従って国会はこれらを原則として通す。他方で劣後法案は努力してまで期限内に提出する意味がないから，内閣は期限に遅れて提出し，国会もまたこれを劣後法案であるシグナルとして受け取り，その多くを成立させない訳である。

　もちろん，実際には遅れた法案の中にも（ある意味で）重要な法案はあり得るし，早くに出した法案にも重要でない法案はあったろう。しかし既に見たように，〈提出期限〉が遅れる法案には，与党折衝や各省協議が難航したものが多く(125)，政府内の意思統一が図れていないという意味で，やはり政治的な優先順位は低いと言わざるをえない。

　特に興味深いのは，現行手続とかなり似ているプレ現行手続との比較である。プレ現行手続は，事務次官等会議は通ったものの，閣議では未決廃案となった。つまり官僚は是認しても，政治家には不十分な手続であったのである。現行手続は閣議申し合せに基づいているから，両者の違いは，政治家が何を求めていたかを物語るだろう。1つの違いは，プレ現行手続が，〈収集組織〉でしかない内閣法制局への〈提出期限〉を画したのに対して，現行手続は，〈統合組織〉である国会への〈提出期限〉を設けたことである。内閣法制局など行政内部の期限と違って，国会への〈提出期限〉を守ったか否かは，国会にも容易に〈監視〉可能である。またプレ現行手続は，前年秋の法制局下審査にしか締切がないため，時期的に早すぎ，法案

---

(124)　コストがかかる法案は遅くなるという反論もあるかもしれないが，ここでは法案間の比較ではなく，同じ法案を比較している。

(125)　だからこそ現行手続で他省庁関係と与党関係が照会されているのである。小島（1979，134頁）も，一般に法案提出が遅れる理由として，自民党や各種団体の反対，各省庁間の権限争い，他の法案との調整という技術的問題，の3つを挙げている。

の重要性を判断するには不確定要素が多すぎた。その点，現行手続は意味があるシグナルを送るほどには遅く，実効的な制裁を課すほどには早い時期に，〈提出期限〉を設定したのである。

　総じて現行手続は，内閣が優先法案の明確で意味のあるシグナルを直接国会に対して送ることができ，内閣と国会の双方にとって（望みうる範囲で）最高の立法成果を生み出した。それ故，現行手続は定着したのだと考えられる。

(4) シグナリング・ゲームの均衡としての現行手続

　以上を数理的に表現すれば，現行手続はシグナリング・ゲームにおける完全ベイジアン均衡（以下「均衡」）であったが故に持続したと言える（本款は，ゲーム論に関心のない読者は読み飛ばしても差し支えない[126]）。ここでのシグナリング・ゲームは次のようなものである（図1-3）。法案のタイプには優先法案と劣後法案とがあり，（自然・偶然により）事前確率

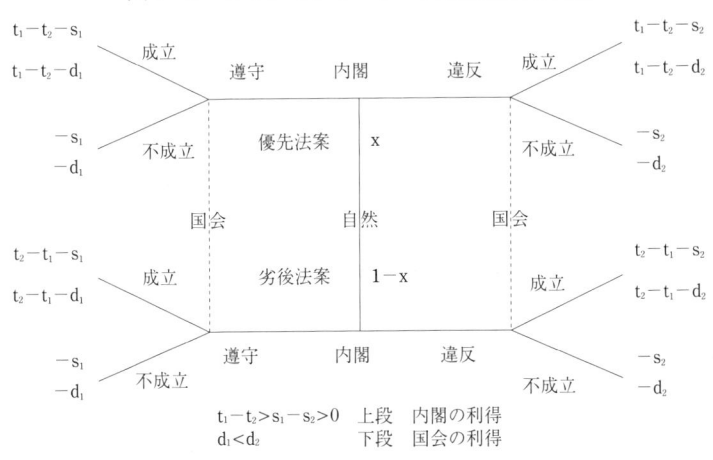

図1-3　シグナリング・ゲームの展開型と利得

左上：$t_1-t_2-s_1$／$t_1-t_2-d_1$（成立，遵守，優先法案）
左中：$-s_1$／$-d_1$（不成立）
右上：$t_1-t_2-s_2$／$t_1-t_2-d_2$（成立，違反）
右中：$-s_2$／$-d_2$（不成立）
中央上段：内閣（遵守・違反），優先法案 x
中央下段：自然，劣後法案 $1-x$，国会
左下：$t_2-t_1-s_1$／$t_2-t_1-d_1$（成立，遵守，劣後法案）
$-s_1$／$-d_1$（不成立）
右下：$t_2-t_1-s_2$／$t_2-t_1-d_2$（成立，違反）
$-s_2$／$-d_2$（不成立）

$t_1-t_2>s_1-s_2>0$　上段　内閣の利得
$d_1<d_2$　　　　　　　下段　国会の利得

---

[126] このゲームは Gibbons (1992, 183-210) に依拠している。シグナリング・ゲームの政治学への適用を概観したものとして，Banks (1991) や Sloof (1998) がある。邦語では曽我 (2005) を参照。

xで優先法案に振り分けられる(通常は優先法案の方が多いのでx>0.5とする)。各法案が優先法案か否かは,内閣にはわかるが国会にはわからない(xの値は双方に知られている)。内閣は〈提出期限〉を遵守するというシグナルか,それに遅れるというシグナルを国会に送る。国会はそれを見て,その法案を成立させるか否かという行動を取る。

　ここで利得は次のように計算される。優先法案の価値 t_1 は,劣後法案 t_2 より高い($t_1>t_2$)。また前述の通り内閣が提出期限を遵守するコスト s_1 は遅れるコスト s_2 より多くかかる ($s_1>s_2$)。さらに遅くに出された法案を国会が審議するコスト d_2 は,早い法案のコスト d_1 に比べて,会期末までに残された時間が少ないので大きい ($d_1<d_2$)。そして優先法案の相対的価値は,提出期限を遵守することによるコストの増加を上回ると考え,$t_1-t_2>s_1-s_2$ とする。劣後法案が成立すると,内閣・国会とも t_2 を享受する一方で,限られた法案成立枠を奪われた優先法案が成立しなくなるので,機会費用として t_1 を払う。逆の場合も同様である。法案が成立しないと何も得ない。また法案の成否を問わず内閣はシグナルの費用 s_1, s_2 を,国会は審議負担として d_1, d_2 を払う。すると,法案のタイプ,内閣のシグナル,国会の行動の組み合わせに対応する内閣と国会の利得は図1-3にある通りになる。

　ここで現行手続は,優先法案なら内閣は〈提出期限〉を遵守するシグナルを送って国会がこれを通し,他方で劣後法案なら内閣は〈提出期限〉に遅れるシグナルを送って国会がこれを通さない,という分離戦略の組み合わせとして理解できる。すると,内閣・国会とも相手の戦略を前提とした場合に,自ら戦略を変えるのは損なのでそうしたことはせず,従ってこの戦略の組み合わせは分離均衡として持続するのである。

　但しこれは唯一の均衡ではない。この他には,内閣・国会とも丁度逆の対応をとる分離均衡と,内閣は全て〈提出期限〉を破り国会は全て通す一括均衡がある。混成戦略まで含めて考えてもこれらのみが均衡である。もっとも,$(t_1-t_2)(1-x)>(s_1-s_2)x$ であれば,一括均衡はパレート最適ではない。分離均衡は2つともパレート最適であり,一方が選ばれたのは,上述したような歴史的経緯による。その意味では経路依存的であり,調整効果を持ったとも評し得る(Greif, 2006, p. 197; Pierson, 2004, ch. 1, pp. 143-4)。ただ,実現した方の分離均衡は,内閣よりは国会にとって有利である

ことに注意しておきたい。

　他方で現行手続前の提出手続は，内閣は法案の重要性に応じた適切なシグナルを使い分けられず，従ってシグナルを信用しない国会はいずれのシグナルに対しても部分的にのみ法案を成立させる，という混成戦略として理解でき，この場合優先法案が廃案の憂き目を見ることが多くなる。これはパレート最適でも均衡でもないから，改善の余地と誘因があった訳である。

（5）　予算関係法案中心主義の大蔵省的バイアス

　このように現行手続は一定の合理性を備えているが故に長期にわたり定着した。しかし予算関係法案中心主義によって守られている優先法案とは，大蔵省的なバイアスを伴った優先順位を反映しているのであって，他の意味で重要な法案が守られているとは限らないことに注意しなければならない。

　そもそも非予算関係法案には，公文書上は定式化された〈提出期限〉がなかったことを思い起こせば，現行手続が第1に守ろうとしたのは何よりも予算関係法案だと言える。予算国会で提出期限を過ぎて提出された法案の不成立率すら，非予算関係法案が23％であるのに比べて，予算関係法案は12％と優遇されている。どの省庁にとっても予算関係法案は重要であるが，全省庁の予算関係法案を成立させる仕組に最も関心を持つのは，総体としての予算を担当する大蔵省を措いて他になかろう。予算関係法案の定義も，途中で挫折したプレ現行手続では，概算決定までその内容が決まらないもの，と法案側から見ていたのに対して，現行手続では，それがないと予算執行に支障を来すもの，と予算側から規定している。こうして見ると，現行手続を規定した閣議申し合せが「予算の年内閣議決定と国会の常会における予算及び法律案の早期提出について」と題していたように，何よりも予算の早期提出を謳った仕組の一環として政府法案の提出手続も制度化されたことの意味が，より重みを持って理解されよう。また予算関係法案の締切である予算提出後3週間目とは，予算が「常識的に言えば衆議院段階で審議中である大体一般質問が終わったころ」なのである。この背景には，予算を審議する以上，その支出を裏付ける法律を同時に（もしく

は先に）審議するべきであるという野党の牽制もあった[127]。衆議院予算委員会総括質疑終了時までに、未提出の予算関係法案について法案要綱を提出させるようになったのも、こうした文脈に位置づけられる。

　現行手続を形成する上で大蔵省がどれほどの役割を果たしたのかは不明だが、少なくとも結果だけ見れば、大蔵省にとって有益な制度だったという状況証拠に事欠かない。そもそも、大蔵省は提出法案数自体が多く、文書課長自身が「当省所管は特に案件が多いと認め」ていた[128]。各省庁が提出した法案は原則として対応する衆議院各委員会に付託されるので（衆議院規則第92条）、衆議院委員会別の予算国会平均付託法案数を見ると、大蔵委員会は20.4件で、平均値の5.5件は言うに及ばず、2位の内閣委員会（15.0件）よりも3割以上多かった。こうした差は時を遡るほど顕著であった。従って大蔵省は法案保護に最も利益を有していたのである。さらに大蔵委員会は予算関係法案が多く（66％、政策領域では税法、財政関係）、これは内閣委員会（69％、特に恩給法、省庁設置法）に次ぐ（福元、2000、148、152頁；川人・福元・増山・待鳥、2002、55頁[129]）。このほか大蔵省は予算関係法案の情報を8月末に入手できたこと、あらゆる段階で内閣官房・内閣法制局と並んで全省庁の法案準備状況を〈監視〉していたこと、内閣の公文書の綴りに大蔵省の回答調書だけが収録されていることが再三ならずあったことも、記した通りである。ちなみに瑣末なことではあるが、文書課長等会議に出席する各省庁法令担当課長の職名は、実際には昔から「文書課長」より「総務課長」の方が多い。この会議自体は戦前からあるが、大蔵省も文書課長であることを考えると、興味深い。

　翻るに、現行手続の形成過程で現れたいくつかの仕組が、何故現行手続に盛り込まれなかったかも、次のように推測できよう。照会項目から先議

---

(127) 『第102回国会参議院補助金等に関する特別委員会議録』第7号（1985年5月13日）、26頁；同第9号（同月15日）、7頁（前掲『法令審査事務提要（Ⅰ）』、233-40頁、から再引用）。

(128) 前掲、纂3134：6の2。ちなみに当時の文書課長は、1962年に池田内閣で内閣官房長官を務める黒金泰美であった。

(129) 衆議院常任委員会の編成が最も長く安定していた第22回特別国会(1955年)から第120回通常国会（1991年）までを対象として計算した。

希望議院名欄が消滅したのは，予算関係法案が原則として全て衆議院先議となることさえ確立してしまえば，大蔵省的観点からは関心の低い非予算関係法案の先議が衆参どちらかということは，早期監視するまでもないどうでもよいことだからであろう。また当初予算が提出されることがない臨時国会には，当初予算と関係する法案は当然ないから，予算関係法案を守るという立場からすれば，臨時国会の提出手続を制度化する必要性は感じられなかったのだろう。

　予算関係法案中心主義が形成され始めた1950年代半ばは，流動的な政党政治に対して，政府（就中，大蔵省）が財政上の統制を死守するべく様々な制度をまさに構築していった時代であったが，これは決して偶然ではなかろう。1955年国会法改正によって，予算を伴う議員立法を発議するのに必要な議員数が引き上げられ，予算と法案の不一致が国会ではなく政府・与党間で解決される仕組が作られた（川人，2005，第６章）。1959年２月６日には「すでに提出した予算に予定していない国費の負担或いは歳入の欠陥を生ずる内容の議員による立法又は法案の修正は差し控えられるよう」与党幹事長に申し入れる閣議了承がなされ，以後も時折繰り返された[130]。また1953年から1956年にかけて，予算委員会における総括審議の全閣僚出席の慣行と，それに並行して他の委員会が開会されない慣行が確立され，予算委員会の比重が増大した（河，2000，145，148頁）。さらに1954年の１兆円予算以降，1965年前後にかけて，マクロ経済に裏付けられ，かつ政党政治と世論とに能動的に対応する予算編成手続が形成された（牧原，2003）。

　今日からすれば，予算関係法案が優先法案であることは論を俟たないかもしれない。しかし現行手続とは異なる提出手続が現にあったということには，留意しておく必要があろう。既に述べたように，1941年に提出手続が模索され始めてから，予算関係法案が特別扱いされ始める1954年までで10年以上，現行手続として制度化される1961年までには20年の歳月を要し

---

(130)　平11総3380：2，閣甲第９号，閣議了承「予算を伴う議員立法の取扱いについて」。また同旨のものが，同：9, 閣甲第９号，1960年２月12日；平16内閣５：1，閣甲第12号，1961年２月17日；平11総3386：7，閣第20号，1964年２月７日；同：10，閣第50号，1964年３月17日；平11総3391：7，閣第64の２号，1965年４月３日，にある。

たのであって，優先法案＝予算関係法案という図式は，必ずしも当然のものではないのである。

8 予算関係法案中心主義の動揺（2000-5年）

この点，近年に入って興味深いのは，非予算関係法案をも優先法案とするべく，〈選別指標〉の試みが復活していることである。その端緒は1996年末に，時の橋本政権が掲げた「五つの改革」に関連した提出予定法案の件名・要旨を，内閣参事官室が通常の照会とは別物として各省に尋ねたことにある（但し様式は通常の照会に対する回答と同じ）[131]。これはその後続いた形跡がないが，中央省庁再編前夜の2000年末の照会から現在まで，法案提出時期等調の留意事項に記載すべき事項として，重要法案の他，参議院先議，日切れ要望・日切れ扱い・期限切れ，一括審議についての要望，審議会への諮問を要するものは審議会名及び開催日，が挙げられるようになった。また年ごとに特定されたいくつかの政策事項（以下「留意事項政策」）に該当する法案についてはその旨と理由も照会された。2005年末までの6年間のうち3年以上問われたのは，条約関連，補正予算関連，規制改革・行政改革，教育改革，証券市場・金融システム改革，司法制度改革で

---

(131) 内閣閣第243号，1996年12月20日，「『五つの改革』に関連した法案調べについて」（内閣総務官室所蔵）。

(132) 期限切れと一括審議については2001年末から追加された。内閣閣第378号，2000年12月20日，「次期通常国会提出予定法律案等についての各府省庁文書課長等会議の開催について」；内閣閣第18号，2001年1月29日，「第151回国会（常会）内閣提出予定法律案等について」；内閣閣第299号，2001年12月20日，「次期通常国会提出予定法律案等についての各府省庁文書課長等会議の開催について」；内閣閣第10号，2002年1月18日，「第154回国会（常会）内閣提出予定法律案等について」；内閣閣第230号，2002年12月16日，「次期通常国会提出予定法律案等についての各府省庁文書課長等会議の開催について」；内閣閣第11号，2003年1月17日，「第156回国会（常会）内閣提出予定法律案等について」；内閣閣第214号，2003年12月19日，「次期通常国会提出予定法律案等についての各府省庁文書課長等会議の開催について」；内閣閣第11号，2004年1月16日，「第159回国会（常会）内閣提出予定法律案等について」；内閣閣第217号，2004年12月17日，「次期通常国会提出予定法律案等

ある(132)。

　ここで重要法案とは「法律案等のうち，特に政府として重視し，その成立に向けて特段の配慮を期す必要があるもの」とされ，例として「従来から重要法案として扱われているもの」「政府・与党の重要政策に係るもの」「総理又は官房長官が記者会見等で披露して内容的に妥当性のあるもの」「国会対策上の見地から重要と思われるもの」「国民の負担増につながるもの」が列挙された（実際には「政府・与党の重要政策にかかわるもの」が一番多く各省庁から言及された）。さらに2001年末からは，日切れとは「三月末に現行法が失効するもの」，日切れ扱いとは「法律案の性格上，三月末までに成立しないと実質的に支障を生ずるもの」，新たに加わった「期限切れ」は「四月以降（会期中）の特定の時期までに成立しないと支障を生ずるもの」であることが初めて公式化された。

　この新しい制度の眼目は，予算関係法案中心主義を脱した政治過程を目指すことにあると思われる。2000年末から2005年末までの照会に対する各省庁からの回答について，留意事項政策の少なくとも1つの項目に該当しているか否かで分けて，重要法案，A法案（提出確定），予算関係法案，日切れ，日切れ扱いの割合を示したのが表1-2である。すると留意事項政策は，重要法案やA法案（提出確定）は多いにもかかわらず，予算関係法案は少なく，従って日切れや日切れ扱いも少ない。つまり非予算関係法案で多く見られる，これまでとは別の意味で優先するべき法案の〈選別指標〉として，留意事項政策という枠組が設けられたと考えられる。日切れ扱いも，予算関係法案だが日

表1-2　留意事項政策の特徴（％）

	留意事項政策	
	該当	非該当
重要法案	24.1	16.0
A（提出確定）	91.2	84.4
予算関係	25.1	35.0
日切れ	2.3	6.8
日切れ扱い	11.7	17.3
法案数	386	294

についての各府省庁文書課長等会議の開催について」；内閣閣第11号，2005年1月19日，「第162回国会（常会）内閣提出予定法律案等について」；内閣閣第201号，2005年12月16日，「次期通常国会提出予定法律案等についての各府省庁文書課長等会議の開催について」；内閣閣第11号，2006年1月18日，「第164回国会（常会）内閣提出予定法律案等について」。資料は全て，内閣総務官室所蔵。

表1-3 省庁別提出予定法案の特徴 (%)

	重要法案	A(提出確定)	予算関係	日切れ	日切れ扱い	留意事項政策	参院先議	法案数
内閣官房	68.0	68.0	12.0	0.0	8.0	60.0	0.0	25
司法制度改革推進本部	0.0	87.5	0.0	0.0	6.3	100.0	0.0	16
内閣府本府	25.0	100.0	58.3	8.3	41.7	41.7	0.0	12
警察庁	0.0	88.9	11.1	0.0	0.0	38.9	0.0	18
防衛庁	23.1	69.2	46.2	0.0	0.0	23.1	0.0	13
金融庁	100.0	89.5	5.3	0.0	0.0	94.7	0.0	19
総務省	29.0	80.4	27.1	8.4	12.1	53.3	0.0	107
法務省	11.3	91.9	14.5	0.0	17.7	48.4	0.0	62
財務省	71.8	89.7	69.2	35.9	23.1	48.7	0.0	39
文部科学省	21.3	74.5	31.9	0.0	14.9	74.5	2.1	47
厚生労働省	16.0	96.0	41.3	1.3	24.0	60.0	25.3	75
農林水産省	5.3	91.2	15.8	0.0	7.0	36.8	7.0	57
経済産業省	5.2	91.4	19.0	3.4	10.3	43.1	22.4	58
国土交通省	0.0	97.6	42.4	1.2	14.1	69.4	11.8	85
環境省	8.1	89.2	21.6	0.0	13.5	70.3	5.4	37
全体	20.6	88.2	29.4	4.3	14.1	56.8	7.4	680

切れとは言えない法案を救う便法である（理由は「従来から」というものが多かったから，これまでも同様の国会運営がなされてきたのだろう）。新たに照会項目に入った参議院先議や補正予算関連も，予算関係法案中心主義が無視してきた側面である（なお参議院先議は1件を除きA（提出確定）で非重要法案である）。

以上の点は，省庁別に回答状況をまとめた表1-3を見るとよりはっきりする（10件以下の宮内庁，公正取引委員会，外務省は省庁別には表示していないが，全体には含む）。予算関係法案・重要法案・日切れは財務省が群を抜いて多いが，留意事項政策や日切れ扱いは各省庁に均霑しており，参議院先議は財務省にはない。これらは，必ずしも反財務省ということではないにせよ，財務省を特別扱いする度合いが減っているとは言えるだろう。また金融庁の突出ぶりが目立ち，少なくともこの点では財務省と全く異なる行動をとっている。なおA法案（提出確定）の割合では，防衛庁に少ないことが目に付く。言うまでもなく，防衛政策に関する政府・与党内の合意が難航するからであろう。

その他に注記すべき点をいくつか挙げておく。提出関係は，A法案（提出確定）かC法案（提出するかどうか検討中）のいずれかで，B法案（法

案提出予定）はない。これは△印法案同様，中途半端な範疇だからだろう。期限切れは1.3％しかない。期限切れの定義に当てはまるように見える法案も，日切れ扱いとされている。おそらく期限切れは４月以降なので優先順位が日切れ扱いよりも低いと見なされたのであろう。一括法案は１件を除きＡ法案（提出確定）であった。ちなみに留意事項政策のうち唯一該当法案がなかったのが，郵政民営化である。

おわりに

　本章の冒頭で掲げた問いに答える形で著者の主張を要約すれば次のようになろう。内閣が法案数を削減し得る２つの方法のうち，〈選別指標〉の試みは悉く挫折し，〈提出期限〉のみが制度化を果たした。そして〈（早期）監視〉として予算国会への提出予定法案件名・要旨調及び提出時期等調が整えられた。しかし制度の想定と異なって内閣ではなく国会が〈統合組織〉として機能し，提出期限に違反した法案に対する〈選択的制裁〉が提出取り止めでなく法案不成立となるような政治過程が成立した。これが遡及して法案数は漸減した[133]。以上の意味で，現行手続という制度は実際の政治過程において，半ば失敗したにもかかわらず半ば成功した。そして予算関係法案の有無に応じた提出期限の設定は，その遵守が優先法案を意味する内閣から国会へのシグナルとして機能し，内閣・国会双方にとって有用であるが故に，現行手続として定着した。

　ところで，綿貫民輔・衆議院議長から委嘱を受けた「衆議院改革に関する調査会」は，2001年11月19日に『衆議院改革に関する調査会答申』を提出した。参議院と違って衆議院がこのような取り組みを公にするのは珍しいが，その中で次のように述べられている。「国会審議の現状は，事実上結論が出てしまっている問題を，厳しい党議拘束の下，与党が野党の抵抗を排しながら如何に『出口』に辿り着くかというスケジュール闘争の場になりがちであり，実質的な議論や利害調整は，いわゆる政党の部会などにお

---

(133)　もちろん，法案数を決めた要因は提出手続だけではない。社会・経済的要因ではなく政治的要因が法律数に影響することについては，Fukumoto (2004)。

ける事前審査，政府と与党の予算折衝，政府と業界との調整という，一般国民の目の届きにくい所で行われている(134)」。実際には国会審議の場でも委員会審査の積み重ねによる「実質的な議論」や，廃案・修正に見られるように与野党間の「利害調整」はなされているが（福元，2000），それはさて措くとしても，本章で示したのは，政府・与党内での折衝が国会の場にもつれこんではじめて決着するということであり，上記答申は一面的であるきらいを免れない。

　行政府にせよ議会与党にせよ統合する側にとって，個別利益が処理不可能な量の要求をしてくることに対する嫌悪感というのは，国際的にも歴史的にもさほど珍しくない。それは，非合理的（に見える）議会審議を効率化し（究極的には審議をしないで全政府法案を通す）「合理化された議会」を作りたい，という叶わぬ願望の裏返しに思えてならない。しかしながら，分散的な利害を集約し統合するのは政治という営みの本質であり，それを議会にせよ政府にせよどの段階で果たすかはともかく，避けて通ることはできない。どこかに効率的な政治が青い鳥のように待っているというのは，幻想に過ぎないのではないだろうか。

---

(134) 衆議院事務局編『衆議院の動き』第9号（一）（衆栄会，2001年），471頁。

第2章　無意味な二院制

はじめに

　「一院が他の院に賛成すれば，其の院は無用である，一院が他の院に反対すれば，其の院は有害であると云ふやうなことが言はれて居ります」——これは金森德次郎・憲法担当国務大臣が批判的に引用した，シェイエスの有名な二院制のディレンマである(1)。日本でも参議院を「(衆議院の) カーボン・コピー」「第二衆議院」「半議院」と揶揄する「参議院無用論」「廃止論」は繰り返し唱えられている。これに対して二院制擁護論の多くは，二段構えで，二院制という制度が議員構成と法案審議に関して両院間で異なる政治過程をもたらし，かつそれが有益であると主張する（二院制に対する賛否両論を簡潔にまとめたものとして，Longley and Olson, 1991, ch. 1;前田，2001，第1章）。

　第1に，両院は国民意思を異なる仕方で代表しているので，議員構成が違うとされる。これは，貴族院があった国でも，連邦制の国でも，歴史的経緯はともかく少なくとも民主化後は言い古されてきた理屈である（議員構成の一致性を国際比較したものとして Lijphart, 1999, ch. 11; Tsebelis and Money, 1997, ch. 2）。しかも単に違うのではなく，非選出部門である（あった）上院（あるいは元老院（Senate））の方が選出部門である下院よりもシニア（senior）であることが求められた。シニアであるとは，おおよそ経

（1）　金森発言は『第90回帝国議会衆議院帝国憲法改正案委員会』17号（1946年7月19日）。シェイエスの言葉は有名だが，直接の出典は不明である。間接的な引用は例えば Bryce（1921, Vol. 2, p. 438）など。

験や知識に富むことを指しており、通常それは年長であることを1つの基準としてきた。

　戦後日本も同様で、貴族院が参議院に衣替えされた時、「参議院が衆議院と異なる独自の立場と視点に立」つために、参議院議員には「総意完熟の士」「練達堪能で、しかも厳正公平な人」「学識経験ある者」「上品な者」「分別と経験」が求められた。これを一言で表せば、やはりシニアな人物ということになろう（佐久間, 1960, 79, 83, 127, 129, 149, 170頁[2]）。

　さらに当初参議院議員選挙法（1950年からは公職選挙法）で設けられた全国区は、もともと貴族院の勅任制度の流れを受けて、推薦制、複選制、間接選挙制、職域・職能代表制など様々な案が練られた挙げ句に、「直接公選」に拘るGHQの意向を崩せず、それらに代わるものとして導入された。従って、全国区は「学識経験ともすぐれた全国的な有名有為の人材を簡抜する」仕組として、地方区以上にシニアな人物を輩出することが期待された（佐久間, 1960, 169頁）。この他、憲法で任期を解散なしの6年にして衆議院より長期の議員活動を保証したこと（第45, 46条）、選挙法で定数を衆議院の半数に絞って少数精鋭としたこと、被選挙権を衆議院より5歳上の30歳にして若輩者を排除したこと、これらの参議院の制度的特徴もまた、議員をよりシニアにするという政治過程を意図していた。

　第2の二院制擁護論の根拠は、以上の通り議員構成が異なるが故に、審議内容も違うはずだという点にある。ここでも単に違うのではなく、下院の横暴・専断・拙速を、上院が慎重・熟慮をもって抑制・補完・均衡することが期待された（Bagehot, 1867, ch. 4; Madison, Hamilton, and Jay, 1788, chs. 62-63; Mill, 1867, ch. 13）。近年の数理分析でも、二院制が（混沌定理を克服して）安定的な政策をもたらす制度であることが強調される（Brennan and Hamlin, 1992; Hammond and Miller, 1987; Miller and Hammond, 1990; Tsebelis and Money, 1997。以上を実証したものとして、Bottom, Eavey, Miller, and Victor, 2000; Miller, Hammond, and Kile, 1996[3]）。

（2）　これに対して、衆議院議員は「新進気鋭」「勢のいい人」「若い人」が想定されていた。なお職能代表制が実現しなかった最大の障害は、労働組合代表の進出に対する懸念であった。

（3）　但しこれらの議論は、米国のように政党規律が弱い議会を念頭に置いて

日本でも同様で，憲法制定時より，参議院は衆議院に対して「独自性」「自主性」を持ち，「再考の府」として「均衡・補完・抑制」の役割を担い，「数」をたのまず「良識の府」「理性の府」として「慎重かつ充実した高い水準の審議」を行うものとされた。また参議院は「政党化」に距離を置くべきであり，そのためにも党議拘束の緩和や大臣自粛が必要だと言われた（前田，2001，35頁；野島，1971，26，46頁；佐久間，1960，29頁）。存在理由を絶えず問われてきた参議院は，1971年の河野謙三議長以降，自ら参議院改革案を発表し続けてきたが，以上の点はそれらの中でも何度も触れられてきた(4)。

　このように二院制擁護論は，制度としての二院制が，議員構成や法案審議の点で異なる政治過程をもたらしていることを，前提としている。しかし，二院制の得失を論じる以前の問題として，この前提は果たして事実だろうか。実はこのような基本的なことすら，これまで体系的・実証的に明らかにされてこなかった。従来の議論に規範論や抽象論が多かっただけでなく，計量研究であっても分析対象が衆議院に偏ってきた（例えば，川人，2005；増山，2003）。最近は参議院も盛んに研究されるようになってきたが（Kawato, 2000; 待鳥，2000，2001a，2002；竹中，2005a，b；東大法・第5期蒲島郁夫ゼミ，2005），両院を一貫した枠組で分析したもの（Cox, Rosenbluth, and Thies, 2000; 福元，2000，20-21，63-65頁）はなお少ないように思われる。本章は，実際に衆議院と参議院はどの程度違ったのか，議員構成と法案審議の両面でデータを分析し，現実の二院制が擁護論の期待するような役割を果たしていないことを示す。

　　おり，（日本のように）政党規律が強い議会の分析にはあまり役に立たない（ドイツについて，König, 2001）。しかもこれらの研究は，審議結果だけに焦点を当て，本章第2節のように審議過程にまでは踏み込んでいない。
（4）　参議院自身による改革の歴史を最もよくまとめたものとして，参議院事務局（1992, 1999），参議院ホームページにおける「参議院改革の歩み（参議院改革関係年表）」（http://www.sangiin.go.jp/japanese/frameset/fset_d02_01.htm）。市販されているものでは，東大法・第5期蒲島郁夫ゼミ（2005，第Ⅱ部第1章）。文献一覧として，『レファレンス』第415号（1985年），92-136頁，『議会政治研究』第53号，59頁。

もっとも，こうした批判に対し二院制擁護論は，憲法のいわゆる衆議院優越規定というもう1つの制度が二院制の意義を減却しているのであって二院制それ自体には問題がないとし，参議院改革によって運用を変えることで現状を改善しようとするかもしれない。参議院改革案は繰り返し唱えられたが，大筋は同工異曲で，とりわけ「参議院先議案件の増加」「審議期間の確保」「予備審査制度の活用」の3点がほぼ毎回謳われた。しかし本章は，二院制の現在の政治過程が衆議院優越規定制度に起因すると言うのは難しいこと，参議院改革の処方箋の多くが機能しないことも，明らかにする。従って，日本の二院制は無意味であるというのが本章の主張である。
　以下，第1節では，参議院議員が衆議院議員よりもシニアであるのかどうかを検討する。シニアであるとは具体的に何を指すかとなると必ずしも明確ではないが，何らかの意味での経験を積んでいることと捉え，学歴，知的専門職，在職年数，年齢という4つの指標について，順次項を立てて検討する。なお国会議員のキャリアは当選回数で測るのが通常であるが，衆参で任期が異なるため比較不能なので，本書では議員として在職した年数を取り上げる。続く第2節では，まず第1項で，両院の法案審議が同じことを2度繰り返している傾向があることを明らかにする。次に第2項で，各議院の政治過程の違いを生み出す制度的要因は何か，を分析する。最後に本章の知見を要約し，その含意を検討する。なお第1節で用いる生存分析について，本章末尾の補論で説明する。

第1節　議員構成

1　学歴

　「良識の府」「理性の府」たる参議院は，創設当初より「学識経験ある者」を議員とすることが期待されていた。そこでまず学識経験を表す指標として学歴を取り上げ，参議院議員が衆議院議員より，また参議院議員の中では全国区・比例区選出の方が地方区選出より，大卒の割合が高いかを検証してみると，いずれもその逆の結果が出た（表2-1-1の第1行。なるべく標準像を表すために，各議員を在職年数で重み付けして平均値を算出し

表 2-1-1 議院別・選挙区別の属性の割合（％）

| | | 議院別 | | 参院選挙区別 | | 全体 |
		衆議院	参議院	地方区	全国区・比例区	
大卒	全体	69.7	59.4	61.3	56.5	66.2
	自民党	79.8	70.2	*69.8*	*71.3*	77.0
	公明党	*51.6*	*62.1*	56.0	64.8	55.4
	民社党	64.9	50.0	*49.1*	*50.6*	61.6
	社会党	49.6	39.8	45.8	30.5	46.1
	共産党	65.5	50.6	*48.6*	*51.7*	60.4
	緑風会	—	64.1	65.3	63.2	64.1
	諸派・無所属	63.7	54.4	*52.8*	*56.0*	58.2
	旧学制世代	66.6	57.2	59.2	54.1	63.2
	新学制世代	83.8	75.8	79.8	71.2	81.8
医師	全体	0.8	2.5	2.1	3.1	1.4
	自民党	0.5	2.6	1.3	5.8	1.1
	公明党	2.9	4.2	3.5	4.6	3.4
	民社党	*1.2*	*0.0*	0.0	0.0	1.0
	社会党	1.1	1.6	*2.5*	*0.1*	1.2
	共産党	2.9	3.9	*10.7*	*0.0*	3.2
	緑風会	—	0.1	0.0	0.2	0.1
	諸派・無所属	0.3	4.5	*5.1*	*3.9*	2.8
大学教授	全体	2.2	3.1	2.5	4.1	2.5
	自民党	2.0	2.4	1.9	3.4	2.1
	公明党	1.7	3.3	0.0	4.8	2.3
	民社党	2.6	7.9	*12.2*	*4.9*	3.8
	社会党	2.7	2.8	2.6	3.1	2.7
	共産党	*1.0*	*0.0*	0.0	0.0	0.7
	緑風会	—	6.3	0.0	11.4	6.3
	諸派・無所属	2.9	5.8	*6.8*	*4.9*	4.6
法曹	全体	7.4	3.8	4.6	2.6	6.2
	自民党	6.6	3.7	3.9	3.3	5.7
	公明党	2.8	0.7	*0.0*	*1.0*	2.0
	民社党	8.4	3.8	9.1	0.0	7.4
	社会党	7.2	4.5	6.5	1.3	6.2
	共産党	26.7	11.1	*9.9*	*11.7*	21.4
	緑風会	—	3.2	3.4	3.1	3.2
	諸派・無所属	8.9	1.8	2.6	1.1	4.7

議員を在職年数で重み付け。
太字斜体は大小関係が全体的傾向と異なるペア。

た[(1)]）。

但しいくつか注意すべき点がある。まず非自民の方が学歴が低いとすれば，参議院の方に非自民が多いという政党構成（表2-1-2，在職年数で重み付け）が，参議院が低学歴に見える理由であって，参議院それ自体が原因ではない可能性がある。また学校制度が終戦を挟んで旧制から新制に移行することで名目的な学歴が一挙にインフレを起こし，かつ衆議院は参議院より新制世代が多いことから，当然見かけ上の学歴は上がる。そこで政党ごと，また旧学制世代・新学制世代別に，大卒割合を比較する[(2)]。

結果は表2-1-1（第2，3段）の通りである。すると社会党・緑風会以外で比例区・全国区が高学歴に転じる他，結論は変わらない。参議院の独自性の象徴である緑風会も[(3)]，特に大卒が多いとは言えない。従って，

表2-1-2　議院別・選挙区別の属性の分布（％）

		衆議院	参議院			全体
			全体	地方区	全国区・比例区	
政党	自民党	59.9	49.6	57.6	37.3	56.4
	公明党	4.9	5.3	2.7	9.4	5.0
	民社党	5.5	3.0	2.0	4.4	4.7
	社会党	22.8	24.2	24.4	23.8	23.3
	共産党	3.4	3.3	2.0	5.4	3.4
	緑風会	—	5.0	3.7	6.9	1.7
	諸派・無所属	3.5	9.7	7.7	12.8	5.6
	合計	100.0	100.0	100.0	100.0	100.0
世代	旧学制世代	82.1	88.2	89.7	86.0	84.2
	新学制世代	17.9	11.8	10.3	14.0	15.8
	合計	100.0	100.0	100.0	100.0	100.0

議員を在職年数で重み付け。

（1）　第1，2項における選挙区や後出の所属政党は，任期ごとに当選した際のものである。従って選挙によって所属政党が変われば，政党ごとの在職年数で重み付けされて，1人の議員が複数の政党に現れることになる。例を挙げよう。甲という大卒議員が，最初の選挙は無所属で当選して4年務めた後，次の選挙は自民党公認で再選され，3年後に辞職したとする。また乙という高卒の自民党員が，7年間議員であったとする。この場合，自民党の大卒割合は，$(1 \times 3 + 0 \times 7) \div (3 + 7) = 0.3$ となり，無所属の大卒割合は1となる。
（2）　新学制世代は1927年4月以降生まれとした。

政党や新旧学制の分布の違いを勘案してもなお，参議院議員であることや全国区・比例区選出であることそれ自身が低学歴の要因である。

2 知的専門職

学識経験を表すもう1つの指標として，知的専門職（professional）の前歴が考えられる。ここでは，「社会階層と社会移動全国調査」（SSM）で職業威信スコアが国会議員より高い，医師，大学教授，法曹三者を取り上げる（直井，1979，446頁；直井・盛山，1990，188-92頁；都築，1998，229-40頁(4)）。これらの経歴がある議員は，平均的な議員よりも社会的威信があり，その意味でシニアだと考えられるからである。実際，参議院創設時にも「職能的知識経験を有する者が選挙される可能性を生ぜしめることによって，職能代表制の有する長所を採り入れ」，「農工商，学者，医師，弁護士，政党等全国的の団体」の代表を選出するという考え方があり，「事実上，全国的組織を背景とする各界の有識者，著書論文などによって全国的に知名な学者・文筆家などの進出が容易となるであろうという期待」を参議院は担っていた（佐久間，1960，50，169頁）。

表2-1-1（第4～6段）によれば，衆議院に比べて参議院の方が，あるいは地方区選出に比べて全国区・比例区選出の参議院議員の方が，より多くの医師や大学教授をリクルートしており，よりシニアだと言える（もっとも，医師が全国区・比例区で多い理由の1つは，日本医師会の組織力だと思われる）。ところが法曹については丁度正反対である。前節と同じ理由で所属政党を制御しても，以上の関係は概ね同じである。従って知的専門職全般について参議院がシニアであるとは一概に言えない。

3 在職年数

（1）反復終結の生存分析：通算時間の条件付分散修正モデル

（3）緑風会については，野島（1971）を参照。
（4）なお他に国会議員よりスコアが高い職業である大会社の社長（経営者）と高級官僚については後述する。

参議院の固定した長い任期制度が「長期的視野[5]」を望むものだとすれば，参議院議員は再選を重ねることで衆議院議員よりも長く国会に留まり，議員としてのキャリア，すなわち政治経験を積むはずであろう。両院議員の平均在職年数を比べると，衆議院は11.1年，参議院は9.3年であり，予想に反して有意に衆議院の方が長い。しかしこうした単純な集計値による比較には方法的な問題がある。

　1つは観察期間の右側打ち切りという問題である。すなわち分析期間の最終時点（1990年6月。以下「終点」）の現職議員（24％）は，現実にはその後議員として経歴を上積みするが観察されず，これを考慮しないと在職年数は過少評価されてしまう。そこで終結時間加速モデルによる生存分析を用いる（生存分析について詳しくは章末の補論を参照されたい）。また世上言われるように，当選回数を重ねるほど選挙が安泰になり，ますます議員生活が長くなるのであれば，危険率（議員生活が終わる蓋然性）は在職年数に応じて低下する。あるいは，逆に肉体的な加齢効果により危険率は上昇するかもしれない[6]。いずれであるかを検定するため，ワイブル・モデルを用いる。形状パラメータが1より大きければ危険率は増え，小さければ減る。

　もう1つの問題は終結の反復であり，対応策として通算時間の条件付分散修正モデルを用いる（Box-Steffensmeier and Jones, 2004, pp. 157-66; Box-Steffensmeier and Zorn, 2002）。連続当選していた議員が落選しても（生存の終結），後に復活当選することはありうる。例えば終点で落選中の元議員もまだ在職年数を伸ばすかもしれない。その場合改めて終結する可能性が生じ，終結ないし打ち切りを迎える（終結の反復）。そこで1人の議員の連続している任期を「連続任期」，初当選や返り咲きなどで連続任期を開始することを「入場」，落選・引退・死去・辞職などで連続任期が一旦途切れることを「退場」，何回目の連続任期かを「入場回数」と呼ぶことにし，連続任期を観測単位とする。その結果，同一人物が複数回データに現れるの

（5）　参議院改革協議会を1977年に設置した安井謙・参議院議長が提示した「参議院運営等の改善について」以来，繰り返されているキーワードである。
（6）　実際両方向の効果があることについては，Fukumoto（2005）。

で，観測の独立性の想定を緩和した頑健標準誤差を報告する。

ここで2度目の入場以降の危険率は，最初の入場の時とは異なる。例えば議員歴10年目の時に退場して，その後再入場した場合の政治生命の危険率は，当選回数に応じたポスト配分と同様に，初当選の議員扱いに戻るのではなく，10年目の議員として再出発すると考える方が自然だろう。従って正確には当該連続任期だけの在職年数ではなく，過去の連続任期の分も含んだ累積在職年数（通算時間）を従属変数とする（以下では単に在職年数と記す）。但し，例えば2回目の終結を迎える可能性があるのは1回目の退場後であるから，累積在職年数のうち2回目の入場より前まで（過去の在職年数）の危険率を算入しない（左側切断）。この他，退場経験のある者はない者より危険率が単に一定倍高くなるのではなく，累積在職年数に応じて（より急に）上がるなど，危険率の時間依存の形態自体が異なると考えられる。そこで入場回数で階層化し，形状パラメータが入場回数に応じて変わる（予想としては増える）ことを許容する。

また入場時の年齢が高ければ，生物的な限界により在職年数は自ずと短くなるので，これを制御する必要がある。但し再入場以降については，再入場時の年齢からそれ以前の在職期間を控除し，当該入場回数の議員歴0年目相当の年齢にして，初入場の場合と揃える必要がある。例えば議員歴10年を持つ元代議士が60歳で再入場した際の危険率は，（60歳ではなく）50歳で初当選して10年間連続当選してきた60歳の議員のそれと対比されるべきだからである（但し前者の実際の初当選年齢は，50歳より若いであろう）。

(2) 独立変数

まず説明変数として，参議院に特有の制度的特徴を取り上げる（なお独立変数は入場年齢を除いて全てダミー変数である）。参議院議員や全国区・比例区選出議員は，シニアな議員を生み出すという制度の趣旨から言えば，在職期間が長くなることが期待される。もっとも，全国区・比例区選出議員が地縁を使えなかったことは連続当選を困難にし，本来の制度効果を一部損なったとも思われるので，その分を差し引くために地元出身（選挙区県が本籍県と同じ者。全国区・比例区は全て非地元となる）を投入して制御する[7]。

また前節までと同様，在職年数を伸ばす（縮める）要因で，参議院より衆議院に多い（少ない）属性があれば，参議院の議員歴が短いのは参議院制度それ自体が原因ではない可能性が出てくる。そこでこれらを制御変数として投入すれば，そうした他の要因による影響を取り除いた，参議院ダミー変数の純粋な効果がわかる。例えば，参議院は選挙に弱い非自民が多かったためにキャリアが短かった可能性があるので，自民以外の各政党を入れる。これらの係数は自民党と比べた効果を表す。

続いて，従来より国会議員の供給源として指摘されてきた前歴を考慮する[8]。ただこれまでの研究と異なり，議員を1つの職業に割り振るのではなく，複数の経歴を持つことを認めた上で，各前職の効果を調べる。まず政治経験が豊かなほど政治的生命力が強いと考えられる。具体的には，地方政治家（市郡区町村・都道府県の首長・議会議員），政治家秘書の他，いわゆる党人派に見られるように有力議員が多かった帝国議会議員経験者についても検討する。また有力なリクルート源であった高級官僚（中央省庁課長級以上）も入れる。さらに票や資金などの資源を持つ労働組合出身者や経営者（営利団体の長であった者）も独立変数に含める。これらはいずれも在職年数を伸ばすと考えられる。

以上の変数の衆参別平均値は表2-1-3①②の通りである。全て両院間で有意な差がある（カイ二乗検定，入場年齢のみt検定）。なお全国的・地域的な社会経済的要因は，議員の在職年数に影響する可能性はあるが，それは衆参で違いがないと考えられるので，ここでは分析する必要がない[9]。

(3) 分析結果

係数の推定結果を表2-1-3③に示した[10]。係数の指数値は，独立変

（7）ここでの選挙区，地元出身，所属政党は，入場時のものである。
（8）詳しい基礎統計は，付録を参照。
（9）社会経済的要因を無視できることについては，Cox, Rosenbluth, and Thies (2000) に示唆を得た。表2-1-3①②③④では在職年数が0の議員が1人分析から外されている。
（10）本章の統計分析にはSTATA/SE 8.2 for Windowsを用い，特に断らない限りオプションは全てデフォルトである。前項までと異なり重み付けはしてい

数が1単位増加するごとに，平均在職年数が何倍になるかを示す。全ての独立変数が0である時の平均在職年数は，定数項（3.745）の指数をとって42.3年である。また独立変数の平均値の違いが，参議院の在職年数を衆議院の何倍にしたかは，指数化した係数を底とした，参議院平均値から衆議院のそれを引いた差のべき乗で表せる（表2－1－3④。以下「増減率」）。ある変数の係数が有意に正（負）で，参議院の平均値が衆議院より有意に大きい（小さい）場合，衆議院に比べた参議院の在職年数を長くするのに貢献していると言える。例えば入場年齢について言えば，1歳遅れるとその後議員を続けるのが3％（$1-e^{-0.031}=1-0.97=0.03$）短くなる。そして参議院は衆議院より4.3歳（53.7－49.4＝4.3）遅く国政の舞台に出ることにより12.2％も在職年数が短くなっている（増減率は$0.97^{4.3}=0.878$で，$1-0.878=0.122$）。これは予想通りの方向である。以下では有意な独立変数の，係数の向きと大きさ，議院別の平均値の違い，増減率の向きと大きさについて，検討していく。

まず参議院の制度的要因について言えば，参議院それ自体の効果として在職年数が有意に36％長くなる。他方，全国区・比例区，地元出身は期待に反して有意でない。

次いで党派的要因では，社会党，共産党，緑風会は自民党の7，8割程度の期間しか国会に残らない（逆に言えば公明党や民社党，諸派・無所属は自民党と比べても遜色がない）。そして皮肉にも，参議院の独自性の象徴であった緑風会が参議院に7％もいたことは，参議院議員の在職年数を3％短くしている[11]。

前歴の政治職では，秘書出身者は45％もキャリアが長く，参議院は元秘書が6ポイント少ないため，在職年数は2％短くなっている。また戦前政治家としての経験は戦後政治家としての活躍期間を12％削っている。戦前的な体質が戦後に合わず早めに淘汰されたのだろう。なお入場年齢を既に

ない。なお，以下の分析で有意でない独立変数のうち，許容度が0.8より低いのは，地元出身（0.5前後）と⑥の労働組合（0.732）だけである。これらを除いても結果はほとんど変わらない。また地元出身は単回帰でも有意でない。従って多重共線性の問題はない。

[11] 緑風会が選挙に弱いため衰退したことについては，待鳥（2000）。

表2-1-3　在職年数と初当選年齢の分析

観測単位 従属変数 モデル	独立変数の平均値 連続任期		反復終結生存分析 連続任期 累積在職年数 終結時間加速 モデル （ワイブル・モデル）		年 退場ダミー ロジス ティック 回帰分析	初当選年齢の回帰分析 議員 初当選年齢 重み付け最小二乗法	
	衆議院 ①	参議院 ②	係数 ③	増減率 ④	係数 ⑤	係数 ⑥	増減幅 ⑦
参議院	0.000	1.000	0.305** (0.037)	1.357	0.504** (0.071)	4.372** (0.334)	4.372
全国区・比例区	0.000	0.404	0.059 (0.058)	1.024	−0.587** (0.117)	−1.261* (0.567)	−0.510
任期終了年					3.160** (0.070)		
前回得票比（％）					−0.019** (0.002)		
入場年齢	49.417	53.686	−0.031** (0.002)	0.878	0.045** (0.003)		
地元出身	0.867	0.513	−0.039 (0.045)	1.006	−0.087 (0.075)	−0.789 (0.416)	0.282
公明党	0.047	0.036	0.003 (0.079)	1.000	−0.146 (0.147)	−0.066 (0.671)	0.001
民社党	0.056	0.027	−0.100 (0.064)	1.003	−0.134 (0.113)	1.613* (0.708)	−0.034
社会党	0.242	0.229	−0.150** (0.041)	1.002	0.215** (0.066)	−0.743 (0.383)	0.015
共産党	0.046	0.032	−0.270** (0.073)	1.004	0.455** (0.139)	0.641 (0.722)	−0.011
緑風会	0.000	0.068	−0.383** (0.093)	0.974	0.723** (0.164)	−3.962** (0.844)	−0.034
諸派・無所属	0.080	0.154	−0.100 (0.053)	0.993	0.255* (0.100)	−0.471 (0.426)	−0.060
地方政治家	0.346	0.269	0.009 (0.032)	0.999	−0.005 (0.052)	2.653** (0.293)	−0.210
政治家秘書	0.083	0.027	0.368** (0.075)	0.980	−0.435** (0.124)	−0.019 (0.551)	0.001
帝国議会議員	0.223	0.113	−0.124** (0.039)	1.014	0.059 (0.060)	1.388** (0.398)	−0.137
高級官僚	0.116	0.191	0.194** (0.042)	1.015	−0.238** (0.070)	3.373** (0.403)	0.252
労働組合	0.104	0.155	0.153** (0.047)	1.008	−0.264** (0.082)	0.751 (0.478)	0.036
経営者	0.136	0.147	−0.039 (0.044)	1.000	0.032 (0.071)	−0.123 (0.389)	−0.002

	独立変数の平均値		反復終結生存分析			初当選年齢の回帰分析	
観測単位	連続任期		連続任期		年	議員	
従属変数			累積在職年数		退場ダミー	初当選年齢	
モデル			終結時間加速モデル(ワイブル・モデル)		ロジスティック回帰分析	重み付け最小二乗法	
	衆議院 ①	参議院 ②	係数 ③	増減率 ④	係数 ⑤	係数 ⑥	増減幅 ⑦
2回目入場	0.213	0.054	0.251** (0.047)	0.961			
3回目入場	0.044	0.002	0.423** (0.107)	0.982			
4回目入場	0.008	0.000	0.765** (0.111)	0.994			
5回目入場	0.001	0.000	0.776** (0.049)	0.999			
生年（−1900）						−0.279** (0.009)	0.859
定数項			3.745** (0.098)		−5.126** (0.247)	52.047** (0.487)	
ワイブル・モデルの形状パラメータ							
2回目入場			0.162** (0.047)				
3回目入場			0.361** (0.119)				
4回目入場			0.818** (0.165)				
5回目入場			2.079** (0.404)				
定数項			0.197** (0.013)				
Wald統計量			747.3**		3193.1**	F統計量	140.1
対数尤度			−4448.8		−6109.1	調整決定係数	0.409
観測数	2825	1247	4072		28536	3250	

括弧内は③と⑤は頑健標準誤差，⑥は通常の標準誤差
**p<0.01 *p<0.05
④＝（e③）(②−①)
⑦＝⑥×(独立変数の参議院平均値−独立変数の衆議院平均値)

制御しているから，これは高齢によるものではない。参議院は貴族院との断絶を強く意識したので帝国議会議員が11ポイント少なく，これが議員経歴を1％長くしている。意外にも地方政治家としての経験は中央政治家と

しての経歴にあまり関係ないようである。

高級官僚は21％も長く国会に留まる。参議院は8ポイント多くキャリア官僚を擁するがために、2％議員生活が増えている。労組出身者の在職期間は17％多い。参議院は労組上がりが5ポイント高いために、1％経歴が伸びている。なお予想に反して経営者が持つ資源は政治家としてのキャリアを伸ばすのには役立たない。

最後に、ワイブル・モデルの形状パラメータは有意に正なので、危険率は在職年数とともに上昇する。従って加齢効果が地盤固定効果を上回っている。また2回目以降の入場回数ダミーは予想通り有意に形状パラメータを順次増加させている。つまり退場経験が多いほど、危険率の上がり方がどんどん急になる。なお独立変数の2回目以降の入場回数ダミーが有意に高いのは、1回目の連続任期の在職年数より、同一人物の2回目以降の累積在職年数の方が長いことを考えてみれば、当然であろう。

(4) 任期と選挙区定数の効果：離散時間モデルと時間依存変数

では参議院制度のどの要素が在職年数を長期化させているのだろうか。既に見たように、全国区・比例区制度によるものではない。次に考えられるのは、1つは任期の違いである。衆議院は通常4年の任期を迎える前に解散されるため、代議士は頻繁に総選挙で審判を受け、落選の可能性にさらされる。反面で参議院は6年と長い任期が中断もなく保証されている。

もう1つは選挙区定数の違いである。1選挙区の定数が少ないと当選に必要な得票率が上がるため、新規参入のコストが増え、新人の立候補は抑止される。候補者数が少ないほど、当選議員の得票率は高くなりやすい。そして過去の選挙で強かった議員ほど、次の選挙でも勝ち残りやすいと考えられる。つまり選挙区定数の少なさは、新規参入には障壁だが、一旦入場を果たした議員からすれば逆に防御壁となる。ここで選挙の強さを表すために、当選の十分条件であるドループ商（選挙区の総有効票数を、定数に1を足した数で割った値）で得票数を除した百分率を得票比と呼ぶことにしよう。すると、選挙区定数の平均値は、参議院地方区が2.2、衆議院が4.1、参議院全国区が58.6であるところ、得票比の平均はそれぞれ、98.6、88.5、76.0であるから、上の推論は裏付けられる（1983年以降導入さ

れた比例区選出議員に得票比がないのに合わせて，本款の分析はすべて衆議院と参議院地方区も1982年までのデータを対象とする(12)）。従って参議院地方区で在職年数が長い理由として，選挙区定数が少ないことに起因する得票比の大きさにより連続当選しやすいことが挙げられる。

ところがここでも方法的な問題が生じる。得票比は同一連続任期内にあっても選挙の度に変わる時間依存変数である。そこで単一任期を観測単位にすることも考えられるが，その場合任期の効果は測定できない。よって連続時間モデルではなく，年単位の離散時間モデルを用いる。すなわち各議員について在職した年を観測単位として，退場すれば終結，しなければ全て打ち切りとする。前のモデルと違い，議員生活の継続や連続当選も打ち切りとなる。反面で在職年数の情報は失われるので，各年の退場リスク（退場する確率の対数オッズ）をモデル化する。ベースライン・リスクの形態を先験的に想定する必要はないので，議員歴何年目かをあらわすダミー変数を投入する。その際前款で階層化したのにならい，入場回数に応じて別々のダミー変数とする(13)。

任期の効果を見るため，任期終了年ダミーを入れる。これは当然リスクを高めるはずであるが，より重要なことは，これにより，参議院は任期が衆議院より長く選挙の頻度が低いためにリスクが低いという効果を，参議院ダミーから抜き取れるということである。また前回得票比はリスクを下げることが予想される。その他は，前款と同じ独立変数を用い，終結か打ち切りかのダミー変数を従属変数としてロジスティック回帰分析を行った(14)。ここでも同一人物についてクラスタをかけた頑健標準誤差を用い

---

(12) 平均値は後述する年単位の議員を観測として算出した。なお無投票及び資料上の理由により0.6％のケースで得票比が欠損値になっている。選挙の強さとしてドループ商に対する得票数の比率を用いることについてはCox and Rosenbluth（1995）を参照。なお独立変数によるサンプル・セレクションなので，これによるバイアスは生じない（King, Keohane, Verba, 1994, ch. 4）。

(13) 但し便宜的に再入場以降のものは一括し，30年目以降は30年目ダミーに含めた。共線性を避けるため初入場1年目のダミーは外した。また再入場以降の1年目は終結がないためSTATAが自動的に落とした（該当ケースは0.03％）。

(14) 得票比，所属政党，選挙区は，観測の前年までの直近の選挙におけるも

ている。

結果は表2-1-3⑤の通りである。但し議員経歴年数ダミーについては，指数化した値を定数項にかけてベースライン退場オッズ（打ち切り（存続）確率に対する終結（退場）確率の比率）に換算したものを図2-1-1に示した。ここで報告した係数を指数化すれば，独立変数が1単位増えるごとに，退場オッズがベースラインの何倍になるかがわかる。例えば任期終了年には大体選挙が控えているため，退場オッズは24倍（$e^{3.16}=23.5$）高まる。任期終了年ダミーの平均値は衆議院0.32，参議院0.14だから，この違いが参議院の退場オッズを実に43%（$1-23.5^{(0.14-0.32)}=0.566$）縮めている。これだけで参議院ダミーの効果（$e^{0.504}=1.655$）を打ち消す。また得票比が1ポイント上がれば退場オッズは2%下がる（$1-e^{-0.019}=1-0.98=0.02$）。得票比の違いは参議院地方区の退場オッズを衆議院に比べて18%減らしているのに対して（$1-0.98^{(98.6-88.5)}=0.18$），全国区の退場オッズを27%高めている（$0.98^{(76.0-88.5)}-1=0.27$）。この効果を減殺する程度に全国区ダ

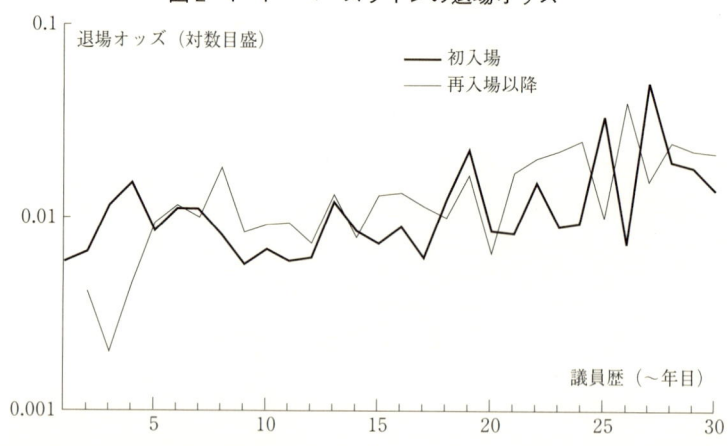

図2-1-1　ベースラインの退場オッズ

のを用いる（入場年のみ前年データがないので，同年のデータを用いる）。入場年齢は（本書の他の分析と異なり月単位ではなく）年単位である。クロス・セクション時系列データのロジスティック回帰分析が反復終結の生存分析と等価である点については，Beck, Katz and Tucker（1998）。

ミーが退場リスクを削減する方向で有意になっている。その要因の1つとして，全国区の人口的・地理的な大きさが，得票比と同様の理由で新規参入障壁になっていることが推測される(15)。以上から，参議院制度が議員の在職年数をシニアにする中核的要因は，予想通り任期と選挙区定数にあることが裏付けられた。この他先の分析にもあった変数については，概ね同じ結果が得られた（先に見た終結時間加速モデルとここでの離散時間モデルとでは，係数の符号が逆になるのが通常である）。また図2-1-1のベースライン退場オッズの分布についても，全体として右肩上がりで，かつ再入場以降の方が7年目から高くなっており，先程のワイブル・モデルを想定した分析結果が再確認される。なお任期終了年ダミーを制御しているので，選挙年に退場オッズが高くなる波はかなり消されている。

（5） シニアな参議院議員，ジュニアな参議院

表2-1-3の独立変数に各議院の平均値を代入すると，このモデルから予想される在職年数は衆議院が10.2年，参議院が11.4年となる。ところが毎年末時点での各議院の平均在職年数をとると，1960年代後半以降は衆議院の方が長い（図2-1-2）。これは一見したところ矛盾であるが，次のような理由による。衆議院議員は，たとえ落選が頻繁で在職年数の平均値は下がっても，初当選年齢が低いことにより在職年数が長い者が参議院議員よりも多い。そのため在職年数の分布は衆議院の方が裾が長い（表2-1-4）。但し全体に占める割合は少ないので，生存分析ではあまり大きな影響はない。ところが年毎に平均をとる場合，議員生活の長い議員は繰り返しデータに現れるから，参議院より衆議院でヴェテラン議員の割合が増える。その結果，個々の参議院議員はシニアであるが，組織としての参議院はジュニアになってしまう。このように初当選年齢の差が，在職年数の違いに大きな影響を与えているのである。そこで次項では年齢について検討する。

---

(15) 選挙区の大きさや定数は，参議院ダミーや全国区ダミーとの共線性のため使えない。

図2-1-2　各議院の平均累積在職年数の推移

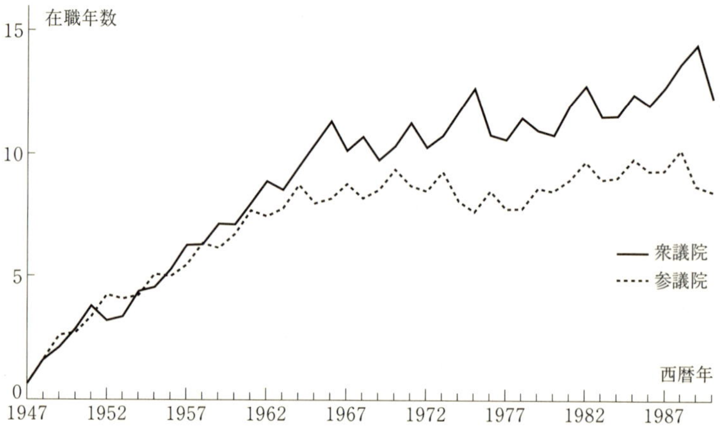

表2-1-4　各議院の在職年数の分布（％）

在職年数(年)	衆議院	参議院
0～6	48.3	52.8
7～12	14.0	25.0
13～18	16.6	13.4
19～24	10.5	6.2
25～30	6.1	2.0
31～36	2.8	0.4
37～42	1.5	0.2
43～48	0.2	0.0
平均値(年)	11.1	9.3
標準偏差(年)	9.7	6.9
議員数	2072	1178

観測単位は議員。
在職年数は端数切り捨て。

4　年齢

　憲法起草時にも唱えられたように、シニアというのは何よりも人生経験を重ねているという意味であった。そのため参議院議員の立候補資格を当初案は40歳としており、中には60歳という意見すらあった。「若い人は衆議院に入つて活動して貰へばよい」「実際〔参議院議員の下限年齢を〕若くしておいても、事実上は老人になつてからしか〔参議院議員に〕ならない」などと議論されていた。現在被選挙権が衆議院は25歳以上、参議院は30歳以上と差があるのはその名残である（佐久間，1960，74頁）。以下では初当選年齢、次いで当選後年齢について分析する。

(1)　初当選年齢

　初当選年齢は、議員が政治社会に持ち込む通常の社会経験の長さを表す。集計的な平均値は衆議院が49歳、参議院が54歳と参議院の方がシニアであ

るが，ここでも先の生存分析で用いた変数を制御する必要がある。そこでこれらを独立変数，初当選年齢を従属変数とし，最小二乗法による回帰分析を行う（ここでの観測単位は議員個人であり，政党，選挙区は初当選時のものである）。但し，生年が古い世代は国会開設時（1947年）に既に齢を重ねているので初当選年齢が高い者ばかりであるのに対して，逆に新しい世代は（終点までに）若くして当選した人しかまだデータとして現れてきていない。そこで生年を制御するとともに，データのセレクション・バイアスが生む不均一分散に対処するため，生年で重み付け推定をする(16)。

結果は表2-1-3⑥の通りである。係数は独立変数が1単位増えることによって初当選年齢が定数項（52歳）から何歳上下するかを示す。前項と同じように，独立変数が初当選年齢の衆参の差に与える影響の大きさ（以下「増減幅」）は係数と差の積によって表される（表2-1-3⑦(17)）。

一番効果が大きいのは，参議院議員であることそれ自体であり，衆議院より初当選を4年遅くしている。これは集計値とほぼ同じ差であるから，他の要因は互いに相殺していることになる。全国区・比例区は期待に背いてむしろ1年若い層をリクルートしている。また全般的に，前歴を積むことは初当選を遅らせる。まず高級官僚は3歳遅く，これが参議院初当選を3ヶ月年長にする。他方で在職年数には影響しなかった地方政治家としての経験を積んだ場合も，国政進出が3年弱遅くなり，これは参議院への入場を2ヶ月半早くしている。さらに帝国議会議員経験者も，1年半入場が後になっている。生年を制御しているので，他に考えられるのは公職追放が解除されるまで議員になれなかったという理由である。政党については，

---

(16) 年単位で見た生年ごとに初当選年齢の標準偏差を見ると，1914年で11.5歳と最大になり，両端に向かって小さくなる山型となっている。つまり分散は1914年からの距離（生年から1914を引いた値の絶対値）に反して狭まっている。そこで距離の最大値である56（生年の最小値は1858年，最大値は1959年，よって1914－1858＝56が最大距離）から距離を引いた数に（ゼロにしないため）1を足し，（探索的分析に基づき）0.3乗の逆数を分散にかければ，より均一になる。なお便宜上生年から1900を引いた値を独立変数としている。
(17) 観測単位が異なるため，各議院の独立変数の平均値は表2-1-3①②とは一致しない(表は省略)。なお頑健標準誤差ではなく通常の標準誤差を算出している。

緑風会が4年若く，民社党が1.5歳年長で初当選しているが，衆参の差への影響は微々たるものである。生年の係数が負に有意であるのは，先述したセレクション・バイアスによる。実際，年単位の生年で見た初当選年齢の平均値は，1901年から1935年まで45歳以上50歳以下の間で横這いになっており，新世代ほど若くして赤絨毯を踏むという因果関係はない。その他の独立変数は有意でなかった。

　参議院ダミーの解釈は，独立変数として制御できなかった要因に求めなければならない。まず，被選挙権の異なる年齢制限の効果は僅かである。初当選が30歳未満の代議士は1％に過ぎず，彼らを除いても先の分析結果はほとんど変わらない（結果省略）。むしろ，これからキャリアを積み上げる若き野心家が，衆議院に比べてシニオリティの対価が劣る参議院を敬遠するから，参議院の初当選年齢が遅くなるのではないかと推測される。例えば有力議員の指標となる2度目以降の入閣という面で，参議院議員は在職年数が同等の衆議院議員と比べて明らかに冷遇されている（佐藤・松崎，1986, 219頁[18]）。たとえ役職を得ても，内閣が多くの重要法案や対決法案を衆議院先議とするため，後議となる参議院では修正をはじめとした活発な議会活動が難しい（次節）。逆に議員生活を長くは続けられない高齢者にとり，6年間安泰でいられる参議院は，心身の負担も軽く，十分に魅力的であろう。

（2）当選後年齢

　当選後の年齢は絶えず変わっているので，毎年末時点における両議院の平均年齢を比較する。まず参議院は初当選年齢がより高いために，議員の交替があってもそれほど若返らない。また参議院の方が議員個人の在職年数は長いので，辞める議員が少なく，かつ彼らは平均年齢を押し上げる。従って常に参議院議員の方が衆議院のよりも年長であることが予想される。図2-1-3はこれを裏付けており，この意味では確かにシニアであることがわかる。

---

(18) なお初入閣に要する在職年数は衆参で差はない。参議院におけるシニオリティ・ルールの形成については，待鳥（2001a）。

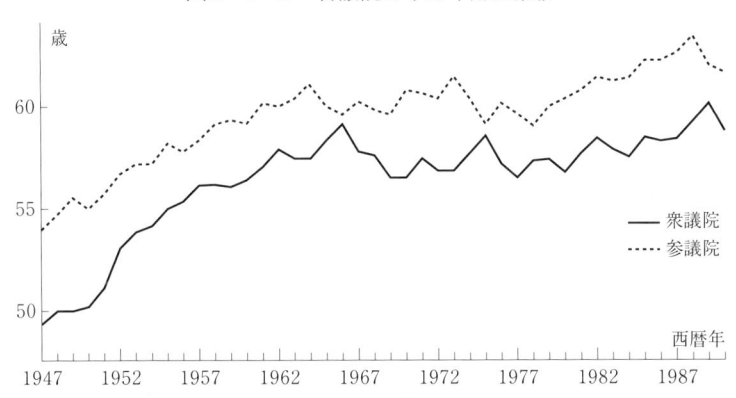

図2-1-3　各議院の平均年齢の推移

　以上から，年齢と個別議員の在職年数では参議院議員が衆議院議員よりもシニアであるが，学歴と議院全体の在職年数ではその逆であり，知的専門職は職種によるという結論が得られた(19)。二院制擁護論は，両院間の法案審議の違いを主として議員構成の違いに帰するから，本節の分析からすれば，参議院の方が衆議院よりも慎重・熟慮をもって法案を審議しているとは必ずしも期待できないことになる。しかし，両院の選好に違いがなくても，議院規則の違いや情報の追加によって，審議内容に違いが出てくることもありうる（Rogers, 2001）。そこで次節では，法案審議について比較する。

第2節　法案審議

1　一致度

　本項では，同一法案に対する両院の審議活動の一致・不一致を操作的に定義した上で，その現状を示し，次いで両院不一致の方向に働く要因を分

---

(19) なお組織ごとの在職年数と年齢の関係について，経営学の人材ポートフォリオの考え方を応用した分析として，福元・脇坂（2004）。

析する。

(1) 操作化と現状

まず，本会議における法案の趣旨説明，当該法案に対する委員会での総理による答弁，委員会議決直前の各党による討論，委員会議決直後の法案に対する附帯決議，という4つの議事手続（以下「選択的議事手続」）を発動するかしないか，及び実質修正（施行期日のみ修正するものを除いたもの）の有無について，両院の一致度を検討する[1]。選択的議事手続は，討議アリーナとしての国会において政党や政府の意思表示機能を果たす。ある1件の法案について，一方の議院で発動されず他方の議院で発動されることがあれば，発動するに足る重要性を認める法案が両院間で「相反」(セイリアンス)するということであり，二院制の意義を高からしめる。しかし両院ともに発動する場合（「重複」），実質的な内容が異なることはあまりないから，二院制の意義は低くなる。

個別法案ではなく法案全体について一致の度合いを見るのに便利なのが，オッズ比である。ここでまずオッズとは，当該選択的議事手続の発動率 (p) を非発動率 ($1-p$) で割った値であり，オッズ比とは，先議院で選択的議事手続が発動された法案が後議院でも同じ選択的議事手続を発動されるオッズ ($p_1 \div (1-p_1)$) を，先議院で発動されなかった法案が後議院では発動されるオッズ ($p_0 \div (1-p_0)$) で割った値 ($[p_1(1-p_0)] \div [p_0(1-p_1)]$) である。対数オッズ比が負であれば，先議院で発動されることによって後議院では発動されなくなる傾向があるということだから，発動対象が両院で「相反」することを意味する。逆に正である場合は，「重複」するということである。0に近ければ，両院は相手の対応と「無関係」に独自の判断で自主的に発動していることになる[2]。従って，対数オッズ比が

---

[1] 後半本会議の選択的議事手続は，事例が少なくオッズ比が計算できないので省いた。但し同一法案に両院で修正したとしても内容は異なるため，重複が繰り返しを意味しないことには留意する必要がある。なお先議の衆議院で修正された法案は議事優先権が低いことを論じたものとして，Masuyama (1998)。

[2] カイ二乗値が有意でない場合，統計的に独立である。

負か0であれば，両院間で審議活動は不一致が多く，後議院が「均衡・補完・抑制」「独自性・自主性」の役割を果していると言える。逆に正であれば，両院は同じ審議活動を繰り返していることになる。

ここで各議院を，衆議院先議法案（88％）については先議院（法案を提出した議院）としての衆議院（以下，「先衆議院」と略す）と後議院（先議院でない議院）としての参議院（「後参議院」），参議院先議法案については先議院としての参議院（「先参議院」）と後議院としての衆議院（「後衆議院」）の4つに区別し，各選択的議事手続について，4議院の発動率，提出議院別の対数オッズ比を載せたのが表2−2−1である[3]。対数オッズ比は全て有意に正だから，両院の一致度は極めて高いと言ってよい。

次に意思表示機能のもう1つの指標として，審査回数（委員会等で案件として付議された回数）を取り上げる。実は，参議院改革で「慎重かつ充実した効率的な審議」が唱えられる際には，参議院の審査回数が多いことが期待されていた。しかし実際には，提出議院が衆参いずれであっても，平均値は先議院の方が後議院より多く（表2−2−1），対応のあるt検定でもその差は有意である。従って「慎重」でなく拙速なのは，衆議院ではなくむしろ後議院（とりわけ後参議院）の方だと言える。ただ，先議院が衆参いずれでも，全く同じ回数が3割，1日違いを含めると6割，2日違いまで入れると8割に達し（図2−2−1），オッズ比の代わりに両院の審査回数の相関係数をとると高い値を示すから（表2−2−1），両院の一致度は強いと言える。

（2） 不一致の要因

以上から，同一法案に対する両院の審議活動が一致する傾向は極めて高いと言える。また対数オッズ比は概して衆議院先議法案の方が僅かに大きいから，後参議院の方が後衆議院よりも先議院に追随していると言える。しかし両院の審議環境が何かしら異なれば，それらの審議活動も一致しにくくなることが考えられる。そこで以下では，両院間の審議活動に不一致

---

[3] ある議院の委員会における選択的議事手続の有無及び審査回数（後述）は，その議院の委員会で議決した法案だけを分析対象とする。

表2-2-1 同一法案に対する審議活動の両院間における一致度

	趣旨説明	総理答弁	討論	附帯決議	実質修正	廃案	審査回数
発動率(%)							平均値
先衆議院	13.1	6.8	25.6	36.4	13.7	8.3	4.2
後参議院	10.7	5.7	27.1	32.2	3.9	4.1	3.3
先参議院	2.3	0.9	26.0	26.0	9.6	2.8	3.2
後衆議院	1.6	0.4	6.4	28.5	1.3	3.0	2.9
対数オッズ比							相関係数
提出議院別							
衆議院先議	5.49	4.40	2.20	3.74	1.69	—	0.64
参議院先議	5.17	—	1.89	3.39	1.96	—	0.44
付託委							
一致	5.60	*4.50*	*2.13*	*3.72*	*1.77*	—	*0.66*
不一致	6.48	*4.22*	*0.86*†	*2.98*	*0.47*†	—	*0.58*
委員長							
一致	*5.71*	4.16	*2.15*	3.54	1.68	—	*0.63*
不一致	*5.42*	5.00	*1.86*	3.77	1.69	—	*0.51*
時期区分（政党構成）							
第1期（1947-55年）	6.03	4.36	—	*2.60*	*1.30*	—	*0.58*
第2期（1955-89年）	5.38	3.99	—	*3.14*	*1.65*	—	*0.59*
第3期（1989-2000年）	5.43	5.79	—	4.93	3.30	—	0.86
仮説が成り立つ議院審議対の数							
先議院審議優越	<u>3</u>	<u>3</u>	<u>2</u>	2	<u>4</u>	2	<u>3</u>
衆議院審議優越	2	2	0	<u>3</u>	2	<u>3</u>	2
衆議院先議法案審議優越	4	4	3	4	3	4	4
法案数	8090	7474	2213	7474	7415	8090	7474

対数オッズ比につく†は、カイ二乗値が10%水準でも有意でない。無印は1%水準で有意。
太字斜体の対数オッズ比は、仮説に合致するもの（提出議院別のものを除く）。
仮説が成り立つ議院審議対の数で下線があるものは、先議院審議優越と衆議院審議優越のうち、該当事例の多い方。

を促すと考えられる3つの要因を順に検討する。

　第1の要因は、付託委不一致である。法案が付託される委員会の政策管轄は、議院がその法案をいかなる政策次元で認識しているかを示す。衆議院の委員会の所管事項は省庁の所管事項によって定められている（衆議院規則第92条）のに対して、参議院は政策事項別である（参議院規則第74条）。また第142回通常国会（1998年）から第150回臨時国会（2000年）まで、参議院が常任委員会を意図的に衆議院と異なる形に再編したのも、「衆議院とは切り口の異なる特色ある審議を行うため」であった(4)。従って、同一

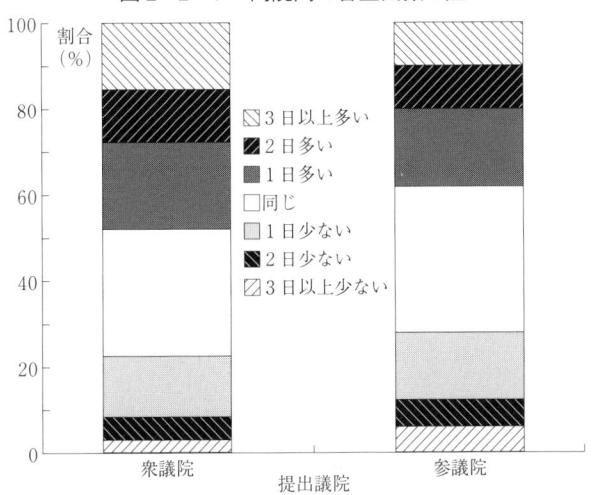

図 2-2-1　両院間の審査回数の差

凡例：
- ◨ 3日以上多い
- ▰ 2日多い
- ■ 1日多い
- □ 同じ
- ▢ 1日少ない
- ▨ 2日少ない
- ◪ 3日以上少ない

提出議院：衆議院／参議院

法案が両院で異なる委員会に付託されることがある。例えば，付託委不一致で最も多い（全法案の1.2％），公務員等の共済・旅費・退職手当関係の法案は，衆議院は財政政策とみなして大蔵委員会に付託し，参議院は公務員政策と捉えて内閣委員会に付託する。次いで多い（0.6％）在外公館設置法案は，衆議院では行政組織の観点から内閣委員会に付託され，参議院では外交政策の一環として外務委員会に付託される。

但し衆参で委員会名が異なっても，異なる委員会とするのが適切でない場合がある。そこで，衆議院で甲委員会に付託された法案が参議院で最も多く付託されるのが乙委員会で，双方の委員会が同時に存在した回次について逆もまた成り立つ時，乙は甲と同じ委員会だとみなすことにする[5]。

---

(4) 『第141回国会参議院会議録』1997年12月5日，11頁，中曽根弘文議院運営委員長による国会法改正案の趣旨説明。
(5) 異同の判定で，常任委員会と特別委員会の違いは考慮していない。「逆もまた成り立つ時」と限定しているのは，例えば参議院補助金等に関する特別委員会（1954年）に付託された法案は，全て衆議院大蔵委員会に付託されているが，それは後者に付託される全法案のごく一部分であり，両者を同じ委員会とみなすのは適切ではないからである。

表2-2-2は，第142回通常国会（1998年）から第147回通常国会（2000年）までの政府法案について，付託された衆議院委員会と参議院委員会との組み合わせを示したものである(6)。一番左の数字の列は，参議院の各常任委員会に付託された法案のうち，衆議院で各委員会に付託された割合（以下「付託率」）である。その右の列は，逆に衆議院委員会毎の，当該参議院委員会への付託率を表す。上の定義に従えば，参議院委員会毎に最初に挙げ

表2-2-2　衆参付託委員会の組み合わせ：第142-7回国会（1998-2000年）

参議院委員会	衆議院委員会	付託率 衆÷参	付託率 参÷衆	備考
総務	内閣	93.8	88.2	
	大蔵	6.3	2.7	公務員等の旅費
地方警察	地方行政	91.7	95.7	
	選挙特別	8.3	100.0	
法務	法務	100.0	100.0	
外交防衛	安全保障	70.0	100.0	
	外務	30.0	100.0	他に条約が付託されている
財政金融	大蔵	75.0	89.2	
	農水・商工・通信	25.0	―	公的金融（参規5号8（新規））
文教科学	文教	80.0	94.1	
	科学技術	20.0	50.0	科学技術（75%，参規6号6（移管）），原子力（25%）
国民福祉	厚生	76.2	94.1	
	地行・大蔵・文教・農水	23.8	―	共済・年金基金
労働社会	労働	100.0	100.0	
農林水産	農林水産	100.0	81.1	
経済産業	商工	86.1	83.8	
	科学技術	11.1	50.0	原子力（参規10号13）
	石炭特別	2.8	100.0	
交通情報通信	運輸	51.6	94.1	
	通信	48.4	65.2	郵便，通信（参規11号5-8）
国土環境	建設	65.6	95.5	
	環境	18.8	100.0	
	農水・厚生・商工・運輸	15.6	―	資源再利用・廃棄物処理（80%，参規12号10（新規）），港湾（20%，参規12号2）
沖縄北方	沖縄北方特別	100.0	100.0	

備考の号数は，改正後の参議院規則第74条で該当する号数。

（6）　本付託も予備付託（後述）もされていない法案は割合の計算で対象に含めない。第141回臨時国会（1997年）までについては，川人・福元・増山・待鳥（2002, 51頁）を参照。

られている衆議院委員会が，互いに同じ委員会となる[7]。

付託委不一致には2種類ある。1つは，前述した典型的な付託委不一致で見られるように，両委員会とも他方の議院に同じ委員会があるにもかかわらず，あえて異なる委員会に付託される「裁量型」である。もう1つは特別委員会と常任委員会という組み合わせのように，少なくとも片方の委員会が他方の議院に同じ委員会を持たないため，半ば不可避的に付託委不一致となる「構造型」である[8]。付託委不一致は全法案の5.7%である（裁量型が3.2%，構造型が2.5%[9]）。

付託委不一致の場合，両院で委員会の利害関心（Weingast and Marshall, 1988）・情報（Krehbiel, 1991）・政策空間（増山，1998）が違うため，異なる視点から審査すると考えられる。この仮説を操作化すれば，付託委不一致法案の方が付託委一致法案よりも，審議活動の対数オッズ比等（審査回数の相関係数を含む。以下同じ）が0に近い，と表現できる。表2-2-1にあるように，趣旨説明以外では仮説が支持される（斜体・ゴシック体で示した）。特に討論と実質修正については，両院の審議活動が全く無関係でさえある。趣旨説明は本会議でなされるから，付託委員会の違いが影響しないのかもしれない。

第2の両院不一致の要因は，委員長不一致である。衆議院は多数主義で常任委員長を与党が独占することも珍しくないのに対して，参議院は各会派に比例配分する慣行がある（衆議院事務局，2003b，柱18；参議院事務局，1998b，柱14）。実際，野党委員長のもとで審査された法案は，衆議院で11%，参議院で42%にのぼる[10]。委員長が委員会の議事設定権を持つこ

---

(7) なおそれ以外の組み合わせは，委員会の所管事項を定めた参議院規則第74条の改正を反映しているが（備考に号数を示した），従来の付託委不一致では見られなかった組み合わせである。所管事項の変動について詳細は中村（1998），移管・新規の別については斉藤（1998, 10-11）。

(8) 衆参で常任委員会の編成が異なる時期があり，全ての常任委員会が他方の議院に同じ委員会を持つ訳ではない。例えば衆議院安全保障委員会は常任委員会昇格後も，再編まで参議院に同じ委員会がなかった。逆に，特別委員会が他方の議院に同じ委員会を持つことはよくある。

(9) 本付託がなければ予備付託の委員会を，付託替えや委員会名称変更があればその後の委員会を，参照した。

とを考えると（国会法第48条）[11]，衆参で付託された委員会の委員長の出身が与党と野党とで分かれたり（42.0％），異なる野党である場合には（2.8％。以下，両者合わせて「委員長不一致」と呼ぶ），両院で審議活動が異なると考えられる。この命題が正しければ，委員長不一致法案の方が，委員長一致法案よりも，審議活動の対数オッズ比等が0に近づくはずである。表2-2-1を見ると，趣旨説明・討論・審査回数でこうした効果が見られる。

　第3に，衆参の政党構成不一致が両院不一致をもたらしうる。議院の意思が違うところまでいけば，両院の審議活動も異なってこようが，両院協議会や衆議院再議決がなされるのは全法案の0.6％しかない（詳しくは，待鳥・福元，2004）。そこで代わりの指標として，各回次召集日における，衆参それぞれの与党会派議席率と有効会派数（議席率の2乗の総和の逆数。Laakso and Taagepera, 1979），衆参両院間の会派構成の違いを示すペデアセン指数（各会派が占める議席率の衆参間の差の絶対値を合計した半分の値。Pedersen, 1979）を取り上げる。それぞれ各年の平均値を示したのが図2-2-2，図2-2-3，図2-2-4である[12]。いずれの指標を見ても，衆参の政党構成が異なる回次は，次のように3つに時期区分したうちの2つの時期に重なる（法案数は順に27％，57％，15％）。第22回特別国会（1955

---

(10)　会期の初期に委員長が交代することが多いので，法案が提出された会期半ばにおける委員長を参照した。

(11)　増山（2003）は委員長の議事設定権を計量分析しており，本節も大きな示唆を受けた。

(12)　議席率の計算で欠員は除く。与党は閣外協力も含む（1996-8年の社さ）。召集日の会派別議員数をもとに各回次の値をまず計算し，会期の長さで重み付けをして各年の平均値を出した。年は，予算国会から翌年の予算国会の前の回次までとした（第1回特別国会（1947年）から第163回特別国会（2005年）まで）。図2-2-2の参照線は，議席率が半分と3分の2の場合とを示す。ペデアセン指数の計算で，衆議院（参議院）独自会派は，衆参間の差でなく議席率自体が合計される。無所属は独自会派に入れた。議員数及び会期の典拠は，参議院事務局編（1998b，諸表3），衆議院事務局編（2003a，付録3），『衆議院の動き』第13号，参考2，である。なおペデアセン指数は，本来は選挙間の政党構成の変化（変易性という）を測定する指標である。

第2章　無意味な二院制　119

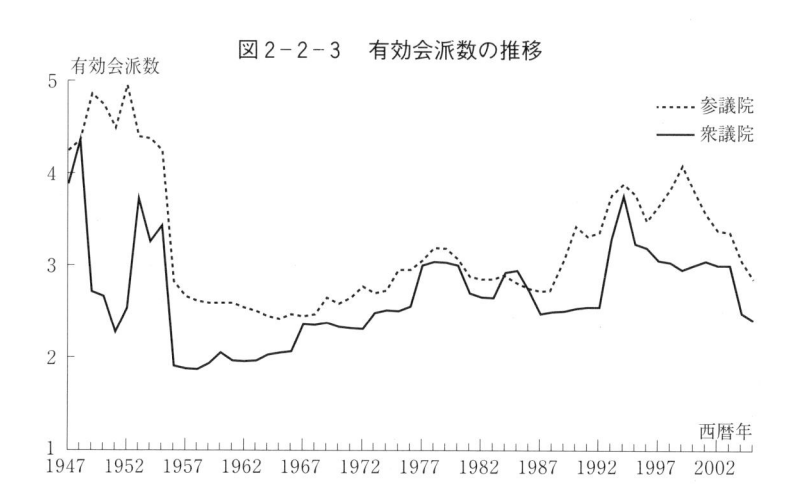

図2-2-2　与党議席率の推移

図2-2-3　有効会派数の推移

年)までの第1期は，流動的な政界を反映して，参議院は常に少数与党で衆議院以上に多党分立状況にあり，特に参議院独自会派の存在により衆参で政党構成が一致しなかった。その後，第114回通常国会(1989年)までの第2期は，与党が衆参ともに過半数を維持した55年体制期であり，参議院独自会派が弱小化して衆参縦断が達成され，両院の政党構成が概ね一致し

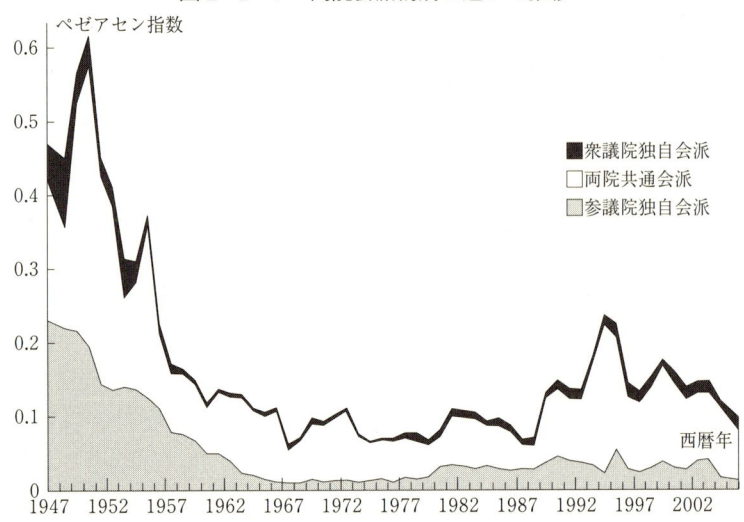

図2-2-4 両院会派構成の違いの推移

ペゼアセン指数

■衆議院独自会派
□両院共通会派
■参議院独自会派

西暦年

た。残る第3期は再び政治が不安定化し、参議院で与党が時折過半数割れして断片化が進むとともに、主に両院共通会派の議席比率の違いにより、政党構成不一致となった。

従って、政党構成不一致が生じる第1期や第3期の方が、第2期に比べて、審議活動の対数オッズ比等が0に近づくと予想される。実際、第1期は附帯決議・実質修正・審査回数で不一致が増える（表2-2-1）。しかし第3期はむしろ両院の連動性が強まったとさえ言える。したがって、政党構成不一致というよりは、各議院独自会派の大きさが、両院不一致をもたらすようである。但し、時期区分による違い（がないこと）の原因は、必ずしも政党構成だけに求められず、時代背景や時間経過など他の要因によることも考えられるので、分析結果の解釈には留保が伴う[13]。

---

(13) 仮に時期区分ではなくいずれかの政党構成の指標値を用いて回次を分けても、それは時期区分とかなり重なるため、分析結果の解釈には結局同じ問題がつきまとう。議院内閣制における政党構成不一致の二院制は、大統領制における分割政府と機能的に等価である。そして大統領制における分割政府は、統一政府に比べて重要法案の成立数で劣ると考えられてきたが、データ

以上より，両院不一致を促す要因として，付託不一致と，部分的にではあるが委員長不一致と各議院独自会派とがあると結論できる。

2　水準

前項では，両院における審議活動が内容的には実質上類似していることを想定して，同じ法案に対して両院で審議活動の有無等が一致するか否かということに焦点を当てた。しかし実質修正をはじめとして，両院の審議活動の内容自体が異なることも十分ありうる。すると今度は，各議院の審議活動の水準の違い（不活発な参議院審議等）が問題になる。そこで本項ではまず考えうる諸要因について説明する。とりわけ，参議院改革案の中で繰り返された「参議院先議案件の増加」「審議期間の確保」「予備審査制度の活用」の3点に注目する。次いで，それらを独立変数，各審議活動を従属変数，各議院の法案審議（議院審議）を観測単位とする（1つの法案は先議院審議と後議院審議とで，2回出てくる）回帰分析を行い，結果を考察する。

（1）　議院審議の属性と要因

参議院改革の1番目の柱である「参議院先議案件の増加」は，後参議院を先参議院にして参議院審議を活性化させようとするものだが，そこで暗黙に想定されているのは，後参議院が不活発なのは参議院だからではなく後議院だからであり，かつ参議院先議法案であることそれ自体というよりは先議院になることが活動量増大につながる，という前提である。しかし，これは成り立つのだろうか。

通常は，参議院より衆議院の方が，後議院より先議院の方が，参議院先議法案より衆議院先議法案の方が，それぞれ審議が活発であると考えられているであろう。これをそれぞれ衆議院審議優越の仮説，先議院審議優越の仮説，衆議院先議法案審議優越の仮説，と呼んでおこう。それぞれの仮

によって検証を加えると必ずしもそうではない（Mayhew (2005) が代表例である。但し反論も相当出ている。例えばAdler and Lapinski (2006); Binder (2003)）。これは，議院内閣制で政党構成不一致であるからといって審議活動不一致になる訳ではないという本文で示した結果と，整合的である。

説が予想する，審議活動水準（選択的議事手続の発動率，修正・審議未了廃案(14)の割合，審査回数）の4議院間の大小関係を整理したのが表2-2-3である。3つの仮説は論理的には相矛盾しているが，実際にはどの仮説が成り立つだろうか。

　表2-2-1上段の各審議活動の水準について全般的な傾向を見ると，衆議院先議法案の方が参議院先議法案よりも多いから，衆議院先議法案審議優越の仮説は正しそうである。衆議院先議法案および参議院先議法案それぞれの中では先議院の方が後議院よりも活発だが，両者の中の参議院を比べると後参議院の方が先参議院よりも活発であるから，先議院審議優越の仮説は必ずしも当てはまらない（先程の「想定」の逆）。また先参議院の方が後衆議院よりも活発であり，衆議院審議優越の仮説も妥当ではない。あるいは衆議院先議法案審議優越の仮説も，実質修正は先参議院の方が後参議院よりも多いから，無謬ではない。このように，単純な集計値では，3仮説の検証はできない。そこで本項では，先議院審議，衆議院審議，衆議院先議法案審議という「議院審議属性」が，各議院審議の活動水準を増やしているのかを確かめるために，議院審議属性のダミー変数を基本的な説明変数とする回帰分析を行う。

　第1に，衆議院先議法案審議優越の仮説から考えよう。衆議院先議法案の審議活動が活発な理由として，衆議院先議法案であることそれ自体というよりも，もともと審議が活発になされる種類の法案，例えば，重要な法

表2-2-3　優越性仮説が予想する4議院の審議活動水準の多寡

比較対象	優越性の仮説		
	先議院審議	衆議院審議	衆議院先議法案審議
衆議院先議法案	先衆＞後参	先衆＞後参	―
衆議院審議	先衆＞後衆	―	先衆＞後衆
先議院審議	―	先衆＞先参	先衆＞先参
参議院先議法案	先参＞後衆	先参＜後衆	
参議院審議	後参＜先参	―	後参＞先参
後議院審議	―	後衆＞後参	後衆＜後参

(14)　6件の否決を含む。各議院が受領していない法案や，撤回・みなし否決などその議院の意思によらない不成立は，欠損値である。

案，多くの野党が反対する法案，予算関係法案が，衆議院先議にされることが多いからだ，ということが考えられる。実際，提出議院別に，重要法案・予算関係法案の割合，衆議院における反対政党度数の平均値を見ると，圧倒的に衆議院先議法案に偏っている（表2-2-4[15]）。もし仮にこうした因果関係が成り立つとすれば，重要度，反対政党度数，予算関係ダミーを制御変数として独立変数に加えると，これら制御変数が有意に正の係数を持つだけでなく，衆議院先議ダミーの効果（係数）が有意でなくなるか，少なくとも弱まるはずである。このように，

表2-2-4 提出議院別の基層的要因の概観

	提出議院	
	衆議院	参議院
重要法案（％）	14.1	1.6
予算関係（％）	53.2	2.3
反対政党度数	1.1	0.5
日程間値×150		
全法案		
先議院吊し	8.9	4.7
委員会審査	36.2	24.9
後議院吊し	1.0	2.9
委員会審査	14.1	17.3
予備付託された法案		
先議院吊し	3.5	1.9
委員会審査	36.9	26.9
後議院予備吊し	6.9	1.4
本吊し	0.1	0.0
委員会審査	13.4	18.5

議院審議属性の表層的な効果を固有の効果以上にかさ上げしている背後にある要因を，基層的要因と呼ぶことにする。

　第2に，先議院審議優越の仮説を成り立たせる要因をいくつか検討する。1つには後議院における審議期間が短いことがありうる。審議期間のうち，議院受領から委員会付託までの「吊し」と呼ばれる期間は参議院改革でも撤廃が求められているので，委員会付託から委員会議決までの委員会審査の期間と分けて考える。これらの長さを表す際には，日数を会期幅で割った日程間値に150をかけた値を用い，会期幅の違いを均すとともに，1単位が標準的な予算国会1日分に相当するようにした（日程間値について詳しくは巻末付録参照）。平均値を見ると（表2-2-4），提出議院を問わず，後議院の方が先議院よりも吊し，委員会審査ともに短いことがわかる。

　また参議院改革においても2番目の柱として「審議期間の確保」が挙げられ，先衆議院から後参議院へ会期末の20日前には法案を送付するよう求

---

[15] 重要度は，衆議院・参議院（1990f）の記述をもとに格付けしたもので，重要法案を3，準重要法案を2，非重要法案を1とする。反対政党度数は，反対する有意政党の数を，自社公民共の5党時代と同じ意味を持つように調整した値。詳しくは巻末付録を参照。

めていた。実際,後参議院が受領した法案のうち,延長も含めた会期末までに残された日数が20日以下であったのは,1971年(河野謙三・参議院議長のもとで初めて提言のあった年)までは36%であったのが,その後は27%に減った(後衆議院がそれぞれ28%,12%)。そこで,後議院審議が不活発な第2の要因として,議院が法案を受領した日程値(会期初日からの日数を会期幅で割った値。ここでも日程間値と同じ理由から150をかけてある。詳しくは巻末付録参照)も制御変数に加える。

参議院改革3番目の柱として後議院審議期間の少なさへの対応策である「予備審査の活用」がある。これは,議案が先議院から正式に送付される前に,後議院委員会で行われる審査であり,後議院審議を活性化することを目的としており,むしろ先議院審議の優越性を弱める要因である。内閣は,先議院に議案を提出後5日以内に,後議院にも必ず議案を送付しなければならないが,受領した後議院がそれを委員会に付託することや,委員会が実際に予備審査をすることは,必須ではない(国会法第58条,衆議院規則第35条,参議院規則第29条)。これは近年ほとんど使われていないため,その活用による「審議の効率化」が参議院改革で叫ばれてきた。

まず予備審査回数別の頻度を見ると(図2-2-5),そもそも全法案の6

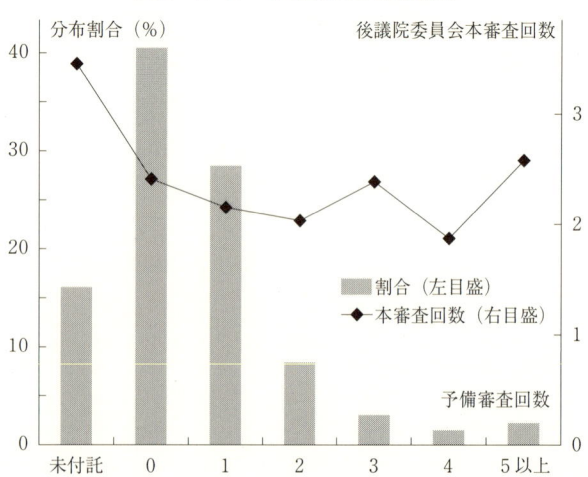

図2-2-5 予備審査の基礎統計

分の1は委員会に予備付託すらなされず，付託されたうちおよそ半分は実際には予備審査されない。さらに予備審査される中でも3分の2は1回委員会に付議されるだけ，2割が2回であるから（平均は1.74回），やはり予備審査は低調であると言わざるをえない（最大値は16回）[16]。また予備審査回数が増えても後議院の本審査回数（先議院から正式に受領した後の審査回数）はあまり変わらない。両者の相関係数も0.05で，統計的に有意でない[17]。

図2-2-6は全法案のうち予備付託された割合，予備付託されたうち実際に予備審査された割合，後議院の予備付託と初予備審査日及び先議院付託日（予備付託された法案に限る）の修正日程値（提出日を0，先議院本会議議決日を1とした場合に，各議事がどの辺に来るかを表す[18]）につい

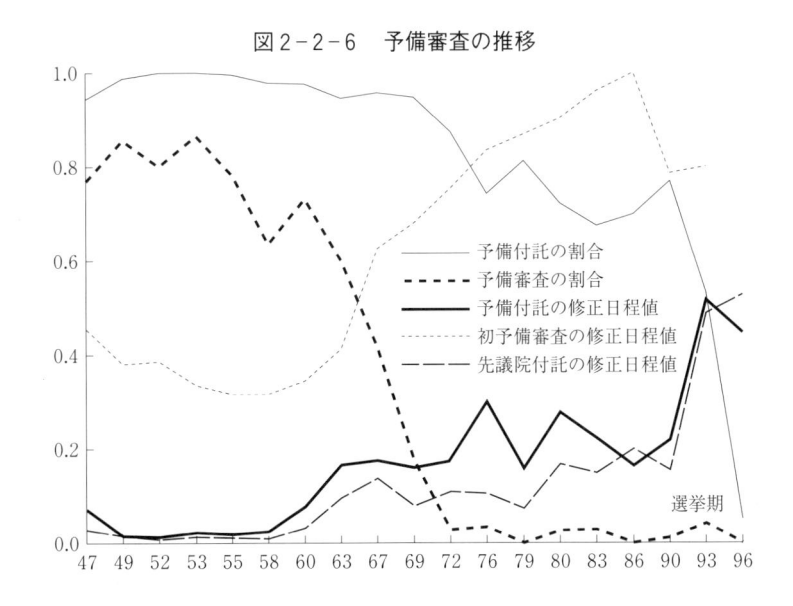

図2-2-6　予備審査の推移

凡例：
- 予備付託の割合
- 予備審査の割合
- 予備付託の修正日程値
- 初予備審査の修正日程値
- 先議院付託の修正日程値

---

[16] 後議の衆議院と参議院との間では違いがほとんどない。予備審査の有無は衆参の別と統計的に独立であり（カイ二乗値が10％水準でも有意でない），予備審査回数の衆参別平均値の差をt検定すると10％水準でも有意でない。

[17] 未予備付託法案の予備審査回数，後議院委員会で議決されていない法案の本審査回数は，それぞれ欠損値とした。

て，各選挙期ごとの平均値を示したものである。また図2-2-7は，予備審査がなされた場合の平均回数の推移である（予備審査されていない法案は除く）。実際は現在と違い1960年代頃までは，7割前後の法案が2回ほど予備審査に付されていた。

ところが1960年代以降予備審査は活用されなくなる。1つには，予備付託が遅くなった。後議院は正式に先議院から法案を受領してからはあまり吊さないのであるが（以下「本吊し」），いわば予備送付段階で吊していた（以下「予備吊し」）。先議院吊しとの日程間値の相関係数は，後議院の本吊しが0.22であるのに対して，予備吊しは0.72と極めて高い。後参議院の予備吊しの長さは平均で約1週間で，先衆議院における吊しをも凌ぐ（表2-2-4）。そして後議院で趣旨説明がなされる法案の99％は，予備吊しされている（本吊しは53％）。後議院にとって本吊しよりも予備吊しこそが，政治的に意味のある吊しだったとさえ評しえよう。

また，たとえ予備付託されても予備審査されないことが多くなり，1970年代以降，今日見られるように予備審査はないことの方が原則に変わってしまう。かろうじて予備審査される場合でも，先議院から送付される直前に慌てて申し訳程度で1回なされるだけである。単に予備審査回数が2回から1回に落ちただけではない。予備審査回数1回の法案の，初予備審査

図2-2-7　予備審査回数の推移

---

(18)　具体的には，提出から当該議事までの日程間値を先議院審議の日程間値で割った値。

の修正日程値は平均して0.43であるが，1970年代にはそれより遅くなった。こうした変化は，国会全体において国対的手法が制度化していく時期，あるいは重宗雄三・参議院議長時代（1962-71年）とも見事に一致する。予備付託自体も段々と減り，連立期に入って急減し，ほぼなくなった。

　第3に，衆議院審議優越の仮説については，それを弱める2つの政党要因を想定できる。1つは与党委員長で，これは前述したように衆議院の方が多いが，これ自体は審議活動をむしろ抑制する方向で働くと考えるのが普通であろう。もう1つは政党構成で，ほとんどの回次で衆議院の方が参議院よりも，与党議席率は大きく有効会派数は小さいが（図2-2-2，図2-2-3），これもやはり効果としては審議を停滞させるというのが通俗的見解である。

　ここで憲法のいわゆる衆議院優越規定に触れておく。法案に関しては2つある。1つは第59条第4項のみなし否決である。みなし否決の可能性がある法案の後参議院審議は，その意義が減殺されるために不活発になると予想される。操作的には，後参議院が受領した時点で，延長も含めて会期末まで60日以上残されている法案（30％）の後参議院審議を，みなし否決可能ダミーとする。但し注意すべきは，本節の枠組から言えば，この制度は衆議院審議優越の要因とは言い切れず，先議院審議優越，衆議院先議法案審議優越，いずれの要因とも解することができる。もう1つは第59条第2項の衆議院再議決である。しかし操作化が難しく，時期区分を経由して先の政党構成（特に参議院）と連動するおそれがあるので，本節では検証できない。

（2）両院の分析

　以上に挙げた要因を全て独立変数として回帰分析に投入すると，相互に連関する変数が多重共線性の問題を起こすので，議院審議属性ダミーの許容度を落とす独立変数を除くことにする。まず衆議院審議と先議院審議とは互いに88％重なるため，片方しか独立変数に使えない。各審議活動ごとに，表2-2-1上段の発動率について，表2-2-3で示した3つの優越仮説それぞれが成立する議院審議の対（不等号）の数を，表2-2-1下段に示した。そこで審議活動ごとに，該当数の多い仮説にあわせて，先議院ダ

表2-2-5　両院審議の活動水準の回帰分析

	ロジスティック回帰分析					
	趣旨説明	総理答弁	附帯決議	討論	実質修正	廃案
先議院ダミー	−0.084	0.284**			1.658**	
	(0.091)	(0.102)			(0.113)	
吊し†	0.026**	0.005	0.010*	0.013*	0.009**	
	(0.007)	(0.003)	(0.004)	(0.006)	(0.002)	
委員会審査†	0.002	0.005**	0.003**	0.003*	0.008**	
	(0.001)	(0.001)	(0.001)	(0.001)	(0.001)	
衆議院ダミー			0.122**	−0.478**		0.549**
			(0.042)	(0.104)		(0.101)
与党委員長ダミー	0.358**	0.474**	0.348**	−0.099	−0.805**	0.005
	(0.125)	(0.165)	(0.061)	(0.139)	(0.104)	(0.119)
衆議院先議ダミー	1.462**	0.763*	0.322**	−0.044	0.594**	1.398**
	(0.536)	(0.359)	(0.099)	(0.160)	(0.173)	(0.212)
重要度	1.194**	0.951**	0.656**	0.245**	0.543**	−0.392**
	(0.080)	(0.100)	(0.051)	(0.084)	(0.065)	(0.102)
反対政党度数	0.643**	0.490**	−0.137**	0.927**	0.045	
	(0.035)	(0.042)	(0.024)	(0.041)	(0.034)	
予算関係ダミー	0.412**	0.243	0.060	−0.171	−0.384**	−0.873**
	(0.126)	(0.149)	(0.065)	(0.113)	(0.098)	(0.102)
定数	−7.497**	−7.042**	−2.014**	−2.543**	−4.551**	−3.466**
	(0.555)	(0.393)	(0.120)	(0.211)	(0.201)	(0.260)
観測数	7853	7853	3673	7853	7832	8330
対数擬似尤度	−1714.6	−1260.4	−1524.6	−5030.0	−1932.5	−1754.4
擬似決定係数	0.337	0.210	0.263	0.047	0.143	0.044

** $p < 0.01$　* $p < 0.05$　　括弧内は頑健標準誤差　　† 日程間値は150をかけた値　　†† 決定係数

ミーか衆議院ダミーを独立変数として用いた[19]。唯一の例外は討論で，先議院優越仮説の方がより多く当てはまるものの，回帰分析で先議院ダミーは有意でないので，ここでは衆議院ダミーを入れた結果を報告した。全般的には蓋然性の高い順に，衆議院先議法案審議優越の仮説，先議院審議優越の仮説，衆議院審議優越の仮説，となる。

また議院受領日程値，有効会派数，与党議席率，みなし否決可能ダミー，予備審査ダミー（委員会で付議されれば1）は，後議院で大きい値をとり，

---

[19]　実は，それぞれを投入した分析結果を比べても，採用した議院審議属性の係数の方がそうでないものよりも大きい。趣旨説明，附帯決議，討論については，採用しなかった方の議院審議属性は有意ですらない。いずれにせよ，他の制御変数の解釈も大きくは変わらない。

重回帰分析	許容度	
審査回数		
0.806**	0.812	
(0.054)		
−0.002	0.923	0.927
(0.002)		
0.014**	0.861	0.874
(0.002)		
		0.787
−0.444**	0.946	0.900
(0.068)		
−0.012	0.846	0.846
(0.089)		
0.413**	0.883	0.884
(0.062)		
0.447**	0.881	0.881
(0.029)		
0.126	0.836	0.836
(0.070)		
2.180**		
(0.115)		
7853	7853	7853
0.178††		

先議院ダミー（衆議院ダミーでも同じ）の許容度を下げるので，投入しない。

従属変数は第1項でも考察した審議活動に加えて，廃案も含む。反対政党度数と吊し・委員会審査の日程間値は委員会で議決されないと欠損値になるので，廃案の回帰分析ではこれらを独立変数から省いた。

以上を用いたロジスティック回帰分析の結果が表2-2-5である（審査回数についてのみ通常の回帰分析[20]）。同一法案は先議院審議と後議院審議とで2回現れることがほとんどなので，観測の独立性の想定を緩和した頑健標準誤差を報告している。係数が正であれば，独立変数により従属変数が1である確率が高まることを，負であれば低まることを意味する。また係数が有意に正である基層的要因を制御しないで分析してみると，対応する議院審議属性ダミーの係数が代わって大きくなる場合[21]，その基層的要因は確かにその議院審議属性の効果をかさ上げしていると言える（表2-2-6の○印。係数等は省略）。逆に審議活動を減らす基層的要因であれば，それを制御しないとかえって議院審議属性の効果が弱まるのであれば，やはり議院審議属性の効果に影響している（表2-2-6の↓印）。それ以外の議院審議属性と

---

[20] なお独立変数の入手可能性により，ここでの分析対象は1954年から1990年までの予算国会に提出された法案でかつ欠損値のないものに限られる。

[21] 正確には，1％水準もしくは5％で有意でなかった議院審議属性ダミーの係数が有意に正になるか，もしくは1％水準で有意だった係数が顕著に大きくなることである。吊し・委員会審査については先議院ダミー，与党委員長については衆議院ダミー，重要度・反対政党度数・予算関係については先議院ダミー・衆議院ダミーのうち表2-2-5で報告した方を入れた回帰分析に基づく。

基層的要因との間では，前款で想定したような因果関係は認められない。そこで以下，議院審議属性ごとに分析結果を考察する。

まず先議院審議に関する基層的要因について言えば，吊しと委員会審査の日程間値は概ね審議を活性化しており（表2-2-5），かついくつかの審議活動では先議院審議を活発にする一因になっている（表2-2-6[22]）。ただ趣旨説明以外の審議活動に関しては，影響する基層的要因を制御してもなお先議院ダミーは有意であるから（表2-2-5），これらに還元し尽せない先議院審議に固有の要因が残っていることになる。

次に衆議院先議法案審議の基層的要因であるが，重要度と反対政党度数はほとんどの審議活動の水準を高めている（重要法案では廃案が少ない）。これに対して予算関係ダミーは（ある意味で当然であるが）実質修正と廃案を有意に減らしている。いずれも2つの審議活動について衆議院先議法

表2-2-6　基層的要因の議院審議属性に対する影響

	趣旨説明	総理答弁	附帯決議	討論	実質修正	廃案	審査回数
先議院関係							
吊し（日程間値）	○	×	×	×	○	—	×
委員会審査（日程間値）	×	×	×	×	○	—	○
衆議院関係							
与党委員長ダミー	×	○	○	×	↓	×	×
有効会派数(後議院データ)	×	×	↓	×	×	×	○
有効会派数(先議院データ)	↓	×	↓	○	○	↓	↓
憲法規定関係(後議院データ)							
みなし否決ダミー	×	×	×	×	×	×	○
衆議院先議関係							
重要度	×	○	×	×	×	×	○
反対政党度数	○	○	×	×	×	—	×
予算関係ダミー	○	○	×	×	×	×	×

○　審議活動を高める方向で，議院審議属性に影響する基層的要因
↓　審議活動を低める方向で，議院審議属性に影響する基層的要因
　　下線がついた○と↓は，予想と逆方向で審議活動に影響する基層的要因
×　議院審議属性に影響しない基層的要因

---

[22] なお趣旨説明では吊しだけが影響しているのは当然である。また討論に関しては全ての基層的要因が議院審議属性に影響しておらず，特殊なようである（共産党のみ討論する場合が多いとも言われるが，確認できていない）。以下の叙述では煩を避けるために言及しない。

案の審議活動を増やすことに寄与している。これら3要因の効果を差し引いてもなお，討論と審査回数の場合を除いて，衆議院先議ダミーが活動水準を高めている。

最後に衆議院審議の基層的要因に関しては，予想通りに与党委員長ダミーが減らしている活動は実質修正と審査回数だけで，逆に増やしている審議活動が3つある。また3つの審議活動に関して，与党委員長は衆議院ダミーの効果に影響している。ここでも，与党委員長を制御してもなお，衆議院審議ダミーにより附帯決議と廃案が増えている（討論は減っている）。

以上から，衆議院先議法案が活発なのは重要で多くの政党が反対することも理由であること，審議期間の不足が後議院を不活発にしている一因であること，にもかかわらず議院審議属性には基層的要因に尽きない固有の（あるいは未解明の）要因が多分にあること，が結論できる。逆に，予算関係法案が多いことは衆議院先議法案審議の優越をむしろ損なうこと，衆議院で与党委員長が多いことは衆議院審議優越と必ずしも関係ないことも，明らかになった。

(3) 後議院の分析

次に，前に先議院ダミーと相関する理由で落とした基層的要因のほとんどは後議院審議に関係するので，その効果を調べるために，対象を後議院審議データに絞って分析する。そのうち与党議席率と有効会派数は，ほぼ正反対の意味を持ち（相関係数は−0.72），双方同時には入れられない。そこで概して係数も大きく許容度も高い有効会派数を用いたモデルを採用した。議院審議属性は衆議院ダミー（すなわち参議院先議ダミーでもある）だけとし，その許容度を低める予算関係ダミーを落とした[23]。

まず有効会派数は，予想通りに審議活動を増やす場合と，逆に減らす場合と，半々であった（表2-2-7）。但し衆議院審議の効果に影響しているのは附帯決議と審査回数しかない（表2-2-6）。故に，後議院で衆議院審議が不活発な理由に，有効会派数が少ないことはあまり関係していない。

---

(23) 分析対象は第118回特別国会（1990年）までの全回次に提出された法案。但し欠損値がある法案は除かれている。

表2-2-7　後議院審議の活動水準の回帰分析

	ロジスティック回帰分析					
	趣旨説明	総理答弁	附帯決議	討論	実質修正	廃案
(後議院関係)						
吊し†	0.058**	0.048**	0.014	0.002	0.003	
	(0.014)	(0.012)	(0.010)	(0.020)	(0.021)	
委員会審査†	0.001	0.008**	0.003	0.003	0.012**	
	(0.002)	(0.002)	(0.001)	(0.002)	(0.002)	
議院受領 †	0.001	−0.002	0.002**	0.003**	0.004**	0.007**
	(0.001)	(0.001)	(0.001)	(0.001)	(0.001)	(0.001)
予備審査ダミー	−0.250	0.375**	−1.191**	0.936**	0.471**	−0.217
	(0.131)	(0.144)	(0.068)	(0.142)	(0.175)	(0.134)
先議院審査回数						
(衆議院関係)						
衆議院ダミー	−2.397**	−2.345**	−0.896**	−0.755*	0.559	−0.566*
	(0.525)	(0.526)	(0.112)	(0.333)	(0.356)	(0.220)
与党委員長ダミー	0.448**	0.541**	0.382**	0.010	−0.549**	−0.093
	(0.138)	(0.157)	(0.072)	(0.142)	(0.153)	(0.133)
有効会派数	−0.923**	−0.583**	−0.820**	0.271	0.765**	0.014
	(0.112)	(0.108)	(0.055)	(0.337)	(0.086)	(0.077)
(衆院先議関係)						
重要度	1.221**	1.035**	0.446**	0.423**	0.784**	−0.481**
	(0.085)	(0.093)	(0.048)	(0.093)	(0.094)	(0.100)
反対政党度数	0.695**	0.322**	−0.114**	0.659**	0.282**	
	(0.039)	(0.042)	(0.025)	(0.044)	(0.049)	
(憲法規定)						
みなし否決可能	−0.069	−0.543**	−0.008	0.306	0.581**	−2.149**
ダミー	(0.137)	(0.167)	(0.080)	(0.135)	(0.159)	(0.289)
定数	−3.581**	−3.928**	1.020**	−4.377**	−8.565**	−2.710**
	(0.401)	(0.434)	(0.212)	(0.946)	(0.422)	(0.342)
法案数	5955	5955	5955	2022	5902	6265
対数擬似尤度	−982.2	−867.1	−2947.2	−882.8	−800.6	−1056.4
擬似決定係数	0.375	0.218	0.167	0.213	0.205	0.091

** $p < 0.01$　* $p < 0.05$　† 日程値, 日程間値は150をかけた値　†† 調整済み決定係数
括弧内は標準誤差　太字斜体は新たに入れた基層的要因.

　ちなみに先議院審議データのみを対象として同様の分析をしてみると（みなし否決ダミーと予備審査ダミーは，先議院審議では定数になるので落とす。結果は省略），有効会派数は仮説と逆にむしろ審議を減らすものが多く，かつ衆議院ダミーの効果に影響していることがほとんどである。従って，先議院で衆議院が活発な理由に，有効会派数が少ないことが挙げられると言える。

重回帰分析		許容度	
審査回数	本審査回数		
0.015	0.018**	0.960	0.959
(0.009)	(0.007)		
0.027**	0.025**	0.939	0.926
(0.001)	(0.001)		
0.003**	−0.001	0.759	0.748
(0.001)	(0.001)		
1.520**	−0.481**	0.865	0.819
(0.057)	(0.045)		
	0.260**		0.830
	(0.007)		
0.348**	0.131	0.775	0.773
(0.092)	(0.070)		
0.096	−0.056	0.887	0.884
(0.058)	(0.044)		
0.158**	−0.102**	0.765	0.765
(0.033)	(0.025)		
0.683**	0.335**	0.826	0.809
(0.042)	(0.032)		
0.316**	0.161**	0.890	0.849
(0.021)	(0.016)		
0.379**	0.330**	0.721	0.720
(0.067)	(0.051)		
−0.255	0.854**		
(0.161)	(0.122)		
5955	5955	5955	5955
0.244††	0.367††		

再び後議院審議のデータに戻って，次に憲法の影響力としてみなし否決可能ダミーを検討する。予想通りに減らしている審議活動は総理答弁と廃案だけで，討論，実質修正，審査回数は逆に増やしている（委員会審査日程間値が制御されているので，これは早くに受領して審議期間が長いからではない。幾分相関する議院受領日程値を外しても同じ）。また唯一の議院審議属性である衆議院ダミーの効果に影響があるのは，審査回数の場合しかない。従って後参議院審議が不活発な根拠を憲法第59条第4項に求めるのは無理がある。

なお衆議院ダミーは，多くの審議活動に関して後議院審議では有意に活動水準を減らし，先議院分析では逆に有意に増やしている。双方を統一的に解釈するには，むしろどちらも衆議院先議ダミーが有意に正なのだと捉えて，それに固有の要因が残されていると考えた方がよい（実際，重要度や反対政党度数を落とすと衆議院先議ダミーは影響を受けることが多い）。

また，後議院審議を不活発にすると想定された議院受領日程値は，逆に，先議院が後議院に法案を送付するのが遅いほど，審議活動を活発にしている（これは吊しや委員会審査もしくは幾分相関するみなし否決可能ダミーのいずれかを外しても変わらない）。

最後に予備審査ダミーであるが，大体は仮説通りに審議を活発にしてい

る（本会議でなされる趣旨説明が，委員会における予備審査に影響されないのは，首肯できる）。但し，従属変数を本付託後の本審査回数とし，かつ法案自体が抱える問題点の量を制御するため先議院審査回数を独立変数に加えてみると，予備審査ダミーの係数は有意に負となるから，予備審査は本来後議院でなされるべき審査を先取りするのみで，本審査回数を上乗せする効果は特にない(24)。

以上から，先議院で衆議院審議が盛んである理由の1つに有効会派数が少ないこと（あるいは与党議席率が高いこと）があり，また先議院から後議院へ送付するのが遅いことそれ自体は後議院における審議を高めていること，予備審査があることも審議を充実させることに貢献していること，他方でみなし否決が後参議院審議を抑制しているのではないこと，が結論できる。

おわりに

本章冒頭にも述べたように，二院制擁護論は，両院は議員構成が違い，それ故に法案審議も異なる，ということを前提としていた。本章は，それが必ずしも事実ではないことを示した。

まず第1節では，議員構成という政治過程の面で，参議院議員が衆議院議員よりもシニアであるか，つまり経験に富むかを検討した。すると，確かに年齢と個別議員の在職年数ではその通りであるが，学歴と議院全体の在職年数ではそうではなく，知的専門職は職種によるという結論が得られた。憲法や選挙法は参議院議員をシニアにする制度をいくつか用意していたものの，設計時の意図通りに機能したのは6年の固定任期が議員個人の在職年数を伸ばした点だけで，全国区・比例区や被選挙権の高めの下限年齢などは，全く効果がなかった。

むしろ影響力が大きかったのは，制度よりもその政治的運用であった。参議院議員としてのシニオリティを評価しない自民党政権の人事慣行は，

(24) なお議院受領日程値は提出議院ごとの平均値に有意な差がなく，予備審査の有無も提出議院とは独立であるから，衆議院ダミーへの影響力を表2－2－6のようには検証できない。またデータが後議院審議に限られているから，先議院審議ダミーへの影響もわからない。

一方で初当選年齢をシニアにしながら，他方で固定任期を更新する余裕をなくすことで議院全体としての在職年数をジュニアにするという矛盾を孕んでいた。また参議院の独自性を象徴した緑風会に代表される独自会派や無所属の多さは，参議院の「政党化」に対する防波堤ではあったが，皮肉にも在職年数を減らし初当選年齢を若くするなど，参議院をかえってジュニアにした。

　続く第2節では，法案審議という政治過程を衆参で比較した。まず両院の審議活動（選択的議事手続や実質修正の有無，審査回数）はかなり高い程度で一致することが判明した。これに対して，近年の二院制批判論の中には，参議院の独自審議を指摘するものがある。すなわち，1989年にねじれ国会が生まれてから，特に1994年の政治改革法案や2005年の郵政改革法案が参議院で否決されたこと，1998年の金融安定化法案が参議院否決を見越して野党案に「丸呑み」されたことなどを契機として，（重要）法案成立のキャスティング・ヴォートを握るような「強すぎる参議院」や，内閣の存続が衆議院だけでなく参議院にも依存する「両院内閣制」が批判された（浅野他，2000，13頁；増田，1995，157-60頁；大山，2003a，236頁，2003b，156-9頁；竹中，2006，第6章）。しかし本節での分析から明らかなように，これらの事例は例外であって，いずれも木を見て森を見ない議論である[1]。

　さらに衆参で違いが見られる場合であっても，議院の審議活動の水準は，二院制擁護論の期待とは裏腹に，概して衆議院の方が参議院より，先議院の方が後議院より，衆議院先議法案の方が参議院先議法案より，高い傾向にある。このような政治過程が生じている原因として2つの議論がある。

（1）　もっと言えば，参議院の議決がなければ法律が成立しないのは憲法に埋め込まれた制度であり，重要法案が通らなければ政権が行き詰まるのも古今東西よくある話である。特に1956年に自由民主党が参議院で過半数を得るまで，与党は参議院で常に少数派であり（図2-2-2），与党の反対を押し切って参議院が可決した法案も33件あったほどである（うち19件は衆議院も同意。待鳥・福元，2004）。つまりねじれ国会は1989年以後初めて生じたのではなく，1956年以前にもあったし，ねじれ国会になるかどうかはひとえに選挙結果の問題であって，議会制度の問題ではない。この点，筆者のデータを用いた竹中（2005a）も参照。

1つの議論は，制度，とりわけ憲法におけるいわゆる衆議院優越規定に，根拠を求める。もう1つの議論は，これを運用面の問題として捉え，議事慣行を変更する参議院改革を唱える。しかしこれまでの分析に従えば，両者とも誤っている。

　憲法の衆議院優越規定については，まず予算の衆議院先議と衆議院議決の優越が挙げられるが（第60条），予算関係法案であることが衆議院先議法案審議の活動水準が高いことの理由でないことを第2節で示したから，何故予算の規定が法案審議に影響するのか，その因果関係が不明である。また，首班指名（第67条第2項），内閣不信任決議（第69条），解散など，参議院ではなく衆議院こそが内閣と緊張関係に立つ議院内閣制が，衆議院優越をもたらすことも考えられよう。しかし衆議院に与党委員長が多いことはこうしたメカニズムの一環をなしていないことが示された。もっとも，与党議席率が高いことが衆議院審議効果の一部を構成していたと言えなくもないが，衆議院の方が修正や廃案が多いこととあわせて，何故野党ではなく与党がわざわざ審議を活性化し変換能力を高めるのかは，反直感的で，それ自体説明を要することである。その他，みなし否決条項に効果がないことは先述した通りであるし，条約の衆議院議決の優越（第61条）が法案審議に影響するというのも（条約関係法案を除けば）見込み薄である。いずれにしても，安易に憲法に根拠を求めることはできないのである。

　衆参の権限の違いを定めたその他の制度としては国会法があり，会期の決定（第13条），法案や修正・懲罰の動議の提出に必要な議員の数（第56，57，57の2，121条），両院関係（第10章）が異なる[2]。また衆参では議院規則も多少差がある。米国のように両院で同時に審議を進める並行審議方式ではなく，両院間で必ず先後をつける逐次審議方式であることにも原因があるかもしれない（実は予備審査制度は，実質的に並行審議方式を可能にするものとして導入された（川人，2005，48頁））。米国では，議員総数が多い下院が，専門化しやすいこと，キャスティング・ヴォートを握

（2）　両院協議会と衆議院再議決については，待鳥・福元（2004）を参照。また七高（1987，143-9頁）は衆・参両院の用語等の差異を紹介しているが，ためにする違いとしか思われず，滑稽ですらある。

る機会が多いこと，1人当たりの選挙民が少なく接触が濃密なこと（これは高い再選率・当選回数を生む）などを理由として，上院よりも政治力が強いと論じる数理分析もある（Brams, 1989; Rogers, 1998）。本章ではこれらの制度の効果を検討していないが，いずれにしても二院制擁護論の期待が実現していないことには変わりがない。

　衆議院優越に対するもう1つの議論は，参議院改革論である。参議院がその改革案を体系的に示したのは，1971年の河野謙三議長が初めてだが，その背景には，まさにその時期に，「参議院先議案件」の割合が低下し，先衆議院から後参議院へ送付する時期が遅れて「審議期間の確保」が困難になり，「予備審査制度の活用」が廃れ，予備吊し・本吊しが本格化したという事情があった（図2-3-1）。つまりこれらの提言は，新たなルールの確立ではなく，従来のルールへの復帰を求めていたのである。

　しかし「参議院先議案件の増加」「審議期間の確保」「予備審査制度の活用」は，必ずしも対策として有効ではないことも明らかになった。まず，ただ単に「参議院先議案件の増加」を図るだけでは，先院審議としてのプラス効果が参議院先議法案としてのマイナス効果によって幾分殺がれてしまうため，参議院審議を活発にする対策として不十分である。そもそも

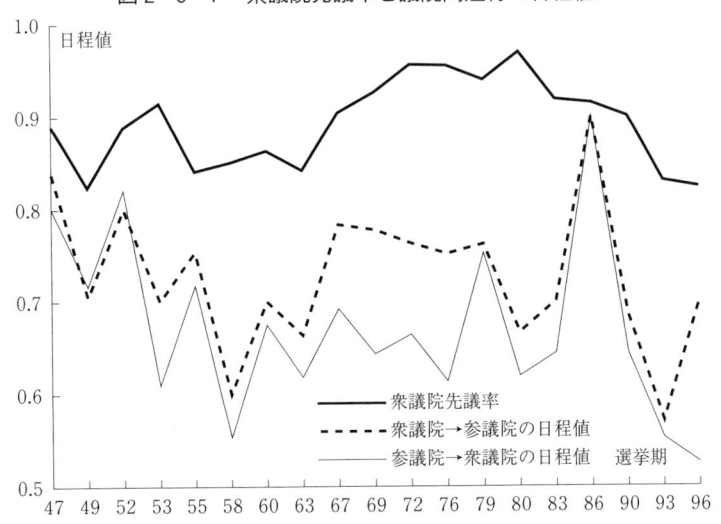

図2-3-1　衆議院先議率と議院間送付の日程値

衆議院先議法案の方が盛んに審議される一因は，重要で多くの政党が反対する論争的な法案の多くが衆議院に提出されることにあるので，こうした法案を参議院先議にすることも必要である(3)。また「審議期間の確保」については，後議院審議が不十分な理由の1つは実際にかけた審議期間が短いことにある。この点を改善せずに，ただ先議院が後議院に法案を送付するのを早めるだけでは，実はかえって逆効果である。これらに対して「予備審査制度の活用」は，後議院審議の活性化に幾分寄与する。

そもそも二院制を支える論理は，本章冒頭で素描したところからも明らかなように，(歴史的には)非民主的な上院を民主的な下院よりも優位に置く発想に立っている (Longley and Olson, 1991, pp. 6-8)。しかし上院を第二院と呼ぶことが端的に示しているように，民主化後，多くの国で下院が政治的に上院よりも優越するようになった。その結果，非民主的であるが故に優越的地位にあった上院は，非民主的なままであれば民主制の下では正統性で劣り，民主的な姿に変わっても（政党の発達により）現実に下院と異なる議員構成にするのが難しく，法案審議も差別化しにくくなっている。戦後日本でも貴族院から参議院に看板を掛け替える時点で既に，「国民代表及び平等選挙並びに自由選挙の原則と参議院の独立性確保の方針を堅持しつつその範囲内において参議院の構成を衆議院とはできうる限り異質的なものたらしめる」ことが目指されたが，「国民が直接選挙するということと，練達堪能の士を出すということはなかなか両立しない」と考えられ，「憲法草案第三九条の原則〔公選を定めた現第43条〕のもとで参議院の構成を衆議院と異らせるのは非常な困難がある」と懸念された（佐久間，1960, 11, 169頁；佐藤, 1957, 18頁(4)）。

以上の通り本章では，衆議院と参議院の間で議員構成に違いがないこと，それ故法案審議に違いはほとんどなく，あってもむしろ衆議院優位であること，これらは憲法の衆議院優越規定によるのではないし，参議院改革の処方箋によっても解決できないこと，を論じた。実のところ両院の議員構

（3） 但し，提出議院をどちらにするかは，内閣官房と衆議院議運理事会が決めている（『議会政治研究』1号，16頁）ので困難であろう。
（4） この点につき，衆議院事務局職員の向大野 (2002, 第2章) も参照。

成は，他国との比較で言っても違いがない部類に入る（Lijphart, 1999, p. 212; Tsebelis and Money, 1997, p. 50）。そうであれば，たとえ権限のありようが違っても，法案審議が似通ったものになるのもまた，半ば必然であると言えよう。つまり，たとえ権力の分割があっても目的の分割がなければ，両院が異なる政策決定を下す蓋然性は低いのである（Haggard and McCubbins, 2001; Longley and Olson, 1991, p. 4）。但し，二院制の問題は，衆議院と対比された参議院の問題として定式化されるべきとは限らず，先議院と後議院の問題，あるいは提出議院を衆参いずれにするかという問題でもある，ということには注意を促しておきたい(5)。いずれにしても二院制という制度は，その企図する政治過程をもたらしていないという意味で，無意味な存在でしかない，というのが本章の結論である(6)。

補論　生存分析入門

　生存分析については，政治学に限っても，既に多くの解説が出ている（伊藤，2002；増山，2002, 2003；Box-Steffensmeier and Jones, 2004）。これらと比べてこの補論では，なるべく難易度を下げ，内容も本章第1節第3項（以下「本論」）の生存分析や用語を理解するのに必要なことに絞り，離散時間モデルから連続時間モデルへと通常とは順番を逆にして，生存分析の初歩的な説明を心がけたい。離散時間モデルを先にしたのは，ロジスティック回帰分析の知識があれば十分に理解可能である一方，連続時間モデルはどうしても幾分背伸びが必要であるためと，離散時間モデルの極限として連続時間モデルを考える方が，その逆よりも両モデルを統一的に理解しやすいと考えるからである(1)。また統計ソフトで実行するにはどのよう

（5）　もっとも，二院制の問題が第二院の問題になるのは，日本に限ったことではない。例えば，最も早い第二院改革論の1つとして，Conference on the Reform of the Second Chamber（1918），最近の第二院論として，Baldwin and Shell（2001）。

（6）　実際に二院制から一院制に移行した議会を論じたものとして，Longley and Olson（1991）。

（1）　この点がこの補論の大きな特徴でもある。係数を変えないで，連続時間

にすればよいのかも併せて示すことで，読者の便宜を図りたい。小論を通じて，政治現象のデータを統計分析する際に適用するモデルを精査するのは，些細に見える統計上の問題を解消するためではなく，政治現象をより深く理解し直すためなのだ，という政治学方法論（political methodology）の基本的かつ最重要なメッセージを少しでも伝えたい。

なお数式で通常アルファベットで表記する変数や関数は，意味がすぐわかるように原則として漢字で書き，区別のため**太字**とした。また統計ソフトのコマンド以外に現れるデータのアルファベット変数名には，variableのように下線を引いて通常の英単語やコマンドと異なることを明示している。なおこの変数名は例であるから（コマンドと違い）変更して差し支えない。

1 離散時間モデル

（1） 基本

本論の課題は，議員の在職年数を決める要因を探ることである。在職年数が長いというのは，裏を返せばなかなか議員が落選・引退・死去などにより国会から「退場」しないということである（退場は本書の用語である）。従ってこの課題は，議員が退場しない要因を明らかにすることに等しい。そこである議員がある年に退場するか否かを分析するのが，離散時間モデルである（一般的にはここでの年を離散時間，退場を事件あるいは終結（failure），初当選から退場までの期間を存続（duration）という。なぜこれを離散時間モデルと呼ぶかは後述する(2)）。データの構成は例えば表2－4－1のようになっている。観測単位はある年 year のある議員 name であ

モデルから離散時間モデルを導いているものとして，Alt, King, and Signorino (2001), Beck, Katz and Tucker (1998) があり，拙論も大きな示唆を得た。

（2） ここでは年を離散時間としたが，月でも構わないし，議員の任期のように長さが異なる単位でも構わない。例えば初入閣にかかる時間の単位としては当選回数が最もふさわしいから，これを生存分析したい場合，初入閣を事件に，任期を離散時間にすることになる。このように何を離散時間とするかは，何を分析したいかによって変わってくる。

表 2-4-1　離散時間モデルのデータ形式

議員 name	暦年 year	事件 event	通算 時間 when	入場 回数 entry	事件間 時間 intereve	説明 変数 explain	2年目 ダミー when2	3年目 ダミー when3	4年目 ダミー when4	5年目 ダミー when5	6年目 ダミー when6	7年目 ダミー when7
甲	1958	0	1	1	1	3	0	0	0	0	0	0
甲	1959	0	2	1	2	1	1	0	0	0	0	0
甲	1960	0	3	1	3	4	0	1	0	0	0	0
甲	1961	0	4	1	4	2	0	0	1	0	0	0
甲	1962	0	5	1	5	6	0	0	0	1	0	0
甲	1963	1	6	1	6	3	0	0	0	0	1	0
乙	1963	0	1	1	1	2	0	0	0	0	0	0
乙	1964	0	2	1	2	4	1	0	0	0	0	0
乙	1965	1	3	1	3	1	0	1	0	0	0	0
丙	1969	0	1	1	1	3	0	0	0	0	0	0
丙	1970	0	2	1	2	1	1	0	0	0	0	0
丙	1971	0	3	1	3	4	0	1	0	0	0	0
丙	1972	1	4	1	4	2	0	0	1	0	0	0
丁	1960	0	1	1	1	3	0	0	0	0	0	0
丁	1961	0	2	1	2	1	1	0	0	0	0	0
丁	1962	0	3	1	3	4	0	1	0	0	0	0
丁	1963	1	4	1	4	2	0	0	1	0	0	0
丁	1967	0	5	2	1	5	0	0	0	1	0	0
丁	1968	0	6	2	2	1	0	0	0	0	1	0
丁	1969	1	7	2	3	2	0	0	0	0	0	1

る。従属変数の事件 event は，退場がある年なら 1，なければ 0 となる。

　従属変数が 0 か 1 の 2 つの値しか取らないので，通常の回帰分析ではなくロジスティック回帰分析を用いる。ロジスティック回帰分析とは，従属変数が 1 になるリスク[3]を，いくつかの説明変数 explain と係数のかけ算を足したもので説明するものである。これを以下，基本モデルと呼んでおこう。例えば説明変数が 3 個あるとすれば，次のようになる。

　　リスク＝定数＋（係数 1 ×説明変数 1 ）＋（係数 2 ×説明変数 2 ）
　　　　　＋（係数 3 ×説明変数 3 ）
　　　　＝基本モデル

（3）　本論とこの補論では，正確には，従属変数が 1 になる確率（f）の対数オッズ（$\log(f \div (1-f))$）を指す用語として使っているが，一般的には特にこうした意味で使われている訳ではない。

ではわざわざ生存分析と言う時に何が普通のロジスティック回帰分析と異なるかと言えば，独立変数に生存時間 when を何らかの形で入れているところが特徴である。ここで生存時間（表2-4-1では通算時間となっているが，後で説明する）とは，（最終的な在職年数ではなく）その時点までの議員経歴年数である。例えば，議員経歴を重ねるほど地盤が安定するので，退場リスクが比例して減ると考えるならば，生存時間をそのまま独立変数として入れることになる。

リスク＝基本モデル＋（係数×生存時間）

この1次式モデルでは，係数はマイナスになることが予想される。これを生存分析と呼んでいるのは，（人間としての生物的生命ではなく）政治家としての政治的生命がどれほど長く存続するかということが分析の対象になっているからである。

政治学で関心があるのは係数であり，特にそれが統計的に有意に正か負かが理論的には重要なことが多い。係数の値は，データから統計ソフトが計算する。実際に統計ソフトへ出す指示はロジスティック回帰分析そのものであり，それほど難しい操作は必要ない。SPSSという統計ソフトではシンタックス・エディタで

```
LOGISTIC REGRESSION VAR = event
   /METHOD = ENTER when explain .
```

STATA なら do ファイルで

```
logit event when explain
```

R のプロンプトでは

```
glm(event ~ when + explain, family=binomial)
```

というコマンドをそれぞれ与えればよい。本論で用いている統計ソフトはSTATA だが，SPSS ユーザーの方が多いと思われるので，本項ではSPSSのシンタックスを表記する。STATA で実行するには上記のように読み替えればよい。

なお表2-4-1から明らかなように，同じ議員が何回もデータに現れているので，それらの観測における誤差は，独立変数で捉えられない同じ個人的要素を共有し，もはや独立とは言えない。これは（ロジスティック）回帰分析の想定を満たさないので，本論ではSTATAで次のようなコマンド

を使って，この想定を緩和した頑健標準誤差を報告している。

    logit event when explain , cluster(name)

（2） リスクの時間依存

　このようにリスクが生存時間によって変わることを，リスクの時間依存と言っている。また時間以外の説明変数を全て0に設定した場合の各時点のリスクをベースライン・リスクと呼ぶことにしよう。上記1次式モデルでは**基本モデルの部分を定数**に置き換えたものである。

　　ベースライン＝定数＋（係数×生存時間）

これをグラフ化すると図2-4-1のような右下りの直線になる。

　生存時間を独立変数に入れなかった基本モデルは，リスクが時間にかかわらず一定だから，時間独立ということになる。例えば交通事故死のリスクは時間独立だろう。図2-4-1では水平線である。

　リスクの時間依存は，1次式に限らない。新人議員は落選という理由で，またヴェテランは引退という理由で，それぞれ退場しやすいが，中堅は続けやすい，と予想するならば，生存時間の2次式を独立変数とすることになる。

　　ベースライン＝定数＋（係数×生存時間）＋（係数×生存時間^2）

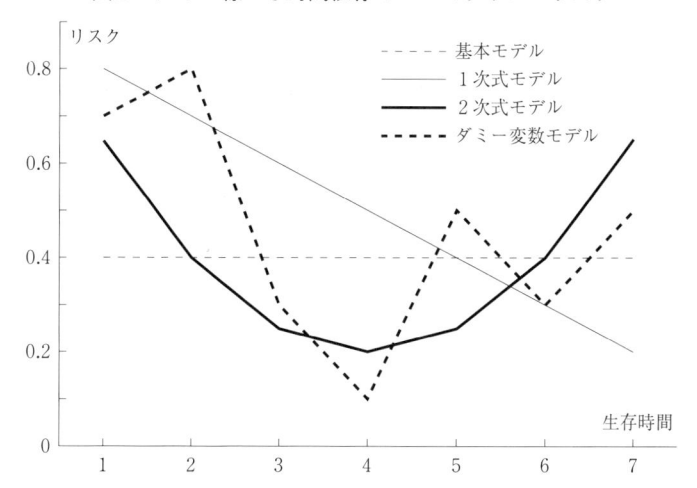

　　　　図2-4-1　様々な時間依存のベースライン・リスク

この2次式モデルは図2-4-1ではU字曲線で表される。統計ソフトでは，変数 when の二乗値を whensq として，先のコマンドにある when を when と whensq に置き換えればよいだけである。例えば SPSS のシンタックスでは次のようにすればよい。

  COMPUTE whensq=when**2 .
  LOGISTIC REGRESSION VAR=event
   /METHOD=ENTER when whensq explain .

 リスクの時間依存がこうした数式では表せないほど複雑な場合もある。本論ではそのように考え，議員経歴年数ごとのダミー変数を入れた。例えば2年目ダミー when2 は，そのデータ（行）が議員の2年目の観測であれば1，それ以外は0，といった具合である。仮に7年目ダミー when7 まであるとしたら，多重共線性を避けるため1つを除き全てのダミーを入れる。例えば1年目ダミー when1 を抜くとすると，

  ベースライン＝定数＋（係数2×2年目ダミー）
    ＋（係数3×3年目ダミー）＋…＋（係数7×7年目ダミー）

このダミー変数モデルのベースライン・リスクは，1年目は全てのダミーが0だから定数に等しく，2年目は定数に2年目ダミー when2 の係数2を足せばよい。大概は図2-4-1のようにジグザグになる。図2-1-1も同様にして描かれている。SPSS の例を示しておこう（when3 の作成など，似たシンタックスの繰り返しは省略。以下同じ）。

  RECODE when (2 = 1)(else = 0) into when2 .
  LOGISTIC REGRESSION VAR = event
   /METHOD=ENTER when2 when3 when4 when5 when6 when7
    explain .

（3） 比例ハザード・モデル

 これまで説明してきたモデルは全て，比例ハザード・モデルと呼ばれる。例えば先の1次式モデルを指数化すると次のようになる（指数( )は指数関数）。

  指数（リスク）＝指数（定数）×指数（係数×生存時間）
    ×指数（係数×説明変数）

　　　　　　　＝指数(ベースライン)×指数(係数×説明変数)

ここで説明変数が1の場合の指数化リスクは

　　指数(リスク)＝指数(ベースライン)×指数(係数)

他方で説明変数が0の場合の指数化リスクは

　　指数(リスク)＝指数(ベースライン)

従って生存時間の値にかかわらず，常に前者は後者の**指数（係数）**倍になっている。リスクの指数を危険率（hazard）と呼ぶので，このような性質を持つモデルを比例ハザード・モデルと総称している[(4)]。つまり，説明変数の効果（係数）は生存時間のどの時点でも一定ということである。仮に説明変数の値が生存時間のどの時点でも同じ時間独立変数だとすると，図2-4-2で示したように，ベースライン・リスクを説明変数の効果の分だけ上下に平行移動したものがリスクを表す。

　裏を返せば，説明変数の効果が生存時間によって変わる場合は，比例ハザード・モデルではない。本書では用いていないが，その1つの例は，説明変数と生存時間の交差項interactを入れた交差項モデルである。図2-4

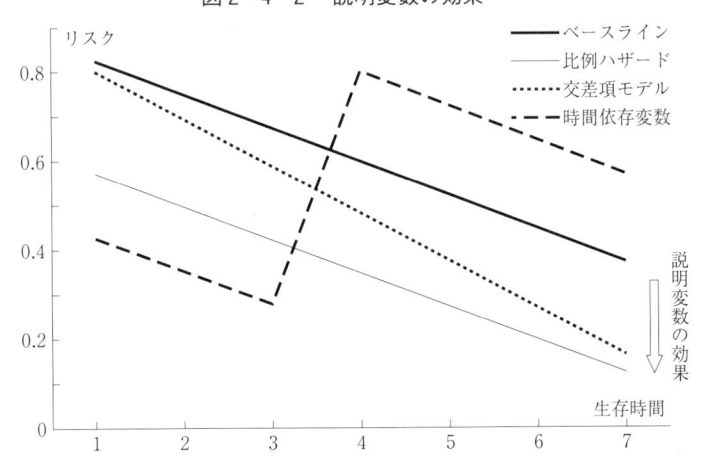

図2-4-2　説明変数の効果

---

(4)　後述するように，これは連続時間モデルで言う危険率とは厳密には同じではない。

-2では，ベースライン・リスクからの乖離が生存時間によって異なり，そのため傾きが異なる直線になっている。

　　　リスク＝定数＋（係数×生存時間）＋（係数×説明変数）
　　　　　　＋（係数×説明変数×生存時間）

SPSSのシンタックスは次の通り。

　　　COMPUTE interact ＝ when * explain .
　　　LOGISTIC REGRESSION VAR ＝ event
　　　　/METHOD ＝ ENTER when explain interact .

（4）　時間依存変数

　説明変数の値は，生存時間ごとに異なるのが通常であろう。これを時間依存変数（time dependent variable）と呼んでいる。例えば前回選挙の得票比はその例である。逆に変わらないものは時間独立変数である。例えば前歴，学歴，性別などが該当する。離散時間モデルでは，どちらであっても特別な対応は不要である。図2-4-2では，比例ハザード・モデルで生存時間3年目までと4年目からで説明変数の値が異なる場合のリスクを描いてある。

（5）　左側切断

　観察期間よりも前に事件が起きる可能性があったが，結局起きなかった，ということがある。例えば表2-4-1で，資料が手に入らないなどの理由で，データ収集が1961年からしか始められなかったとしよう。議員の在職期間を暦年上で表したのが図2-4-3，生存時間上の観察された在職期間を表したのが図2-4-4である。これらで甲議員や丁議員は，左から右に流れる時間軸を想定すると，観察開始時点から左側を切り取られているので左側切断（left truncation）という（本論では事件が起きる可能性があった期間のうち観察が開始した時点を「入場」と呼んでいる）。すると本来は存在した甲議員の3年目（1960年）までのデータと丁議員の1年目のデータ（網掛け部分）は分析対象から漏れる。しかし実際には甲と丁はこの期間も議員であったから，退場する可能性があった。従って，たとえデータは4年目（1961年）からしか入手できなくても，それ以前のことも考慮に

図2-4-3 暦年上の議員経歴

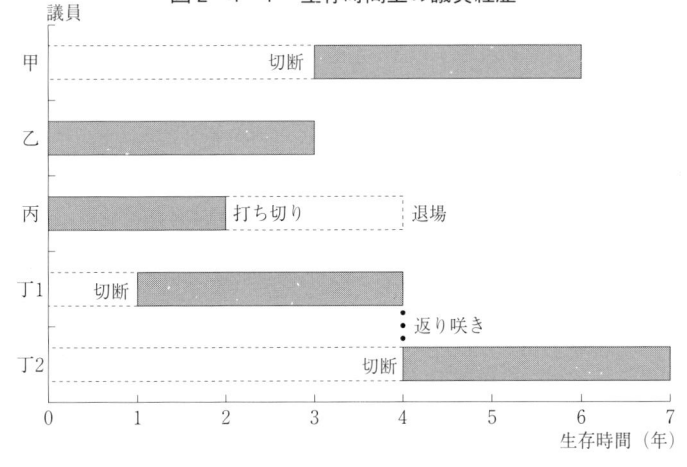

図2-4-4 生存時間上の議員経歴

入れる必要がある。

　ところが離散時間モデルでは，この点も特別な対応は不要である。というのも，従属変数が条件付リスクなので，上述した事情は既に織り込み済みだからである。例えば，甲の4年目のデータが存在しているのは，そもそも3年目まで（政治的に）生存したことを前提条件としている。従って，生存分析で従属変数としている，甲が4年目に退場するリスクは，甲が3

年目までを全うしたことを条件とする，条件付リスクなのである。

　これは，1年目が始まる段階で予想する，4年目に退場する無条件リスクとは異なる。この違いは，次項で繰り返し出てくる重要なものである。例えば表2-4-1では，甲乙丙丁4人の議員のうち，4年目に退場したのは丙と丁だから，無条件確率は2÷4＝0.5である。しかし乙議員は3年目に退場したから，4年目に退場するリスクを抱えている議員はそもそも甲丙丁の3人しかいない。従って条件付確率は2÷3＝0.66である。ここで，甲乙丙丁の3年目までのいずれの観測が切断されても，4年目さえ観測されていれば，計算に影響しないことがわかる。また，4年目に退場する可能性のない議員（乙）まで勘案する無条件確率に関心を持つ人は，ほとんどいないだろう。だから，生存分析では条件付確率をモデル化しているのである。

　SPSSのシンタックスに変更点はない。むしろデータを構築する際の注意点である。

（6）右側打ち切り

　事件が起きる前に観察が終わってしまい，潜在的には観察期間よりも後に事件があるはずの状態を，右側打ち切り（right censoring）という（図2-4-3や図2-4-4で，観察終了時点から右側を打ち切るから）。例えば表2-4-1で，1970年末に研究者が分析をするとしよう。となると，丙議員の1971年以降のデータは得られない（四角枠で囲んだ部分）。しかし実際のところ丙は1971年以降も退場する可能性があり，現に1972年に退場している。

　ところが離散時間モデルでは，この点も特別な対応は不要である。というのも，打ち切り後の情報は，一部反映されているからである。例えば，2年目に突入したという条件のもとで，年内に退場する条件付確率が30%であるとすれば，逆に生存する条件付確率は70%ということになる。但し政治家とて不死身ではないから，未来永劫議会人ということはなく，いつかは引退するなり，選挙で落ちるなり，生物的に死ぬなりして退場する。従って，2年目で生存する条件付確率とは，3年目以降のいずれかの時点で退場する条件付確率に等しい。

切断と打ち切りの考え方は似て異なる。違いは，切断はその期間のどこでも事件が起きなかったことがわかっているのに対して，打ち切りはその期間のどこかで事件が起きることがわかっている点にある。共通点としては，切断や打ち切りがあればその分観測数が減り，情報が少なくなるので，有意な結果が出にくくなる（標準誤差が大きくなる）ことが挙げられる。一般的に言ってもデータは多いほどよい。切断や打ち切りをせざるを得なくても対処はできるが，しなくても済むのなら（例えばデータが入手可能なら），もちろんしない方がよい[5]。

先ほどと同様，SPSSのシンタックスに変更点はなく，データの作り方の問題である。

（7） 反復終結

通常の生存分析では，事件が起きるとその個体はその後データに現れない。議員が死去した場合がこれにあたる。ところが本論でも述べたように，落選した場合は返り咲きがありうる。例えば表2-4-1の丁議員の如くである。このように事件（終結）が複数回ありうることを反復終結（repeated failure）という。入場回数 entry は，何回目の退場の可能性があるかを示す。ここで2つ考慮するべき点がある。

まず生存時間として，通算時間と事件間時間のいずれを使うかである。丁の例では，4年目の時に落選して，その後捲土重来を果たした時，過去のキャリアを評価して5年目から再開するのか（通算時間 elapsed time，変数は when），初当選扱いに戻って1年目から再出発するのか（事件間時間 inter-event time，変数は intereve），どちらにするかという問題である（表2-4-1の該当する列，特に丁の1967-9年の違いを参照）。本論では，当選回数に応じたポスト配分がなされていることを念頭に，通算時間とした。

---

[5] 言葉を換えれば，切断や打ち切りは推定の効率性を落とす（不確かになる）。これに対して，切断にせよ打ち切りにせよ，従属変数ではなく独立変数に基づくサンプル・セレクションである限り，そしてモデルが正しい限り，セレクション・バイアスは生じない（King, Keohane, and Verba, 1994, ch. 4）。従属変数に基づかない右側打ち切りを非情報的打ち切りと言うが，そうでないと，ここで紹介しているような通常の生存分析は行えない。

しかし例えば米国連邦下院の委員会におけるシニオリティは（日本と違って）落選すると途切れしまってゼロからのやり直しになるので，事件間時間の方が適切だろう。いずれにするかを決めるのは統計学ではなく政治学なのである(6)。

なお通算時間の場合，左側切断していることになる。例えば丁なら，4年目までは1回目の退場の可能性に直面しているのであって，2回目の退場の可能性は原理上ありえない。もし仮に左側切断をしない通算時間をとると，1年目から4年目まで入場回数が2という観測（行）が別に存在することになるが，これを意味ある形で解釈するのは困難である。

もう1つは，ベースライン・リスクを再考する余地がある。4年目で落選した丁が復帰した時，通算時間なら5年目のリスクに直面するが，これは落選なしで5年目に突入した甲や丙のリスクより，高いかもしれない（選挙に弱いことを見透かされて挑戦を受けやすくなるなどの理由で）。つまり1回目の事件のベースライン・リスクと，2回目のそれは，異なる可能性がある。これをモデル化するには，ベースライン・リスクに関係する変数と，2回目以降の各入場回数ダミー（例えば2回目入場回数ダミーsecond）との交差項（例えば7年目ダミー when7 との交差項 when27）を作ることになる(7)。本論で使ったダミー変数モデルについて，入場回数は2回までしかないとして，SPSSのシンタックスを一部示せば次のようになる。

 RECODE entry (2=1)(else=0) into second .
 COMPUTE when27 = second * when7 .
 LOGISTIC REGRESSION VAR=event

---

(6) 大事なことは，生存時間として関心を抱く対象は何なのかを，政治学的に考える必要があるということである。例えば，議員の政治的生存でなく生物的生存を分析したいなら議員の年齢を，歴史的にどの時点でスキャンダルによる失脚が多いかを検討したいなら暦年を，それぞれ生存時間にする方がよいかもしれない。

(7) 本論で言及したように，こうした手法は階層化と呼ばれる。但しここでは固定効果なので，昨今使われるようになった変動効果の階層モデルではない。

/METHOD=ENTER when2 when3 when4 when5 when6 when7
　　　　when21 when22 when23 when24 when25 when26 when27
　　　　explain .

以上が本論で用いた通算時間の条件付分散修正モデルの離散時間ヴァージョンである。

2　連続時間モデル

(1)　離散時間の集計

　連続時間モデルは、(反復終結がなければ)個体を観測単位とする。従って、離散時間データにおける同一個体の複数年にまたがる観測を、連続時間データは1つの観測として表すことになる。例えば表2-4-1で示されたのと全く同じ議員経歴を、連続時間データで表現し直したのが表2-4-2である。時間依存変数である説明変数を除けば、このデータ形式の変換によって失われる情報はない。従属変数は2つあり、生存時間は先ほどと違って観測された最後の議員経歴年数 end であり、そこで議員が退場すれば退場変数 event が1、そうでなければ0になる。観測期間の最後に退場しないということは、当然その前に退場はなく、その後のどこかで退場があるということだから、右側打ち切りを意味する。

　議員の在職年数を決める要因を探るのが本論の主関心である。仮に打ち切りがなければ、在職年数を従属変数として通常の回帰分析を行うことも不可能ではない。つまり

　　　生存時間＝基本モデル＋誤差

と表されるモデルである(誤差は正規分布すると想定)。係数を推定する際

表2-4-2　連続時間モデルのデータ形式

議員名	事件回数	事件	暦年		通算時間		事件間時間	
			左切断	生存時間	左切断	生存時間	左切断	生存時間
name	entry	event	start	end	start	end	start	end
甲	1	1	1960	1963	3	6	3	6
乙	1	1	1962	1965	0	3	0	3
丙	1	0	1968	1970	0	2	0	2
丁	1	1	1960	1963	1	4	1	4
丁	2	1	1966	1969	4	7	0	3

(最小二乗法ではなく)最尤法という方法を用いる場合,例えばある議員が3年目に退場したとすると,3年目に退場する無条件確率密度を計算する。

しかし打ち切りがあると回帰分析は使えない。何故ならば,本当の在職年数は生存時間より長いことはわかっても具体的には不明で,代わりに生存時間を従属変数とすると在職年数を過小評価してしまうからである。ある議員の存続が3年目に打ち切られたとすると,最尤法では,3年目までに退場しない無条件確率が必要だが,回帰分析ではモデル化されていない。

そこで元の離散時間モデルに立ち返って,生存時間ではなく退場する条件付確率をモデル化して,打ち切りまでに退場しない無条件確率を計算してみる(しばらく左側切断がない場合を考える)。まず2年目で退場する無条件確率(**退場**(2)と表記)から始めると,これは1年目に退場しない無条件確率(1−**退場**(1)に等しい。**生存**(1)と表記)に,1年目を全うすることを条件として2年目に退場する条件付確率(**退場**(2)/**生存**(1)と表記)をかけたものに等しい。

退場(2) = **生存**(1) × (**退場**(2)/**生存**(1))

同様に,2年目までに退場しない無条件確率とは,1年目で退場しない無条件確率に,2年目で退場しない条件付確率をかけたものに等しい。

生存(2) = **生存**(1) × (**生存**(2)/**生存**(1))

同様に,3年目に退場する無条件確率は,

退場(3) = (**退場**(3)/**生存**(2)) × **生存**(2)

= (**退場**(3)/**生存**(2)) × (**生存**(2)/**生存**(1)) × **生存**(1)

である。つまり(式を右から読めば)残って,残って,退場したということである。これは先ほどの回帰分析とは,計算方法も値も異なる。他方で3年目までに退場しない無条件確率とは,

生存(3) = (**生存**(3)/**生存**(2)) × **生存**(2)

= (**生存**(3)/**生存**(2)) × (**生存**(2)/**生存**(1)) × **生存**(1)

となる。これは残って,残って,残ったということである。こちらは先ほどの回帰分析では,そもそもモデル化されていなかった。こうして離散時間モデルでは,条件付確率から無条件確率を求めることが可能なのである。

以上をもう少し一般化してみよう。t年目に退場する無条件確率を**退場**(t),少なくともt年目まで生存する無条件確率を**生存**(t),退場の条件付確

率(退場(t)/生存(t−1))を条件退場(t),生存の条件付確率(生存(t)/生存(t−1))を条件生存(t)で表すと,次の関係が成り立つ。

　　条件生存(t) = 1 − 条件退場(t)
　　生存(t)　　 = 条件生存(t) × 生存(t−1)
　　　　　　　 = 条件生存(t) × 条件生存(t−2) × 生存(t−3)
　　　　　　　 = 条件生存(t) × 条件生存(t−2) × … × 条件生存(2)
　　　　　　　　× 生存(1)
　　退場(t)　　 = 条件退場(t) × 生存(t−1)
　　　　　　　 = 条件退場(t) × 条件生存(t−2) × 生存(t−3)
　　　　　　　 = 条件退場(t) × 条件生存(t−2) × … × 条件生存(2)
　　　　　　　　× 生存(1)

まずリスクが時間独立の場合を検討する。これはある年に退場する条件付確率(**条件退場(t)**)が議員経歴年数を問わず一定ということだから,その値をtなしの**条件退場**で表す。**条件生存 = 1 − 条件退場**であるから,t年目の退場あるいは生存(つまり打ち切り)の無条件確率はそれぞれ,**退場(t) = 条件退場 × (条件生存)$^{(t-1)}$**,**生存(t) = (条件生存)^t**となる。

(2) 離散時間の短縮

ここまでは生存時間tの計測単位(あるいは元の離散時間の分割単位)は年であったが,これを月,日,時間,分,秒とどんどん細かくしていくとどうなるか。例えば1年を細かく分割して長さがd年の「瞬間」という単位の離散時間を考えよう。引き続きリスクは時間独立として,今度は**条件退場**を1年ではなく1瞬間あたりの退場の条件付確率に置き換える。前項ではリスク,つまり**条件退場**の対数オッズをモデル化したが,ここでは**条件退場**を補二重対数リンクにより次のようにモデル化する[8]。

　　補二重対数(条件退場) = 対数(−対数(条件生存))
　　　　　　　　　　　　 = 基本モデル + 対数(d)

さて1瞬間で条件生存の割合だけ議員は生存するから,これをT回かけ

---

(8) 但し両者で係数の実質的解釈が異なることはほとんどない(Beck, Katz and Tucker, 1998)。

あわせた値は，T瞬間目あるいはt＝T×d年目までの無条件生存確率と等しいはずである。

　　生存(t) = (条件生存)^T

両辺の対数をとると

　　対数(生存(t)) = T × 対数(条件生存)
　　　　　　　　 = T × (－d × 指数(基本モデル))
　　　　　　　　 = －t × 指数(基本モデル)

従って両辺を指数に直して

　　生存(t) = 指数(－t × 指数(基本モデル))

を得る。ここでdを限りなく0に近づけると，生存時間t＝T×d年（Tは整数だがtは小数点以下も含む）をきめの細かい連続量として測れるようになる。これが連続時間モデルである。

他方でT瞬間目に退場する無条件確率は前款より

　　退場(t) = 条件退場 × (条件生存)$^{T-1}$
　　　　　 = ［条件退場÷条件生存］× 生存(t)

となる。ところがここでdを限りなく0に近づけると，退場(t)は0に収束してしまう。むしろ意味があるのは，退場(t)及び条件退場÷条件生存をdで割った値の極限値で，これらはちょうどt年目（幅のない点）に退場する無条件確率密度と条件付確率密度を表す。後者は危険率と呼ばれるので，**危険**と表そう。すると

　　極限［(条件退場÷条件生存)÷d］= 危険 = 指数(基本モデル)

であることが（解析を用いると）わかる[9]。前者を**退場速度(t)**と表すと，

　　極限［退場(t)÷d］= 退場速度(t) = 生存(t) × 危険

が導かれる。

以上から，議員がt年目に退場した場合は**生存(t)×危険**，打ち切りになった場合は**生存(t)**を計算すれば，最尤法によって係数が求められる[10]。

（9）　条件退場をdで微分すると**指数（基本モデル）×条件生存**になり，極限値は**指数（基本モデル）**である。条件生存×dをdで微分した条件生存の極限値は1である。従ってロピタルの定理により前者を後者で除した商，**指数（基本モデル）**が，条件退場÷（条件生存×d）の極限値に等しくなる。

（10）　このように退場した場合は尤度にして**危険**分だけ情報が多い。逆に言え

生存時間が指数分布に従うので，指数モデルと呼ばれる（生存時間の平均値は1÷危険である）。ここで

  対数(危険) = 基本モデル

であり，これは，離散時間モデルにおける

  補二重対数(条件退場) = 基本モデル + 対数(d)

というモデルを，連続時間モデルで表現し直したものであり，両者の係数は同じ意味を持つ[11]。

本項では STATA のコマンドを紹介する。

  stset end, failure(event)

で生存時間 end と事件ダミー event を宣言し，

  streg explain, distribution(exponential)

として指数モデルと説明変数 explain を指定する。

(3) 危険率の時間依存

ここまでは危険率が時間独立である場合を検討してきた。しかし離散時間モデルで見たように，実際には時間依存している場合が多い。前款を一般化すると，連続時間モデルは離散時間モデルから次のように導出できる。まず離散時間モデルで，T瞬間目に退場する条件付確率を（定数ではなく t をつけて）条件退場(Td) = 条件退場(t) で表し，次のようにモデル化する。

  補二重対数(条件退場(t)) = モデル(t) + 対数(d)
  　　　　　　　　　　　　 = 説明変数 + ベースライン(t) + 対数(d)

  ば，打ち切るとこの分だけ在職年数に関する情報を失い，係数を推定する確かさが落ちる。
(11) 但し係数の推定結果は両者で異なる。これは退場の尤度として，離散時間モデルは**退場(t)**を，連続時間モデルは**退場速度(t)**を，それぞれ計算しているからである。これは後述するように，離散時間モデルはその単位時間内部でいつ退場があったかは分からないだけ，情報が少ないことに起因する。
  さらに厳密に言えば，例えば年単位で測定された連続時間データは，年単位の離散時間データと同じ情報しかないから，年単位の離散時間モデルで十分で，連続時間モデルにしても精度は上がらない。

ここで説明変数は時間独立変数で，ベースライン(t)は生存時間tの関数である。さてT瞬間目＝t年目まで生存する無条件確率は，それまでの各瞬間を生存する条件付確率をかけあわせた値に等しいはずである。

　　生存(t)＝生存(Td)＝(条件生存(d))×(条件生存(2d))×…
　　　　　　×(条件生存((T－1)d))×(条件生存(Td))

第3辺の対数をとると

　　－[d×指数(モデル(d))＋d×指数(モデル(2d))＋…
　　　　＋d×指数(モデル((T－1)d))＋d×指数(モデル(Td))]
　　＝－指数(説明変数)
　　　　×瞬間を1からTまで合計[d×指数｛ベースライン(d×瞬間)｝]

が言える。ここでdを限りなく0に近づけていくと，

　　－指数(説明変数)×年を0からtまで積分[指数｛ベースライン(年)｝]

が得られる。この指数をとったものがT瞬間目＝t年目までの無条件生存確率になる。

　　生存(t)＝指数(－指数(説明変数)
　　　　×年を0からtまで積分[指数｛ベースライン(年)｝])

同様にしてT瞬間目＝t年目の無条件退場確率は，生存(t)から最終項が変わって

　　退場(t)＝退場(Td)＝(条件生存(d))×(条件生存(2d))×…
　　　　　　×(条件生存((T－1)d))×条件退場(Td)
　　　＝生存(t)×[条件退場(t)÷(条件生存(t))]

よって前款に従い

　　退場速度(t)＝生存(t)×危険(t)
　　　　　　　＝生存(t)×指数(モデル(t))

が導かれ，後は指数モデル同様に最尤法で係数を推定する。危険率が時間依存の場合でも，補二重対数（条件退場(t)）と対数（危険）が同じモデル(t)であれば，離散時間モデルと連続時間モデルの係数は同じ意味を持つ。

(4) 離散時間モデルとの対応

これまでのように危険をモデル化する連続時間モデルをハザード・モデルと総称する（説明変数の効果が生存時間によって変わらないことを想定

しているので，前述した比例ハザード・モデルでもある)。

　　対数(危険(t)) = 基本モデル + ベースライン(t)

ここで指数（ベースライン(t)）をベースライン・ハザードという。離散時間モデルもハザード・モデルに近い。そこで前項で触れた離散時間モデルに対応した連続時間モデルを考察しておく。

　離散時間モデルで1次式モデルと呼んだものは，

　　ベースライン(t) = 定数 + (係数 × t)

であり，連続時間モデルではゴンペルツ・モデルと呼ばれている。STATAでは

　　streg explain, distribution(gompertz)

と指示する。

　本論で使用したワイブル・モデルは，ベースライン(t)が生存時間ではなく，その対数に比例して大きくなる。

　　ベースライン(t) = 定数 + (係数 × 対数(t))

係数に1を足した値が，本論で言及している形状パラメータになる。連続時間モデルとしてSTATAで実行するには

　　streg explain , distribution(weibull)

と指定する。SPSSでも，厳密には同じではないが，これに似た離散時間モデルをロジット・リンクで分析できる。

　　COMPUTE logend = log(end) .
　　LOGISTIC REGRESSION VAR=event
　　　　/METHOD=ENTER logend explain .

　離散時間モデルで2次式モデルと命名したものに相当する連続時間モデルは，特に名称はない。但し，危険率が最初上昇してから下降するという点では，対数正規分布モデルや対数ロジスティック・モデルが似ている。但しこの2つは次に述べる終結時間加速モデルである。STATAではそれぞれ

　　streg explain, distribution(lognormal)

　　streg explain, distribution(loglogistic)

と命令すればよい。

　また時間依存の形を特定しない離散時間ダミー変数モデルと，同じでは

ないが似ている連続時間モデルは，コックス・モデルである。STATAのコマンドはstregの代わりにstcoxを使う。

　　stcox explain

（5）　終結時間加速モデル

　もともとの本論の関心は，議員の退場よりも在職年数をどう説明するかということの方にあった。係数が正の説明変数が大きくなると，危険率が高くなり，議員が早い段階から退場しやすくなるので，生存時間は短くなる。つまり，危険率及び生存時間に対する説明変数の効果は，符号が逆になる。これをもっと直截に表現するために，平均生存時間の対数をモデル化するのが，終結時間加速モデルである。例えば指数モデルを終結時間加速モデルとして表現し直すと

　　対数(平均生存時間) = 定数 + (係数×説明変数) = 基本モデル

となる。実は指数モデルの場合，先の記述から

　　対数(平均生存時間) = 対数(1÷危険) = −対数(危険)

　　生存(t) = 指数(−t×危険)

が成り立つことがわかるので，最尤法で必要な**危険**と**生存**(t) は終結時間加速モデルからも計算できる。また係数の符号は比例ハザード・モデルとは正負逆になることもわかる。係数が正の説明変数が大きくなると，比例ハザード・モデルとは逆に，平均生存時間は長くなる。また係数は，説明変数が1単位増えることによって，平均生存時間が係数の指数倍になる，という解釈しやすい意味を持つ。

　　平均生存時間 = 指数(定数) × 指数(係数×説明変数)

　STATAではサブ・コマンドtimeを書き加えればよい。またnohrはオプションで，はじめから指数化した係数を表示したい時につける。

　　streg explain, distribution(exponential) time nohr

　比例ハザード・モデルと終結時間加速モデルの両方で表現できるのは，この他ワイブル・モデルに限られる。係数の解釈は指数モデルの場合と同じである。本論で用いたのはこのモデルで，STATAでは次のように実行する。

　　streg explain, distribution(weibull) time

但し終結時間加速モデルの係数は，比例ハザード・モデルの係数に形状パラメータの逆数をかけ符号を逆にした値に等しくなる。

（6） 左側切断

年単位の離散時間モデルに戻って，例えば１年目から左側のデータが切断されて，２年目から観測され，３年目に退場した議員を考えてみよう。(1)の説明とは異なり，このデータの情報からは，１年目に生存したことを観察していないので１年目に生存する無条件確率の生存(1) がわからず，従って３年目に退場する無条件確率

　　退場(3) = (退場(3)/生存(2))×(生存(2)/生存(1))×生存(1)

も不明である。ただ１年目に生存したことを条件として３年目に退場する条件付確率のみ計算できる。これを退場(3)/生存(1)と表記すれば，

　　退場(3)／生存(1) = (退場(3)/生存(2))×(生存(2)/生存(1))

これら２つの式を比べれば，

　　退場(3)／生存(1) = 退場(3)÷生存(1)

となることがわかる。同様に

　　生存(3)／生存(1) = 生存(3)÷生存(1)

と計算できる。

以上を一般化すれば，離散時間モデルにおいて，**始点**瞬間目から左側は切断され，**終点**瞬間目で退場ないし打ち切りになった場合

　　退場(終点)／生存(始点) = 退場(終点)÷生存(始点)

　　生存(終点)／生存(始点) = 生存(終点)÷生存(始点)

である。瞬間の長さを０に限りなく近づければ，連続時間モデルでは，

　　退場速度(終点)／生存(始点) = 退場速度(終点)÷生存(始点)

　　生存(終点)／生存(始点) = 生存(終点)÷生存(始点)

となる[12]。

STATA では enter というサブ・コマンドで**始点** start を宣言し直す。

　　stset end, failure(event) enter(start)

---

[12] このように左側切断すると，尤度にして生存（始点）の情報が割り引かれ，推定が不正確になる。

(7) 時間依存変数

連続時間モデルの短所は，時間依存変数を組み込むのが難しいことである。例えば，1年目から6年目までは地方区から選出され，7年目から12年目までは比例区から出て，最後に引退した，という参議院議員を考えてみよう。選出選挙区が時間依存変数である。この場合の対処法は，1年目から12年目まで1つの観測である連続時間を，1年目から6年目までの連続時間と，7年目から12年目までの連続時間という2つの観測に分ければよい。注意するべきは，前者は右側打ち切りであることと，後者は6年目までが左側切断されていることである。これはデータの組み方の問題である。

但し1人の議員が数回データに現れるから，STATA では id サブ・コマンドで議員 name を識別させ，robust サブ・コマンドで頑健標準誤差を報告させなければならない。

　　stset end, failure(event) enter(start) id(name)
　　streg explain, distribution(weibull) time robust

(8) 反復終結

反復終結は，入場回数を時間依存変数と考えればよい。つまり1回退場した後に返り咲きした元職議員は，いわば別人として2本目の観測となるように，データを作る（本論では連続任期と呼んでいたものが1つの観測を構成している）。但し先の時間依存変数の例と異なるのは，1本目の観測が右側打ち切りではなく，退場である点である（逆に前款では選挙区変更を事件とは捉えず，同じ1回目リスクにさらされ続けていると考えたので，観測が分かれても入場回数は変えなかった）。また本論では，退場経験者の危険率が一定倍高いと考え，説明変数にも入場回数を加えた。さらに，退場経験者は，在職年数に応じて危険率がより急速に上昇するなど，ベースライン・ハザードの形態自体が異なるかもしれないので，ワイブル・モデルの形状パラメータと入場回数ダミー変数との交差項を入れている（指数モデルでは共線性のため，このようなことはできない）。STATA では strata サブ・コマンドで入場回数 entry を指定すると両方の作業を同時に行

う。

    streg explain, distribution (weibull) time robust strata(entry)

これで本論で用いた通算時間の条件付分散修正モデルの連続時間ヴァージョンが示された。

（9）連続時間モデルから離散時間モデルへ

　連続時間モデルを離散時間モデルに変えるためには，連続時間をいくつかの離散時間に分断し，連続時間モデルの無条件生存確率の差，**生存（始点）－生存（終点）**を，離散時間モデルにおける無条件退場確率，**退場（終点）**にする。従って，離散時間内部の正確な生存時間の情報は失われてしまうという短所がある。逆に長所は，時間依存変数を扱えることと，ロジスティック回帰分析のプログラムで済むことである。

　従って正確には，離散時間を観測単位とする離散時間モデルでは，（最初の離散時間（ここでは初当選年）でない限り）観測の左側は切断され，また事件が起きない観測の右側は打ち切られている，と言うべきであった。前項では議員を観測単位とする連続時間モデルの理解につなげるため，離散時間モデルの説明でも敢えて議員に着目して話を進めた。

第3章　国会対策戦術としての定足数

はじめに

　国会の定足数は，制度的には，本会議が3分の1（憲法第56条），委員会は過半数（国会法第49条）であり，開会や議決だけでなく会議継続の要件でもある(1)。しかし，実際の政治過程では，定足数は必ずしも遵守されている制度ではない。本章では，定足数割れが発覚して会議が開けなかったり流されたりした事件（主に先例とされたもの）の背後にある政治事情を探ることを通して，では翻って普段は何故定足数が争点化しないのかという日常的な政治過程へと接近する。以下，第1項でなぜそもそも議員は国会に出席しないのかを述べ，第2項で定足数割れが法的に認定されるのは主に野党の指摘に俟つことを論じる。第3項では，事実として定足数不足であっても，野党がそれを指摘するのは与党の国会運営を阻害する場合だけであり，それが国会対策（以下「国対」）の戦術であることを明らかにする。第4項で与党が定足数を確保する戦術について触れた後，おわりに定足数に関する異なる見方を検討して以上の議論を振り返る。

（1）　関係する法規等としては，以上の他，衆議院規則第106条，参議院規則第84条，衆議院事務局（2003a, 柱222-24），参議院事務局（1998a, 柱230），参議院事務局（1998b, 柱47-8）がある。なお衆議院事務局（1978）までは「諸般の報告又は投票点検の場合は，定数の出席議員を要しない」という柱があった。法規上の論点については，既往の文献に譲り，本章では触れない（浅野・河野，2003, 84-5頁；黒田，1958, 123-5頁；松澤，1987, 452-4頁；佐藤，1990, 149-50頁；佐藤吉弘，1994, 193-5頁；衆議院・参議院，1990c, 166頁；鈴木，1953, 131-40頁；寺光，1947, 121-4頁）。諸外国の事例については定足数の弾力的運用による議事運営の効率化が論じられてきた（前田，1990, 27-8頁；大石，1997, 20-2頁；大山，2003b, 131-3頁）。

1 議員の欠席理由

定足数を心配しなければならないのは議員が欠席するからであるが(2),そもそもなぜ議員は本来の職務である国会に出席しないのであろうか。

(1) 与党審査

まず消極的理由として,国会における審議の空洞化がある。すなわち,法案や予算は,国会審議にかけられる前に既に与党内で綿密な審査を経ているため,与党議員にとっては改めて国会で明らかにするべきことはあまりなく,野党の質疑を聞いていても退屈で,他の仕事をした方がよいというのである（例えば,岩井,1988,第8章;村川,1985）。例えば露骨だったのが,1962年1月24日の衆議院本会議で,西尾末広・民社党委員長の質疑に対する池田勇人・総理答弁後,社会党の代表質疑に入る前になって,自民党議員が2,30人ぞろぞろと議場外に出たため,社会党は怒って定足数不足を指摘して退場し,休憩となったことがある。国会正常化が唱えられた直後にもかかわらずであった(3)。

では積極的理由として,国会に出席しないで議員は何をやっているのか。

(2) 選挙区活動

選挙が近づく（解散風が吹く）ほど議員は国会を離れて地元での活動に時間を割くようになる。あるいは地方選の応援活動などに出向くこともある(4)。

1969年7月10日に予定されていた衆議院本会議は,13日の都議選の応援で自民党議員が揃わず定足数が危ないので,自民党の要請で流会となった。もっとも野党議員の一部も都議選の応援には出かけていた(5)。

（2） 最近の与野党双方の議員の委員会出席率を見たものとして,毎日新聞特別取材班（1996,73-87頁），日本有権者連盟（1996）。

（3） 『朝日新聞』1962年1月25日朝刊,夕刊。

（4） 菅原（2005）は,本会議の出席率を下げる要因として野党のボイコット戦術,選挙が近くなることを指摘し,上げる要因として非定例日の開催,記名投票や首班指名の実施を挙げ,計量データを用いて実証している。

1948年12月15日に、公務員給与をめぐる問題でGHQのウィリアムズが六原則を提示する「新事態」が発生し、佐藤栄作・内閣官房長官は、GHQとの折衝その他で16,7日の衆議院本会議、委員会審議は不可能として国会に休会の申し入れを行っていた。結果的に17日の本会議は「政府の都合にかかわらず、国会としては本会議を開」くことになったが、解散・総選挙が予想されたことからもともと議員の出席率が悪かったこともあり、おそらく議員は選挙区に帰っていたのではないかと思われ（17日は金曜日であった）、本会議は途中で散会となった（衆議院事務局、2003a、柱224）。同様に19日の本会議も、給与法案と予算を「本日の定刻までに上程するに至らなかったらやめ」るとされていたところ、既に夕方になっていたため、衆議院議院運営委員会で成重光眞委員（社会革新党）は「おそらくわが党の諸君も大多数は帰っていると思う。現実の問題としてただいま本会議を開いて議決するにしても、おそらく定数のことなどで問題が起ると思います」と述べ、結局開会後ただちに散会となったのである[6]。

（3） 登院・在京しての政治活動

1997年11月26日午後から衆議院大蔵委員会で不正証券取引罰則強化法案に関する野党質疑が予定されていたが、自民党委員20名のうち理事2名しか出席しておらず、怒った野党が退出して定足数割れとなり休憩入りし、あおりで採決は28日に先送りとなった。欠席理由の多くは部会などの政策関係の会議、派閥や支持団体との会合、総務会などであった。衆議院大蔵委員長が厳重注意し、27日に保利耕輔・自民党国対委員長は委員会出席を督促する通達を出した[7]。

また1958年3月20日の衆議院本会議は、定足数割れで開会後直ちに休憩したが（衆議院事務局、2003a、柱223）、自民党国対委員会は、登院した代議士303名の200人以上は自民党であり、「代議士は必ずしも選挙区に帰っているのではない、これら代議士は一応国会に登院するものの、もっぱら

（5）『衆議院議院運営委員会議録』（以下本章において『議運』と略す）1969年7月11日、2頁、『朝日新聞』1969年7月12日夕刊。
（6）『議運』1948年12月16日、17日、2頁、19日、4頁。
（7）『朝日新聞』1997年11月27日、28日。

選挙区から上京してくる団体や陳情団などを案内して回っているのではないか」と弁明した(8)。

1955年7月12日の事例（衆議院事務局，2003a，柱223）では具体的数字が出ている。衆議院本会議には85名しかおらず，委員会も「定数の半分以下」であったが，登院数は，与党の民主党が134，以下野党は自由党91，左派社会党61，右派社会党41，小会派3，合計330名で（参議院も登院184名中不在61名）「結局カゴぬけが相当多い」と揶揄された。ちなみに登院状況は入口の名札でわかるが，衛視によれば「一たん登院すると黒札に返し，議員会館など外部へ出てゆかれた場合は，また退出の赤札に返すようにしているのですが，黒札のままになっていることがないでもない」「本人の帰郷中に，秘書から名札を登院にしておいてくれと頼まれ，断ったこともあ」ったという(9)。

（4） 本会議と委員会の同時開催

本会議の会議中に委員会を開くには，議長の許可が必要であり，本会議に重要案件が上程されるとき又は本会議の定足数を欠くおそれがあるとき等には，議長は全部又は一部の委員会の開会を許可せず又はその許可を取り消すことがある(10)。議長の諮問を受ける議院運営委員会では，国政調査のための地方への委員派遣につき，定足数が確保されるかを考慮してから決めるべきだという意見が出されたことがあるし(11)，予算委員会にあわせて本会議の時刻が決まる理由として定足数問題があることが示唆されたことがある(12)。いずれにせよ委員会との同時開催による本会議の定足数割れという事態は見あたらない。

（8）『朝日新聞』1958年3月21日。
（9）『朝日新聞』1955年7月13日。
（10） 衆議院規則第41条，第67条の2，参議院規則第37条，参議院事務局（1998a，柱125），参議院事務局（1998b，柱44），衆議院事務局（2003a，柱127），衆議院事務局（2003b，柱34）。
（11）『議運』1948年4月2日，2頁。
（12）『議運』1955年7月14日，3頁。

（5） 連立与党の内紛

　1915年12月2日の衆議院本会議は，全院委員長をめぐって，同じ与党でも同志会・国民党が金子元三郎を推したのに対して，中正会が八田裕次郎を候補者とし，その他各常任委員長の割当も与党3派間の交渉が事前にまとまらず，与党側が出席しなかった。そのため出席議員数を数えると定足数を割っていたので，一旦休憩になった（衆議院事務局，2003a，柱222）。再開後，定足数が足りていることを確認した直後に全院委員長選挙が行われ，金子が選出されたが，常任委員長選挙は交渉のため延期された[13]。

（6） 徹夜審議後の疲弊

　史上最も荒れた第61回通常国会（1969年）における対決法案の1つ，健保特例法改正案をめぐって，衆議院本会議では7月11日から審議引き延ばしのための社会労働委員長解任決議案などについて徹夜審議が行われ，ようやく翌12日午前6時半頃に休憩に入った。ところが，くたびれ果てた「議員達は議員会館に帰ったり，控室のソファに横になって仮眠をとっ」ていたため，再開予定の8時に本鈴が鳴った際，社会党は自民党の定足数が足りないとして退場し，再び休憩になった（衆議院事務局，2003a，柱223）[14]。

2　定足数割れの発覚

（1） 野党の定足数要求

　実際に定足数が問題となった事例を見ていて気づくことは，多くの場合野党からの定足数不足の指摘を俟って制度が発動されているということである。

---

(13)　『衆議院議事速記録』1915年12月2日，『東京朝日新聞』1915年12月3日。なお当時の第二次大隈内閣は少数与党であった上に，そもそも議院内閣制でない時代の事例ではあるが，「旧議会における先例で重要と認められるもので，しかも新憲法と国会法の精神に反しないもの」（衆議院事務局，2003a，1頁）が敢えて「集録」されていることに鑑み（全事例の4％），言及した。

(14)　『朝日新聞』1969年7月12日夕刊。

1952年7月7日の参議院本会議では，午前中に特定中小企業安定臨時措置法案を可決後，与野党対立の激しかった電源開発促進法案に入る前に，カニエ邦彦（右派社会党）が定足数不足を理由に散会を求め，一旦休憩となった。振鈴後も出席が悪く，10分してようやく再開した。討論に入って，結城安次（緑風会）の後，またもカニエが定足数不足を指摘したが，議長は定足数は満たされているとしてこれを突っぱねた。次の古池信三（自由党）の後，栗山良夫（左派社会党）に移る前に，同じ左派社会党の三輪貞治が正式に定足数の確認を求めた（参議院事務局，1998a，柱230[15]）。このように，出席人数が少なくても対決法案の審議が始まるまでは定足数不足は指摘されなかったのであり，より見えやすい形で反対姿勢を示すために定足数が利用されたと言える。

　1947年8月15日の衆議院本会議において天野久・海外同胞引揚特別委員長が「海外同胞の引揚に対する感謝並びにその帰還促進に関する決議」案の提案理由のために登壇すると，野党の自由党から「登院数が多いからといつて，議場内の出席者としてそれを計算するということは間違つています」という指摘があって休憩になった（衆議院事務局，2003a，柱224。再開後は異議なしで可決し，その後補正予算も可決されている[16]）。

　1948年12月17日の衆議院本会議では，梶川静雄（日本社会党，与党）の降旗徳弥・逓相への石炭国管疑惑に関する質疑中に，叶凸（社会革新党）が定足数不足を指摘し，そのまま散会となった（衆議院事務局，2003a，柱224[17]）。

（2）　野党の退席

　また与党は通常過半数を制しているので，野党がいなくても定足数を満

---

(15) 『参議院会議録』1952年7月7日，62, 79, 81頁，『朝日新聞』1952年7月8日。なお当時与党自由党内の反吉田派は，倉石忠雄・国対委員長と石田博英・衆議院議運委員長とが，福永健司を幹事長にすることに反対するため法案を人質にしていた。『朝日年鑑　1953年版』，161頁。

(16) 『衆議院会議録』1947年8月15日，『朝日新聞』1947年8月16日。なお登院数は190余名であった。

(17) 『衆議院会議録』1948年12月17日，185頁，『毎日新聞』1948年12月18日。

たすことができるはずであるが，与党の出席人数が少ない場合は，野党が退席することで実際に定足数割れに追い込むことができる。

1967年4月18日の衆議院本会議は，開会直後に社会党と共産党が定足数不足を理由に総退場したため，藤枝泉介・自治相が地方交付税法改正案等の趣旨説明のみ行った後，流会となった。背景には「開会に先立て社会党の場内交渉係は与党議員の出席が極端に少ないことを指摘して，定足数がそろうまで開会を見合わすよう与党に求めたが，話合いがつかないうちに開会が強行された」こと，社会党は都議選勝利で高姿勢であったこと，統一地方選中なのに社会党議員が国会に出て選挙区が留守がちで，地方の不満を抑えるため中央で強い姿勢を示す必要があったこと，などといった事情があった。佐々木秀世・自民党国対委員長は「普通なら話合いで片付くはずなんだが」とぼやいていたという[18]。

1956年3月5日の参議院社会労働委員会は，健保法改正案を予備審査するはずであったが，与党の出席がわずか数名で，野党がどうしても質疑を始めることを納得しなかったため，流会となった[19]。

1958年3月20日の衆議院本会議は，開会予定時刻になっても自民党の出席が少なかったため，社会党議員が流会を叫んで退場し，休憩となった（その後両党間で話し合いがつき再開した）[20]。

最近でも民主党が，1998年4月21日の衆議院本会議に自民党が261名中115人しかいなかったことなどを指摘，「こんな状況が続けば我々も退席を辞さない」と抗議した[21]。

（3）　与党の定足数要求

もっとも，与党が定足数不足を指摘することも占領下の中道連立期にはあった。

片山哲政権末期の1948年1月23日の衆議院本会議では，苫米地義三（民主党，与党）の質疑中に，国民協同党が定足数不足を指摘して休憩となり，

---

(18)　『朝日新聞』1967年4月19日。
(19)　『朝日新聞』1956年3月11日。
(20)　『日本経済新聞』1958年3月20日夕刊。
(21)　『読売新聞』1998年4月26日。

再開後質疑を延期して散会となった（衆議院事務局，2003a，柱224[22]）。

　また芦田均政権初期の同年4月2日の衆議院本会議では，定足数不足のため議長は振鈴から35分遅らせて開会し，暫定予算上程後，徳田球一（共産党）が反対演説をしている最中に，国民協同党が定足数不足を理由に議事延期を要求し，散会となった（衆議院事務局，2003a，柱224）。民主自由党がいなかったようである[23]。

3　野党による定足数の政治的指摘

(1)　日常的に見過ごされている定足数割れ

　以上の具体的事例の検討を踏まえると，一方で議員が欠席する理由からすれば，実際の政治過程において定足数割れを起こしたのは，上記の事例に限られないのではないかと考えるのがむしろ自然であると同時に，他方では野党からの指摘さえなければ事実上の定足数割れは法的にはなかったことになりそうである。そして実際その通り，定足数を欠いていることは日常茶飯事であって，ただ大多数の場合は野党も特に問題化しないだけのことなのである[24]。

　本会議について，例えば1948年4月の衆議院議院運営委員会で，松岡駒吉・衆議院議長が「戦術的に出席されないことはしばらく別として，そういう場合においても，しばしば問題になつている通り與党の諸君が政党内閣である以上責任を感じてもらわなければならぬ。過半数を制している與党が三分の一の出席もないということ自体怪しからぬこと」「与党が足らないばかりでなく，事実上野党も少い」と不満を漏らした他，浅沼稲次郎・議運委員長は「お互いが争うべきところがあればこれはやむをえないことですが，各派交渉会あるいは運営委員会において定足数の問題は，各派に意見がなければ，それに触れずにやろうということで今までやつてきておるわけです」と述べている[25]。

---

(22)　『朝日新聞』1948年1月24日。
(23)　『衆議院会議録』1948年4月2日，2頁，『朝日新聞』1948年4月3日。
(24)　国会関係者とのインタビュー（1998年5月1日）。
(25)　『議運』1948年4月13日，1，3頁。

あるいはまた1952年5月に衆議院議院運営委員会で「百名そこそこで，絶えず三分の一の議員がおらない」「留守中，あき巣ねらいのごとく選挙区に帰つて選挙運動をやつておる者がある」「従つて野党からいつも定足を言われ，それが批判の的になる」「そうしてきようの法務委員会を流会してくれるならば，きようの本会議の定足は言わぬというような，要するに脅迫を受けてまでわれわれは国会の運営を考えなければならぬ。こういう状態はきのうきよう始まつたことではありません」という発言があった他(26)，新聞でも「最近の衆議院は本会議の定足数を欠く場合にもこれを問題化しないで運営されてきた」と記された(27)。

委員会の方はといえば，定足数ぎりぎりで何とか開会させ，その後櫛の歯が抜けるように委員が途中退席していき，採決の時にまた委員を揃えるというのが実態である（毎日新聞特別取材班，1996，69-72頁）。参議院に至ってはもっと率直で，先例で「委員会開会後退席者があって一時定足数を欠く場合においても，質疑についてはなお委員会を継続した例が多い」（参議院事務局，1998b，柱48）と認めてすらいる（浅野・河野，2003，84頁）。

こうしたいわば「見過ごされた定足数割れ」の存在は，現在でも事務局でバイブルとされる鈴木隆夫『国会運営の理論』によって，法理論的に裏書きされてもいる。それによれば，「議長，委員長が定足数ありと認定して開議を宣し，議員，委員から定足数についてかかる要求(28)がないときは，議員，委員も亦定足数ありとの認定の上に立つて議事が進められているのである」。なぜならば「会議進行中の毎分毎秒の各特定時点において，出席者の誰が退席し又入場したかという記録も証拠も明瞭に存するものではない」ために「会議を通じて，出欠について問題が起こらなかった場合には，一応会議録に記された人々が出席したという事実だけが法的には確たるものといわねばならないのである(29)。従って，定足数の有無を問題にし得

---

(26) 『議運』1952年5月22日，2頁。法務委員会は破防法を管轄していた。
(27) 『朝日新聞』1952年5月26日。
(28) 定足数確認の要求権を定めた参議院規則第84条3項「の立法の趣旨は，少数者の保護にある」（寺光，1947，123頁）。なお衆議院には法規上も先例上も明示されていないが，鈴木によれば運用上は参議院と同じである。

るのは，理論的にも実際的にも開会の際及び会議中の現実の場合でなければならない」（委員会終了後，出席しなかった委員から定足数不足の異議が唱えられたが，委員長が認めなかった先例が引かれている）。だから「現実に定足数のないことが明かに認定されないで，会議が開かれ，進められた場合には，法的には定足数はあったものであって，その有効なことは当然である」というのである（鈴木，1953，136-7頁）。法規解釈の通説では会議継続においても定足数は必要だから(30)，実際の運営との整合性をつけるためには，こう論じるしかなかったのであろう。こうした法理論上の考え方は近年でも変わらず，「定足数の有無は事実の問題であって，第一次的には議長がこれを認定し，議長の認定に対して，異議のある議員から出席議員数の計算が要求され，その結果議長の認定が否認されれば格別，議員から特に異議がない限り議長の認定は議院の認めたこととなって，法上，定足数を充たしていたとみなされる」とされる（松澤，1987，454頁）。

また国際的にも定足数割れはよくあることのようである（Inter-Parliamentary Union, 1986, p. 925）。

（2） 非日常的に政治問題化する定足数割れ

では翻って，野党が全ての定足数割れを指摘するのではないとしたら，特に政治問題化させるのはどのような場合であろうか。

独立直後の1952年に労働三法（労働関係調整法，労働基準法，地方公営企業労働関係法）改正案の衆議院通過が遅らせられた際には「重要法案の阻止を図るためには本会議や委員会で定足数の厳守を迫るべきだとの意見が左右両派社会党を中心に有力となっていた(31)」。

また保守合同後の1956年には「社会党は，重要法案を審議する委員会は，衆参両院とも定足数がなければ開かせないとの方針を決めている」「社会党

---

(29) 会議録に記載される「出席者」には一瞬顔を出した者も含まれる（毎日新聞特別取材班，1996，73，92頁）。しかも衆議院本会議はそもそも出席者の記載がない（衆議院規則第61条，第200条，参議院事務局，1998a，柱377；参議院事務局，1998b，柱301）。

(30) 本章註1を参照。

(31) 『朝日新聞』1952年5月26日。

が定足数をやかましくいわない委員会はいずれも出席率が極めて悪い」と言われた(32)。

社会党は1961年5月16日の常任委員会理事合同会議，さらに翌17日の国対委員会で，衆参の本会議・委員会の開会・継続について定足数厳守の方針を決定した。これは「国会正常化を建て前に，防衛二法改正案を審議未了に，農業基本法案を継続審議に追い込むのが狙い」であった(33)。

1968年5月8日に自社公民国対委員長会談で，野党は前日の会談に基づき「最近の自民党議員の出席状況は非常に悪い。審議開始後30分たっても定足数がそろわないときは，その日の審議は流す」と申し入れ，自民党も「暫時待機しても定足数に満たないときは流会にする」と応じ，定足数確保に努めることで合意した(34)。

また近くは国連平和活動協力法案をめぐる対決で，1992年4月2日に社会党国対が両院の委員会審議に関して定足数を厳守するとの基本姿勢を確認した(35)。

以上からすれば，野党は特に対決法案がかかった時に口実として定足数を持ち出して審議阻止を図ったにすぎず，建前そのままにすべからく議員は国会に出席すべきだと要求していたわけではない。通常少数派である野党が与党と対決するには，議事手続を利用して，円滑な国会運営を阻害することは政治的に有効であり，定足数割れの選択的指摘も野党のそうした国会対策戦術の1つだと言えよう。定足数を遵守させるという議事慣行は，国会の粘着性の一要因であったわけである。従来，粘着性論の観点から，定足数確保に与党が労力を割かなければならない実態に言及することはあまりなかったと思われる。

国会の会議録において，定足数割れが指摘された会議（確認された会議ではない）の数を年別に見たものが図3-1である(36)。平均して毎年9件

---

(32) 『朝日新聞』1956年3月11日。
(33) 『朝日新聞』1961年5月18日。
(34) 『朝日新聞』1968年5月8日朝刊，夕刊。
(35) 『朝日新聞』1992年4月3日。
(36) 国会会議録検索システム（http://kokkai.ndl.go.jp/）で「定足数」という言葉を検索し，当該会議の定足数が不足しているのではないかという指摘が

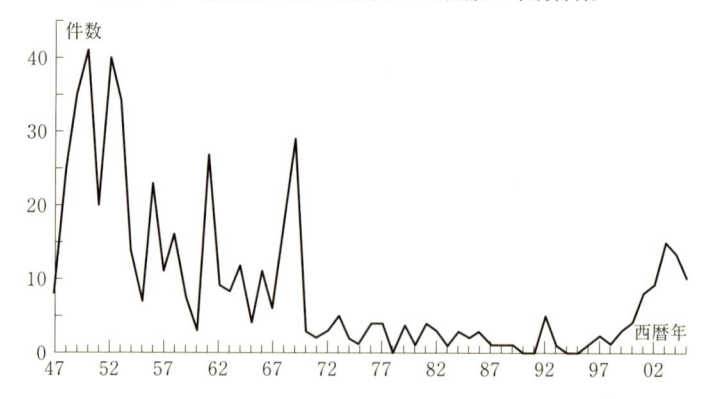

図 3-1　定足数不足が指摘された会議の年別件数

は，野党議員の質疑や野次で，与党議員の出席が足りず定足数不足なのではないか，と疑義が呈されている計算になるから，相当な頻度である。また時代的な変化は，他の指標で見た国対政治の盛衰とほぼ軌を一にしている（福元，2000，第4章第1節）。すなわち，国会運営がまだ流動的であった1960年代までが特に多く，1970年代以降は減ったものの，連立政権期以降はまた増加に転じてきている。

また定足数割れが指摘された会議の数を月別に見たものが図3-2である。予算や日切れ法案の成否がかかる3月と，当初会期末で法案の運命が（少なくとも衆議院で）決まる5月に，定足数不足が叫ばれることもまた，これが国対戦術であることをよく表していよう。

定足数の政治的利用はかつての米国連邦議会でも見られ，出席している議員が点呼に応じないで投票しないことで，定足数割れに追いこんだ（disappearing quorum, Binder, 1997; Schickler, 2001, pp. 32-47）。

（野次も含めて）なされている会議の数を調べた（第1回特別国会（1947年）から第163回特別国会（2005年）まで）。裏を返して言うと，例えば当該会議で議題となっている法案の中に出てくる定足数という言葉が検出された場合は，除外した。定足数割れを指摘されているだけで，実際に定足数不足が確認されて休憩に入ったものは僅かしかないが，逆に定足数を満たしていることを確認したものも2割で，グレーゾーンが大部分を占める。

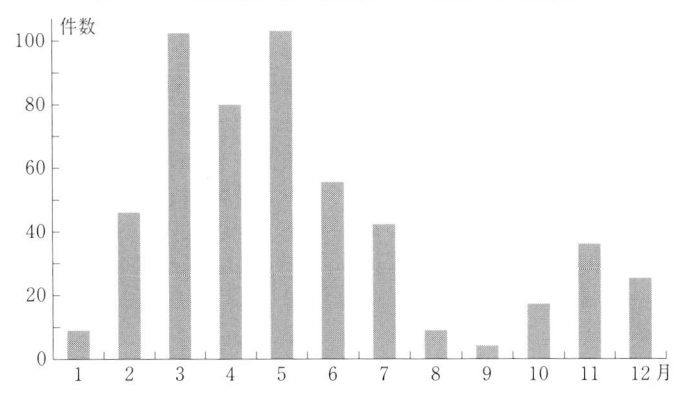

図3-2　定足数不足が指摘された会議の月別件数

4　与党の対抗戦術

　野党が国対戦術として定足数確保を要求してきた場合，困るのは法案の速やかな国会通過を望む与党なので，定足数を確保する負担はあげて与党にかかることになる。通常であれば事務局が定足数を確認しており，「実際の慣例では，事務総長が定足数を満たしたことを知らせて議長が開会を宣告する。(中略) 会議中，定足数不足の心配があれば，事務総長は警告ブザーを鳴らして議員の出席を促す」(前田，1990，25-6頁)。ただ近年はブザーが鳴ることはまずない[37]。委員会では党職員が定期的に巡回して定足数を確保できるか点検している (毎日新聞特別取材班，1996，92頁[38])。また最後の牛歩であった国連平和活動法案の採決の際，過半数を割っていた参議院の与党議員は，定足数を確保するために長時間議場に控えている必要があった (数に余裕がある衆議院は交替で休憩がとれた[39])。いずれにしても与党執行部の国対は，野党につけこまれる隙を与えないよう，定足数を確保する対抗戦術を打つことになる。

---

(37)　国会関係者とのインタビュー (1998年5月1日)。
(38)　毎日新聞特別取材班 (1996, 92頁) は自民党以外の出欠管理がズサンだとするが，本章からすれば，それはひとえに定足数を配慮する必要がないからである。
(39)　『朝日新聞』1992年6月7日，9日。また1987年4月23日付も参照。

（1） 委員差し替え（代理出席）

　原則として委員は欠席する場合，自分で差し替え要員を探さなければならないが，見つからず，全体の出席数も少ない場合（特に採決をとる時など）は，定足数確保のため国対委員（当選1回の新人代議士は全員国対委員となる）または副委員長が代わりに出席する[40]。『委員会議録』の冒頭を見ればすぐわかるように，委員の差し替えは毎日相当数行われており，同じ人間が辞任したその日に，再び選任されていることが多い。「委員会採決の相次ぐ時期ともなると，連日のようにサシカエし，各所で賛成の挙手をしてまわる議員もいる」のはこのためである（中山，1986，137頁）。

　逆に野党からすれば委員差し替えは定足数の締め付けを減殺するから，これを批判することになる。社会党は「国会正常化の基本方針」（1962年2月6日[41]）で「本会議，委員会の定数を厳守すること。（中略）員数を揃えるためだけの当日差し換えは絶対に認めないこと」を決めている。同様に「国会法改正問題に対する社会党の態度」（1967年12月2日）でも，定足数の確保とともに「常任委員会制設置の原則からも常任委員会の委員の交替はみだりに行うべきではなく，厳格な制限を行なうとともにそれを常に確認する慣行を確立すべきである」と主張する[42]。もっとも民社党は「国会の正常化，近代化に関する民社党提案」（1969年7月15日）の中で，「委員会の定足数に関する原則は，国会法第49条に基づくものとするが，開会，議決の時を除いては定足数にこだわらず議事をすすめることができるものとする」とし[43]，定足数の面でも社会党ほど国会運営を阻害する立場には

---

(40) 保科弘・自由民主党国会対策委員会事務部長（当時）へのインタビュー（1998年7月16日）。

(41) 国民政治年鑑編集委員会『国民政治年鑑　1963年版』（日本社会党機関紙局），611頁，『朝日新聞』1962年2月6日夕刊。そもそも1960年代のいわゆる国会正常化をめぐる議論自体，国対政治をめぐる政治交渉であって，社会党が定足数をそこで取り上げたのは実にその文脈に適っていた。

(42) 国民政治年鑑編集委員会『国民政治年鑑　1968年版』（日本社会党機関紙局），664-5頁。

(43) 民主社会党政策審議会『政策と討論』第89号(1969年7，8月合併号)，9頁。

ないことを示している。

(2) 議員の狩り出し

　本来，本会議で全野党が反対する重要法案の採決などがある場合は，全議員に禁足令が出される。それでも足りない場合，本会議担当の10名ほどの与党国対副委員長が指示を出して党事務局が狩り出しに回る[44]。過去の事例を見ると与党国対の若手の議院運営委員会理事や議場内交渉係が走り回っていたようである[45]。

　委員差し替えも議員狩り出しも若手議員に負担がかかる仕組みになっている。しかし近年は，小選挙区制導入で地元の選挙活動の必要性がより高まったこと，連立政権で旧野党の若手が要職について年功序列が崩れ始めたことなどから，若手がこのような統制に服さず，出席率も一層落ちている。そのため自民党議員に対する出席督促が頻繁に行われており，1995年に森喜朗・幹事長，村岡兼造・国対委員長，1997年に保利・国対委員長（前述）が通達を出した他，1998年4月24日の自民党代議士会で保利・国対委員長が本会議出席の励行を呼びかけるなどしている[46]。同じことが繰り返されるということは，裏を返せば守られていないということである。

(3) 法規改正

　最後に制度自体を変える，つまり法規を改正して定足数要件を緩和することも考えられる。委員会については1952年に国会法改正論議の一環として，定足数を2分の1から3分の1に引き下げることが検討されたことが

---

(44) 保科弘氏へのインタビュー。
(45) 例えば『朝日新聞』1955年7月13日，1969年7月12日。なお議場内交渉係とは，本会議の場でもめごとが起こった場合に議場を整理する役の議員で，各党の議運から選ばれ，主任と予備員がいる（現代議会政治研究会，1987，150-1頁）。
(46) 『読売新聞』1995年2月19日，『毎日新聞』1995年10月28日夕刊，『朝日新聞』1997年11月27日，『読売新聞』1998年4月26日。この時も自民党国対は欠席の理由を「閣僚や党幹部が多忙なのに加え，党の部会や地元選挙区に関係した打ち合わせに時間を取られるためだ」と弁明した。

あるが(47),その後議論が続いた形跡はない。本会議については憲法改正を必要とするので,政治的にかなり困難だと言えるだろう。

おわりに——出欠公表案

以上まとめれば,議員は選挙区活動その他の政治活動のために国会を欠席するが,それでも多くの場合せいぜい「見過ごされた定足数割れ」にしかならない。ところが野党は与党の国会運営を阻害する国対戦術の一手段として,定足数が不足したら議事を流すという脅しをかけるので,与党国対は定足数確保に少なからぬ労力を強いられている,というのが本章で論じたことである。今日国会改革の一環として,定足数制度の弾力的運営が叫ばれることがあるが(48),本章の立場からすればそれは政治過程としては既に実現しているのであり,ただその運用緩和の度合が比較的低いだけと言える。そしてその度合は制度によってではなく,与野党の国会対策の方針と両者間の政治的均衡とによって決まるものである以上,現状変更もまた制度ではなく政治によってしかなされないことになる。その際,定足数厳守の方向は専ら与党に負担をかけるものであり,逆に定足数を緩和して国会運営の効率化を図ることは,与党の負担を軽減するという政治的含意を(意図しているかはともかく)持つことになる。

ところでそもそも定足数の問題が起きるのは議員が欠席するからである。そこでかつて,出席を公表し,欠席議員に何らかの制裁を科すという案があった。しかし,これは与党だけでなく,野党も忌避したため,遂に試みられなかった。そこで最後に出欠公表案を見ることで,現在の定足数をめぐる政治が国対政治の枠内でしかないことを逆照射したい。

1948年4月6日にGHQのホイットニーからの内閣総理大臣宛書簡で衆

---

(47) 国立国会図書館憲政資料室『鈴木隆夫関係文書』35-6「国会法の改正について 昭和二七年六月三日」,35-7「国会法の改正について 昭和二七年六月六日」,『朝日新聞』1952年6月6日。
(48) 例えば,「参議院の将来像を考える有識者懇談会」が斉藤十朗・参議院議長に提出した『参議院の将来像に関する意見書』(2000年4月26日)は,「本会議中心の議事運営を容易にし,議員による自由討議を促進するため」「定足数の規定は本会議における議決要件のみとする」ことを提唱している。

議院議員の出席率の問題に対する勧告文が出されたのを受け,「議員各位におかれては速かに(中略)帰京されるよう期待する」という「衆議院議長談」が出された。そこで「前から懸案になつておる本会議,委員会の出席者,登院者のリストをつくつて公表すること」が議院運営委員会で検討され,その議論を事務局がまとめたのが次のメモである。

　　議員出欠発表ノ件
一,本会議ノ欠席者ヲ毎月末ニ取リ纏メテ翌月早々衆議院公報ニ発表スルコト
　(イ)　議場ノ氏名標ノ立テテナイモノヲ欠席者トスルコト
　(ロ)　当日委員会ニ出席シタモノハ本会議ニモ出席シタモノトミナスコト
　(ハ)欠席ハ,請暇,服忌,欠席届出者及ビ事故欠ニ区別スルコト
尚委員会ニツイテハ発表シナイガ事務局ニテ出欠表ヲ作製スルコト
　(イ)　各委員会毎ニ作製スルコト
　(ロ)　当日何レカノ委員会ニ出席シタ者ハ他ノ委員会ニモ出席シタコトトスル
　(ハ)　欠席ハ,請暇,服忌,欠席届出者及ビ事故欠ニ区別スルコト

また「根本的問題として問題になつたもの」すなわち出席を励行する条件整備として次の6点が挙がった。

一,議員待遇,その内容は滞在雑費,宿舎に関する件。
二,議員の立法に資するための調査機関の整備に関する件,具体的には法制部,調査部の拡充。
三,政府の法案提出方整備促進に関する件,政府の法案の提出は不そろいである,これをなるべくとりまとめてほしい。
四,休会に関する件,ばらばら議会にしないで,休むべきときには必ず休んで,能率を上げる。
五,本会議開会の時刻を厳守する。
六,議員の出欠席発表の件[49]。

また1952年には「議員の出席を促進する件」の石田博英・衆議院議院運営委員長案として，第1に，これまでの本会議に「特別に請暇の許しもなく三分の二以上欠席した人の氏名を発表する」こと，第2に，登院要請の通達後，国会法124条（不当欠席議員の懲罰）を発動すること，という案がまとめられた(50)。

　これらからも事務局（警務部）が議員の出欠状況を把握していたことが窺われるが，その一例が1956年11月27日の衆議院本会議に関して残されている(51)。事務局は，欠席者を未応召，請暇届，欠席届で分け，それらの理由として病気，旅行，法養などを挙げた。その上で無届で無投票の議員数（68名）を計算している。議長談話の草稿と思われるメモでは，上述した1948年，1952年の議論について「結局は各意において善処されたように聞いて居ります」とし，「議員各位も諸種の事情があって，毎日登院されることが，出来ない場合も屡々あることと存じます。従いまして，国会法規も亦その点に関しては，議員のかかる立場を考慮して出来て居るように思われますので，（例えば請暇届，欠席届の提出とか）(52) 議員各位は，良識を以て善処されるべきであると信じます。（自分が忙わしいときは，秘書に届出させる等）」となっている(53)。また1960年4月にも無届欠席議員を

---

(49)　以上『議運』1948年4月6, 13, 14日，『鈴木隆夫関係文書』26-2「国会日誌　第二回国会」1948年4月6日，14日の条。
(50)　『議運』1952年5月24日，2頁，『鈴木隆夫関係文書』26-14「国会日誌　第十三回国会」1952年5月24日の条。
(51)　この日，日ソ共同宣言が批准されることになっていたが，全会一致の形をとるために吉田派などの反対派を出席させなかった。そこで野党は記名採決にして欠席者をあぶりだす作戦をとり，事務局に「請暇を許可した者，外遊しておる者」を明らかにすることを求め「正当な理由がないのに，欠席しておる議員」を特定しようとしたのである。『議運』1956年11月27日，『朝日新聞』1956年11月28日，『鈴木隆夫関係文書』52-1「第二五回国会議事進行日誌」1956年11月27日の条。
(52)　衆議院規則第181条乃至第185条。
(53)　『鈴木隆夫関係文書』50-1「昭和三一年一一月二七日欠席者調べ」，50-2「議員の出欠に関する規定についての覚書」。

調べているが，それまでに開かれた44回の本会議のうち，4分の1にあたる11回以上欠席した議員6名が挙げられている(54)。

ここで興味深いのは，野党改進党の石田一松が，出欠公表は「與党自体の不勉強の責任を，野党にまでかぶせて行こうというように見える」が，「定足数が足りないという問題は，それは少くとも野党がその責任を負うべきじゃない」として，出欠公表案に反対していることである(55)。これはいみじくも，野党が定足数確保を要求しているのは，国会への議員の出席それ自体を重視していたからではなく，あくまでも与党に負担をかける国対戦術でしかなかったことを，露呈していると言えよう。

本来定足数が目的であれば，与野党といった政治的立場による差はないはずである(56)。実際は，与野党は定足数を厳守させるか緩和させるかという点で対立しているのであるが，それは，定足数を国対政治の手段としてとらえ，定足数を確保する責任は与党にあって野党にはないという認識が共有されているからこそなのである。

---

(54) 『鈴木隆夫関係文書』63-2「第三十四回国会（四月十四日現在調）本会議日無届欠席議員」。

(55) 『議運』1952年5月24日，3頁。

(56) これは米国連邦議会の上院で，議事妨害演説（フィリバスター）に対する討論終結動議に対する賛否が，上院議員の無期限演説権に対する原則的立場によってではなく，議題となっている案件に対する政治的立場によって決せられていること（Binder and Smith, 1997）を想起させる。

終章　結論

1　本書の要旨

　本書は,「制度は過程に影響するが,制度設計者が意図した通りとは限らない」ということを,日本の立法を例として実証的に論じてきた。

　第1章では,政府法案提出手続という制度が戦中に始まって1961年に確立するまでを歴史的に検討した。内閣は国会で重要法案が廃案となる政治過程を避けるために,予算国会への提出予定法案件名・要旨調及び提出時期等調を整え,重要法案を選別して提出期限をかける制度により,法案数を削減することを意図していた。しかし内閣には,各省庁が重要でない法案や期限に違反した法案を提出するのを止めさせる政治力はなかった。他方で提出期限に遅れることは重要法案でないというシグナルであったので,国会はこれらを廃案とすることが比較的多かった。つまり政府法案提出手続は期待通りではないが,想定外の形でその意図する政治過程をもたらした。そのために,この制度はゲーム論で言う完全ベイジアン均衡として今日まで定着している。しかしこの均衡に到達するには20年の歳月を要した。

　第2章は,二院制という制度が意図した政治過程を生まなかったことを論じる二院制論批判であり,本書の中心をなす。何故二院制が必要かという繰り返される疑問に対する答えは,1つは議員構成の面において上院が下院よりも（戦後日本では参議院が衆議院よりも）年長で経験や知識に富むという意味でよりシニアな議員を擁することであり,もう1つはそうであるが故に法案審議の面において上院が下院よりも慎重かつ充実した高い水準を示すことである,とされてきた。しかしどちらの主張も,戦後日本の衆議院と参議院とを統計分析によって比較すると,実証的には支持できない根拠薄弱なものでしかないことを明らかにした。

まず第1節では，議員構成について衆参どちらがシニアかを考察した。全ての衆議院議員と参議院議員とを比べると，年齢と個別議員の在職年数については後者がシニアだが，学歴と議院全体の在職年数については前者がシニアであり，知的専門職は職種によって異なることがわかる。憲法や選挙法は参議院議員をシニアにするための制度をいくつか用意していたものの，設計時の意図通りに機能したのは6年の固定任期が個々の在職年数を伸ばした点だけであった。全国区・比例区の存在や被選挙権の高めの下限年齢などは，全く効果がなかった。むしろ影響力が大きかったのは，制度よりもその政治的運用であり，参議院議員としてのシニオリティを評価しない自民党政権の人事慣行や，参議院における独自会派（緑風会等）や無所属の多さは，参議院をジュニアにする効果があった。

　続く第2節では，衆参の法案審議を比較した。全ての政府法案を分析すると，衆参の審議過程は相互補完よりも重複が圧倒的に多いことが分かる。更に，概して衆議院の方が参議院よりも，先議院の方が後議院よりも，衆議院先議法案の方が参議院先議法案よりも，審議活動の水準が高い傾向にあり，二院制の意図とは逆の過程が生じている。さらに，何度も参議院改革の処方箋として唱えられてきた，参議院の先議案件の増加，審議日程の確保，予備審査の活用は，必ずしも有効ではなく，衆議院の優越を規定した憲法に原因がある訳でもないことを，実証した。

　二院制がその趣旨通りに機能していないのは，同じ公選制の下で，議員や審議が異なる2つの議院を作るという，根本的な矛盾に起因する。つまり，非選出部門であった貴族院を，選出部門である参議院に衣替えしつつ，かつ同じく選出部門である衆議院との差別化を図るという憲法の制度設計には，そもそも無理がある。

　第3章は，定足数という制度を俎上に載せた。建前として，定足数は与野党を問わず議員に出席を促すためにあるはずだが，議員が選挙区活動その他の政治活動のために国会を欠席しても，多くの場合それらは見過ごされる。実際には，与党議員の出席が少ない時に野党が反対する法案の審議を中断する国対戦術の一手段として定足数は用いられてきた。これが定足数制度の意図する過程でなかったことは言うまでもないだろう。

　「制度設計者が意図した通りに，制度は過程に影響する」という観念が古

くから根強いのに呼応して,「制度は過程に影響するが,制度設計者が意図した通りとは限らない」という疑念もまた長い歴史を持つ。本書は,後者を裏書きする3つの事例を,日本の立法政治の中から取り上げた。

2　制度をすり抜ける与野党

　一般的に制度が意図せざる過程を生む要因の1つとして,合理的政治アクターたる政党の戦略的行動を,序章で指摘した。とりわけ「国会は与党および野党のためにある」と捉える討議アリーナ論の視角からすれば,与党は多数派でも自らの一存で議事運営を制することができず,野党は少数派であるが故にその意向を反映させられず,あくまで双方が折り合う中で立法過程は紡ぎ出される。またそれこそが制度の意図する過程が頓挫する所以でもある。本書で取り上げた立法の制度を振り返っても,意図せざる政治過程の幾許かは与野党合作の所産であることがわかる。

　まず提出手続を遵守しなかった政府法案を非重要法案として国会で廃案に処しているのは,政府法案を事前に了承している与党の意向ではなく,少数派である野党の自力でもなく,あくまで両者の駆け引きの結果である。つまり内閣を規律づける統合組織は,それに対峙する制度としての国会なのである。こうした図式は,国会が与党と野党のためにあるという側面を強調する討議アリーナ論にも,共通するものである。

　衆議院と参議院の法案審議が似通っているのは,両院をまたぐ政党があること,議院独自会派がないこと,与党が両院で委員長を掌握する場合が多いことに,原因の一端がある。そもそも大筋において,与党が衆参の過半数をおさえていれば,異なる議決が出る可能性は低い。こうした相似形の政党構成を両院にもたらすものの1つに,議会制度と重要な相互作用を持つ選挙制度があろう。議院独自会派の象徴である緑風会が消滅したのは選挙に勝てなかったからである。国際的に見ても,非公選あるいは連邦制の第2院では両院の差異が大きい。

　定足数を遵守する義務は,本来,与野党で違いはないはずである。しかし実際には定足数不足で不利益を被るのは与党側であるので,定足数を満たす責任・必要は与党が負うことになる。少数派である野党は逆にそれを人質にとって,交渉を有利に運ぶ材料にする。無論究極的には,少数野党

の出席がなくとも，多数与党は自らの一存で定足数を充足して会議を開くことが可能であり，だからこそいわゆる強行採決といった事態も実際に起きてきた。しかしそれは間歇的にしか見られない現象であって，異議なき定足数割れの方がむしろ常態に近かった。

このように，制度の意図せざる過程を理解する上では，政党の戦略的行動，それも与党だけ，野党だけではなく，両者が無定形に相互作用する状況を，勘案しなければならない。

3 制度改革と実証研究

最後に，国会改革ひいては制度改革などの工学的発想に対する本書の含意を多少なりとも示唆して，稿を閉じたい。現在の日本政治に限らないかもしれないが，制度改革論議が喧しい。改憲に始まり，三権それぞれに関する，国会改革，行政改革，司法制度改革，あるいは憲法附属法典にまつわる，選挙制度改革，地方制度改革，公務員制度改革など大きなものから，個別の政策分野における法制度改革（例えば第1章第7項で触れた留意事項政策に限っても，税制，規制，教育，証券市場・金融システム，医療，年金，などの改革）に至るまで，無数のもの（あるいは役所の局の数ほど）が提言されている。

これらの制度改革を推奨する（あるいは批判する）には，「制度設計者が意図した通りに，制度は過程に影響する」という命題が正しいこと（あるいは間違っていること）を証明しなければならない。しかし制度改革案の中には，制度の趣旨から論理的には「制度設計者が意図した通りに，制度は過程に影響するはずである」と期待を語る抽象論や，制度の建前から「制度設計者が意図した通りに，制度は過程に影響するべきである」と理念を求める規範論が多い。しかしそれらに先立って必要なのは，制度の現実から経験的に「制度設計者が意図した通りに，制度は過程に影響する」という証拠を示す実証論である（政策評価はそうした方向への営為である）。つまり正誤や善悪よりも前に，真偽が明らかにされなくてはならない。

考えてみればこれは当たり前のことだろう。例えば病気になって医者にかかった時に，臨床試験を経ていない新薬を処方され，「この薬は効くべきだ」という規範論や「この薬は効くはずだ」という抽象論を語られても，

とても服用する気にはなるまい。「この薬は他人にも実際に効いた」と言われて初めて，薬の効果を信頼できよう。ところが，こと政治における制度改革となると，歴史に学ぶことなく，何ら実証的な根拠もなしに，善意しかない規範論や理屈しかない抽象論を振りかざすことが珍しくない。もちろん，事実しかない実証論だけで十分だというのではない。抽象論や規範論も有用である。しかしそれらは，実証論に支えられなければ，何ら意味を持ちえない。

　政治制度というのはそもそも隔靴搔痒の感を免れない不器用な道具である。何らかの政治過程を生むために制度を設計するという工学的手法は精度が低い。しかし，それでも「成功する制度改革の条件は，既存の制度を理解することである」(Greif, 2006, p. 403)。これは政治的立場を問わない。制度改革を進める改革派であれそれに抵抗する守旧派であれ，その制度がもたらす過程を正しく認識するのでなければ，自己利益を図ることすら覚束ないだろう。無論，実証研究であっても万能ではない。しかしその不足を補うのは，薬の再試験と同様，多方面からの実証論であって，規範論や抽象論ではない。実践的目的のためには，実証的な検討に基づく学問的知見が必要なのである。

付　録　データの紹介

　本書は，著者が作成した2つのデータを用いている。1つは政府法案のデータ，もう1つは国会議員のデータである。この付録では，両者を分けて，使用した変数の正確な定義と典拠資料について，変数の50音順で詳述する。さらに，国会議員データの基礎統計も示す。なお政府法案データの基礎統計については，福元（2000）を参照されたい。

1　政府法案データ：変数の定義と典拠

　第1回特別国会（1947年）から第147回通常国会（2000年）までの間に，内閣が国会に提出した全8090本の法案についてのデータである（第15回特別国会後の参議院緊急集会（1953年）に提出された4本は除く）。福元（2000）が作成したものを拡張したものだが，間違いを訂正した他の主たる変更点は，次の通りである。

- 第138回特別国会（1996年）から第147回通常国会（2000年）までのデータを追加した。
- 予備審査に関する変数を追加した。
- 第12回臨時国会（1951年）までの委員会総理答弁を補充した。
- 1954年の予算関係の有無を追加した。

委員会総理答弁

　その法案を議題とする各議院の委員会審査で，内閣総理大臣が答弁したか否かを表すダミー変数。委員会で議決されなければ欠損値。典拠は，『衆議院委員会議録』，『参議院委員会議録』の「発言者索引」。但し第39回臨時国会（1961年）から第48回通常国会（1965年）までは国立国会図書館調査及び立法考査局『国会会議録総索引』（国立国会図書館）を利用した。

委員会討論

各議院の委員会審査で採決前に討論（各党が賛否の理由を述べる）が行われた否かのダミー変数。委員会で議決されなければ欠損値。典拠は，第39回臨時国会（1961年）から第86回臨時国会（1978年）までは前掲『国会会議録総索引』，第87通常国会（1979年）以降の衆議院は衆議院事務局資料。それ以外の回次は欠損値。

形式修正，実質修正

よくある形式修正の例は，原案にあった施行期日を過ぎて成立する（ことが確実な）場合に「施行期日を『〇〇年四月一日』から『公布の日』に改めること」などとするものである（Mochizuki, 1982; 100-4）。本書では，当該法案あるいは関連法案の成立の遅延（のおそれ）を理由として，立法技術的観点から必要最小限の範囲で行う修正を，形式修正とした。それ以外の修正が実質修正である。各議院ごとの，委員会議決ではなく本会議議決を対象とした変数であり，可決でなければ欠損値である。修正の内容は，第79回臨時国会（1976年）までは衆議院法制局『制定法審議要録』（各国会，同じものが参議院法制局からも出ている）の委員長報告，第80回通常国会（1977年）から第124回臨時国会（1992年）までは衆議院常任委員会調査室編『調査』1-16号（衆議院常任委員会調査室，1977-92年），第125回臨時国会（1992年）以降は衆議院常任委員会調査室編『衆議院の動き』1-8号（衆議院事務局，1993-2000年）を参照し，以上にない場合は『衆議院会議録』，『衆議院委員会議録』，『参議院会議録』，『参議院委員会議録』にあたった。形式修正か実質修正かは著者が上記基準に基づき判断した。

重要度

衆議院・参議院（1990f）が，各回次の「第1章　概説」にある「国会の活動」で言及した法案を重要法案（12.7％），「法律案」の章で「主な法律案」として概説したもの（重要法案は除く）を準重要法案（23.7％），以上いずれでもないものを非重要法案（63.6％）とした。同書刊行後の第119回臨時国会（1990年）以降は欠損値。

なお本変数作成後，この指標の妥当性を裏付けるような資料を発見した。それは国立国会図書館憲政資料室『佐藤達夫文書』1203「帝国議会の重要

議案（AB）の選定試案」である。これは，衆議院・参議院（1962）の編修部員であった佐藤が（衆議院・参議院，1963，555頁），議案ごとに費やす「原稿枚数」を決めるため，1959年に草したものと推測される。そこでは各議案について「議員の発言量」「衆議院，貴族院報告中の議員参加数」から判定してABCDの4ランクに分けている。大体の傾向として，A（「提案理由と審議経過　3～4枚」）は本書で言う重要法案と同じく衆議院・参議院（1962）の各回次で「第1章　概観」に含まれ，B（「法案内容のみ，1～2枚」）は準重要法案のように「法律案」の章で略述され，CDが言及されないのも非重要法案と相通じる，ということが指摘できる。ここから，衆議院・参議院（1962）の後継である衆議院・参議院（1990f）における記述に依拠して「重要」な法案を判別すること，重要度が審査回数と連動することは（福元，2000，33-35頁），おそらく衆議院・参議院（1990f）の執筆者の主観からもそう離れていないと考えられる。

趣旨説明

　国会法第56条の2に基づき，本会議で議案の趣旨の説明が聴取されたか否かを示すダミー変数。後議院も予備審査のため内閣から法案を送付されるので（国会法第58条），欠損値はない。典拠は，衆議院事務局（1994，第8表），参議院事務局（1998c，第17表），両書刊行後は，前掲『衆議院の動き』，参議院事務局『議案審議表』（各国会）を参照した。

審査回数

　法案が委員（小委員会，連合審査会，打合会を含む）で案件として付議された回数。付託されても審査されなければ0ではなく欠損値。審査省略の場合は0。典拠は，第49回臨時国会（1965年）から第86回臨時国会（1978年）までは前掲『国会会議録総索引』，それ以外は『衆議院委員会議録』，『参議院委員会議録』の「付議案件索引」。但し（おそらくは速記者不足のため）採決日を含めて審査の会議録が残っていない6件については，『参議院公報』の委員会経過を調べた。

日程値，日程間値

会期冒頭を0，会期末を1とする尺度を想定し，採決などの審議段階がその間のどこに来るかによって，会期全体の中で早いのか遅いのかを表す指標が日程値で，具体的には，国会が始まってからその審議段階を迎えるまでにかかった日数（d）をその国会の会期（t）で割った値（d÷t）とする。継続審議の場合はこの考え方を拡張し，日程値1が1回目の会期末なのだから，日程値2が2回目の会期末，といった具合に先ほどの物差しを延長する。具体的には，整数部分がその審議段階を迎える前に経過してきた国会の回数（n），小数部分は当該国会の召集日からその審議段階までの日数（d_2）を当該国会の会期（t_2）で割った値から成る数（$n+(d_2 \div t_2)$）を指すものとした。但し政府法案が1つも新規に提出されずかつ成立した法案も全くない回次は，nの部分に算入しない。当該審議段階に到達しなかった場合は欠損値。

2つの審議段階の間の長さ（例えば法案提出から成立まで）を見るために，それぞれの審議段階の日程値の差をとったのが，日程間値である。

日程の典拠は，第118回特別国会（1990年）までは衆議院・参議院（1990e），第119回臨時国会（1990年）以降は前掲『議案審議表』であり，そこから著者が日程値と日程間値を計算した。

但し，本書では150をかけた値を用い，1単位が標準的な予算国会1日分に相当するようにしている（本文中でも明記してある）。

反対政党度数

有意政党（Sartori, 1976, pp. 121-5）のうち，衆議院で法案に反対した政党の数を，自由民主党・日本社会党・公明党・民社党・日本共産党の5党時代（第55回特別国会（1967年）から第126回通常国会（1993年）まで）と同じ政治的意味を持つように調整した値である。まず5党時代は反対した政党の数とする（棄権した党は含めない）。他の時代もそれにあわせて，全会一致なら0，全野党反対なら4，共産党が単独で会派を構成していない時期は1党（多くは社会党）のみが反対でも2という具合に調整し，その他は反対した政党の数を割り当てた。

有意政党か否かの判断は，原則として全ての常任委員会に委員を出していることを目安とした。具体的には，まず自民・社会・公明・民社・共産

が該当する。第22回特別国会（1955年）から第126回通常国会（1993年）までは，それ以外の政党は有意政党としない。第21回通常国会（1955年）までは社会党，共産党の他，日本自由党→民主自由党→自由党，民主党→国民民主党→改進党，国民協同党→新政治協議会，を有意政党とした。第127回特別国会（1993年）以降は，自民，社会（→社会民主党），公明（平和・改革→公明党・改革クラブ），共産の他，新生党→新改→改革→新進党，民友連→民主党，さきがけ，自由党→保守党，を有意政党とした。

第79回臨時国会（1976年）までは衆議院事務局資料に基づく衆議院本会議における賛否，第80回通常国会（1977年）以降は前掲『調査』，『衆議院の動き』に基づく衆議院各委員会における賛否をもとに，著者がコーディングした。但し第5回特別国会（1949年）までは衆議院本会議で議決された法案のうち12.6%が欠損値である。委員会で議決されない場合も欠損値である。

私が国会研究を始めて最も意外であったのは，記名投票（今日の参議院では押しボタン投票）でも全会一致でもない限り（全法案の43.7%），各会派・議員の賛否が公式の会議録に記載されていないことだった（前掲『調査』，『衆議院の動き』はあくまで事務局が作ったものであって，公的な記録ではないとのことである）。こうした情報をもとに有権者が次の選挙で投票することを想定しているのが標準的な民主主義の考え方だとすれば，これら基本情報の欠如は驚くべきである。

但し，当初の参議院規則旧第72条は，委員会報告書に多数者意見署名を附すことを定めていたので，第5回特別国会（1949年）から第29回特別国会（1958年）までは，『参議院委員会議録』で賛成した議員（否決なら反対した議員）を知ることができる。本書では参照していないが，待鳥・福元（2004）ではこれを利用している。しかし第29回特別国会で「過去の経験に徴し実情に沿わない点や慣行に合わない点の是正を図るため」この規程は削除された（衆議院・参議院，1990c，472，499-500頁）。

附帯決議

「委員会における付託案件の議決に際し，案件の採決に引き続き，当該案件に附帯してなされる委員会の決議」（生天目，1990；前田，1990，309頁）

の有無を表すダミー変数。内容は，①当該案件の実施もしくは関連施策等について行政府に対し希望，要望等を表明するもの，②当該案件の趣旨，使用されている概念・用語などの解釈について委員会の意思を明確にして行政府にその遵守・尊重を求めるもの，がある。法的拘束力はない。委員会で法案が議決されなければ欠損値。

典拠は，第14回通常国会（1952年）までは前掲『制定法審議要録』の委員長報告，第15回特別国会（1952-3年）から第38回通常国会（1961年）までは衆議院事務局資料，第39回臨時国会（1961年）から第79回臨時国会（1976年）までは前掲『国会会議録総索引』，第80回通常国会（1977年）以降は前掲『調査』，『衆議院の動き』。但し参議院については，第80回通常国会から第86回臨時国会（1978年）までは内閣官房「国会で審議された法律案・条約の一覧表」（または同旨の資料）『官報資料版』（随時），第87通常国会（1979年）から第91国会（1979年）までは衆議院事務局資料，第92回特別国会（1980年）から第94回特別国会（1981年）までは前掲『制定法審議要録』による。

付託委員会

　付託替えや委員会名称変更があれば，その後の委員会を参照した。付託も予備付託もされなければ欠損値。典拠は日程値に同じ。

予算関係法案

　「法律案のうち，それが制定されなければ予算及び予算参照書に掲げられた事項の実施が不可能であるもの」と内閣が判断した法案のダミー変数。詳しくは第1章を参照。典拠は，1954年については，類3962：12，閣乙第3号，1954年2月16日，内閣「第十九回国会政府提出及び提出予定法律案等件名調」，1955年から1976年までは総理府官房総務課内閣掛資料（内閣「第〇回国会政府提出及び提出予定法律案等件名調」または同旨の資料），衆議院事務局資料及び大蔵省主計局法規課資料，1977年以降は，前掲「国会で審議された法律案・条約の一覧表」（または同旨の資料），である。従って予算国会以外，及び1953年までは欠損値。

予算国会
　当初予算を成立させた国会（予算国会）に提出されたことを表すダミー変数。増山（2003）は予算を提出した国会，あるいは衆議院で成立させた国会，としている。本書と大きな違いはないが，当初予算が提出されながらもバカヤロー解散により参議院で審議未了廃案に終わった第15回特別国会（1952-3年）を予算国会とするか否かが変わってくる。通常国会だが予算国会でないのは，第14回（1952年），第21回（1954-5年），第54回（1966年），第117回（1989-90年）である。なおその他に注意するべき回次は，第128回臨時国会（1993-4年。年末をまたいでいるが予算国会ではない）である。

与党委員長
　その法案が付託された委員会の委員長が与党(1996-8年の社さの閣外協力を含む）であるか否かを示すダミー変数。会期の初期に委員長が交代することが多いので，法案が提出された会期半ばにおける委員長を参照した。付託も予備付託もされなければ欠損値。典拠は，参議院事務局（1998b，諸表2），衆議院事務局（2003a，付録24）。

予備審査
　議案が先議院から後議院に送付される前に，後議院委員会でなされる審査。詳しくは第2章第2節第2項(1)を参照。日付は『衆議院委員会議録』と『参議院委員会議録』による。これに基づき，日程値，回数，有無を著者が計算した。予備付託されなければ欠損値。

予備付託
　後議院で予備審査のために委員会に付託すること。日付と委員会名は前掲『議案審議表』による。これらにより，有無や日程値を著者が計算した。後議院も予備審査のため内閣から法案を送付されるので（国会法第58条），欠損値はない。

2 国会議員データ：変数の定義と典拠

現憲法が施行された1947年4月から1990年6月までに在職した全ての衆議院議員（2072名）と参議院議員（1178名）を対象としている。双方を経験した者（176名）でも別人として扱われている。観測単位は，議員とは限らず（観測数は3250），分析に応じて，議員毎の各任期（観測数は延べ10494），議員毎の各連続任期（観測数は延べ4072），議員毎の各年（観測数は延べ35344）などがあり，その場合は1人の議員が複数回データに現れる。任期は，選挙から選挙までの選挙期と似ているが，厳密には違う。例えば，1986年の総選挙で当選して衆議院議員になった者が，任期途中の1987年に辞職して知事選に立候補したが落選し，次の1990年総選挙が来る前に1988年の補欠選挙でまた復活当選した場合，1つの選挙期（1986-90年）に2つの任期（1986-7, 1988-90年）があることになる。

在職年数と年齢は，特に断らない限り，最初の月は入れないで数えた月数を12で除して年単位に換算したものである。例えば1950年1月の補欠選挙で初当選し，翌年7月に辞職した議員の在職年数は，18ヶ月を12で割って，1.5年となる。また帝国議会時代や観察が終わった1990年7月以降の在職年数も算入しない。

典拠資料は，特に断らない限り衆議院・参議院（1990a, b, d, g）であり，それがデータの対象時期の理由でもある。これらは議員の自己申告をとりまとめたものなので，全経歴を網羅しているとは限らないし，間違いもありうるが，全議員について同一基準で経歴を調べたという点で，これに勝る資料はないと思われる。

選挙に関するデータの典拠は，衆議院総選挙は川人・川人（1997），衆議院補欠選挙はReed（1992）の更新版，参議院地方区選挙はSteven R. Reed氏が作成したデータ，参議院全国区・比例区選挙は自治省『参議院議員通常選挙結果調』及び『朝日年鑑』の該当版，である。データを合併するにあたりご協力いただいた川人貞史氏，更新版・私家版のデータをご提供いただいたSteven R. Reed氏に感謝する。具体的には，所属政党，得票比，選出選挙区定数，入場回数の変数がこれらの資料を参照して作成されている。

前歴については，直前の職業に限らず，国会議員になる前に経験した職

業全てを対象とする。但し資料として使用した衆議院・参議院（1990d, g）は国会議員歴と他の職歴との前後関係が必ずしも明確でないので、「～となる（り），」という文言まで、もしくは大臣・政務次官・国会の役職が列挙されるまでの職歴を、前歴とみなした。但し、業界別（農林漁業，商業等）・規模別（大企業か中小企業か）の各種団体等の所属については、初当選以前の前歴なのか、議員当選後に顧問的に就いたものか、衆議院・参議院（1990d, g）では（あるいは他の資料でも）判別が特に難しいことから，本書では扱っていない。また，（特に最近の議員について）世襲議員であることを確認できる資料は存在するが（中，1980，第5章；東大法・蒲島郁夫ゼミ，2000），（特に昔の議員について）世襲議員でないことの確認は難しいので，本書では世襲議員について分析していない（東大法・第5期蒲島郁夫ゼミ，2005，52頁，も同旨）。

なお1990年以降の国会議員プロフィールについては東大法・蒲島郁夫ゼミ（2000），参議院議員については東大法・第5期蒲島郁夫ゼミ（2005）が，著者とは異なるが極めて精緻なコーディングによるデータを作成・分析しているので，参照されたい。

医師
　ダミー変数。歯科医師を含む。

学歴
　大学，短大，高校，中学の4段階に区分した。それぞれの学歴には中退も含める。学歴区分及びその旧制と新制との対応については，最も包括的と思われる，人事院規則9-8「初任給，昇格，昇級等の基準」別表第3「公務員給与の基準となる学歴免許等資格区分」及び「同規則の運用について（通知）」に依拠した（日本人事行政研究所（各年）に収録）。

教員
　ダミー変数。校長，視学（官），教育長などの教育行政職しか経験していない者は算入せず，実際に教壇に立つ教育専門職に限る。大学教授は性格が異なるので含まない。

公務員

　高級官僚，中堅公務員，一般公務員に区分した。詳しくは次項(1)を参照。特別職（政治任用の職（官選知事を含む），行政委員会委員，自衛官・武官，裁判官など），検察官，教育職，審議会等委員は，公務員としない。但し特別職のうち，事務方の秘書官，防衛庁事務官等（内局のいわゆる背広組），裁判所職員は，公務員に含める。

　課長等の職位は中央省庁のものである。但し旧自治省・内務省官僚を念頭に置いて，中央と地方の双方もしくは2つ以上の地方自治体に勤務した者は，地方の職位に相当する中央の職位に割り当てた。役付の地方公務員とは，係長・室長補佐・課長代理以上を指す。

　最終職位を分類するにあたっては，人事院規則9-8「初任給，昇格，昇級等の基準」別表第1「級別標準職務表」イ，同9-42「指定職俸給表の適用を受ける職員の俸給月額」別表に準拠した（日本人事行政研究所（各年）に収録）。不明のものは経験した職位等を参考に判断した。各職位の中間で退官した者は下級職位に割り当てた。例えば中二階は局長級ではなく課長級としている。

　いずれも戦前の相当する官職を含む。これについては，秦(1987)，百瀬(1990)が有益であった。

女性

　ダミー変数。名前から判断した。

所属政党

　選挙で当選した時に所属していた政党。当選してから次の選挙までの会派移動は反映されていない。1955年以前の諸政党のうち，日本自由党→民主自由党→自由党，民主党→国民民主党→改進党，国民協同党→新政治協議会などの主要保守政党は，いずれも自由民主党として扱った。同時期の右派社会党は，民社党ではなく社会党に算入している。新自由クラブは自民党に，進歩民主連合と社会民主連合は社会党に入れた。「その他」は諸派だけでなく無所属も含む。なお，第1回参議院通常選挙直後に結成された

緑風会の構成員74名については（衆議院・参議院，1990a, 251-2頁），選挙時無所属等であっても緑風会とした（この点は第2章第1節の初出論文と異なる）。

政治家秘書

ダミー変数。キャリア官僚が就く国務大臣秘書官を含めない。なお議員名からの印象と大卒の多さから秘書経験者には世襲議員が多いと思われる。中（1980, 88頁）によれば，秘書の3，4割は世襲議員である。

大学教授

ダミー変数。助教授を含む。

得票比

当選の十分条件であるドループ商（選挙区の総有効票数を，定数に1を足した数で割った値）で，得票数を除した百分率。議員の選挙の強さを表す。

3　国会議員データ：基礎統計

法案データについての基礎統計は福元（2000）に載せてあるので，ここでは議員データに関する基礎統計をいくつか紹介しておく。これまでの研究でも，国会議員の前歴として，高級官僚，地方政治家，政治家秘書，労組幹部などが多いことが既に広く知られている（黒田，1984；中，1980；Pempel, 1986; Ramsdell, 1992; 内田，1989, 160-6頁；若田，1986；吉野・今村・谷藤，2001）。しかしそこにはいくつかの方法的な問題があったように思われる。まず，いくつかの職業を経験してから議員になる者は珍しくないのだが，この場合往々にして前歴を主要なもの1つに限定することが見受けられる（これは社会階層研究の場合も同様である）。しかし今日のアイデンティティ・ポリティクスの成果を踏まえるならば，例えば経営者で地方政治家，あるいは高級官僚かつ首長といった重複について，無理に1つに絞ることは難しいし，かつ意味もない。次に，このことの必然的な結果でもあるが，様々な属性相互間の連関が，必ずしも十分に追究されてこ

なかった。第3に，分析対象が衆議院だけで参議院が欠けていたり，あるいは時期が分析直前に限定されていたりすることがしばしばであった。そのため，両院の比較，歴史的な変化を捉えることができなかった。

こうした問題点に対処するため，ここでは議員の前歴を1つに限るのではなく，複数の前歴を認める。その上で，各政党の組織政策や衆参の議員構成の違いを見るため，各経歴・諸属性の時系列的な推移，他の経歴・諸属性との関連について，適宜国際比較も交えつつ，論述する。

(1) 公務員・労働組合・教員

まず国会議員の有力な供給源である公務員について検討する。公務員出身の国会議員は3割を占める（表4-1。なるべく平均像を表すため，観測単位である議員を在職年数で重み付けしている）。その中で最終職位がどのように分布しているかを見ると，中央省庁の次官級が11%，局長級が16%，課長級が25%である。これらをいわゆるキャリアの中核と考え，第2章第1節同様，ここでも高級官僚と呼ぶことにすると，これで全公務員出身者の半分に達する。それ以外のうち役付の地方公務員や大卒は，キャリアかノンキャリアか判別しかねるので，中堅公務員として括り出すことにし（31%），その他は中央・地方の公務員ともノンキャリアの特徴を示すと予想し，一般公務員と定義する（17%）。中堅公務員の初当選年齢が高級官僚よりも若いのはキャリアの昇進順路を反映しており，一般公務員が両者の中間であるのはノンキャリアの国政進出パタンがキャリアとは異なることを示していよう（表4-2）。

政党ごとに最終職位別の公務員の比率を見ると，自民党は高級官僚が多いこと，公明党に高級官僚が少ないこと，社会党は一般公務員が多いこと，民社党に一般公務員が少ないこと，共産党も社会党ほど一般公務員が多くないことがわかる。なお一般公務員のうち労組出身の割合は，社会党・共産党は8割前後だが，他3党は皆無である。以上をあわせて考えると，官公労を主体とするのは社会党だけで，民社党・共産党は違うと言える。なお参議院に高級官僚が目立つ。

次いで歴史的な変化を概観しよう。まず，各年末に在職している議員中の公務員の比率を見ると（図4-1），高級官僚は当初1割弱しかいなかった

表4-1　前歴・属性の政党別・議院別分布（％）

		全体	政党別						議院別	
			自民	公明	民社	社会	共産	その他	衆議院	参議院
前歴	公務員									
	高級官僚	15.9	23.6	1.5	6.2	3.3	0.0	19.8	13.3	20.9
	中堅公務員	9.5	10.6	5.4	8.9	8.7	5.1	8.7	9.8	8.8
	一般公務員	5.2	2.4	5.6	2.4	13.0	6.7	2.9	4.9	5.8
	非公務員	69.4	63.4	87.6	82.5	75.1	88.2	68.5	72.0	64.5
	合計	100.0	100.0	100.0	100.0	100.0	100.0	100.0	100.0	100.0
	一般公務員×労組	2.7	0.0	0.0	0.0	11.0	5.3	0.0	2.2	3.8
	労組	13.1	0.4	1.1	29.3	43.4	28.2	5.3	10.6	17.8
	教員	8.8	4.8	6.3	6.5	17.2	23.1	10.0	8.2	10.0
	教員×労組	2.4	0.0	0.0	0.0	8.2	9.0	2.0	1.7	3.6
	地方政治家全体	30.8	32.2	41.2	33.0	31.0	14.0	19.0	33.3	26.1
	県議等	20.0	20.5	25.7	21.4	21.6	10.8	10.3	22.0	16.2
	市議等	13.2	12.2	29.7	19.8	13.4	6.0	8.3	15.2	9.3
	市長等	5.8	7.4	0.0	1.6	5.6	0.0	3.8	6.2	5.1
	知事	3.0	4.9	0.0	0.2	0.3	0.0	2.6	2.4	4.1
	経営者	13.5	18.2	9.2	8.5	4.2	3.1	18.0	13.8	13.1
	秘書	7.7	10.4	4.1	5.6	4.3	0.0	5.1	10.1	3.0
属性	最終学歴									
	大学	66.2	77.0	55.4	61.6	46.1	60.4	59.8	69.7	59.4
	短大	12.5	9.1	17.8	8.2	17.6	17.4	20.0	9.8	17.8
	高校	13.4	8.4	21.1	17.5	23.0	15.6	12.2	12.6	14.9
	中学	2.5	1.0	3.2	4.9	5.1	3.6	2.8	2.0	3.4
	なし	5.5	4.6	2.5	7.9	8.1	3.0	5.2	6.0	4.5
	合計	100.0	100.0	100.0	100.0	100.0	100.0	100.0	100.0	100.0
	女性	3.3	1.6	3.0	4.2	4.4	15.8	7.0	1.8	6.2

議員を在職年数で重み付け。
地方政治職間に重複があるので，それらを合計しても地方政治家全体の割合に一致しない。
政党は，任期ごとに当選した際の所属による。

のが，1950年代前半までに2割にまで比率を伸ばしている。ここにはいわゆる党人派に対する官僚派の台頭が表れている。その後は1割台に至るまで緩やかに減少している。官界はリクルート源としての機能を果たさなくなってきた。中堅公務員や一般公務員には大きな変化は見られない。これは，ヨーロッパで公務員出身の比率が戦後3割から4割に増えたのとは対照的である（Best and Cotta, 2000, fig. 13.10）。

ではキャリア官僚出身者の最終職位は，初当選年次によってどう変わっているであろうか。佐藤・松崎（1986，101-4頁）は，まず衆議院について，かつては吉田学校のように高級官僚は国会議員後も抜擢されたので次

表4-2　前歴・属性別の特徴

		初当選年齢 (平均値)	大卒 (%)
前職	公務員		
	高級官僚	54.9	96.5
	中堅公務員	48.9	92.7
	一般公務員	50.1	0.0
	非公務員	50.2	60.5
	労組	48.9	31.4
	教員	50.6	45.3
	地方政治家全体	52.8	54.7
	県議等	52.6	49.5
	市議等	52.8	44.4
	市長等	55.2	57.8
	知事	57.9	94.2
	経営者	51.8	60.0
	秘書	44.8	88.7
属性	学歴		
	大学	50.1	—
	短大	52.4	—
	高校	50.6	—
	中学	53.1	—
	なし	52.8	—
	女性	50.0	27.4
全体		50.7	66.2

大卒率は議員を在職年数で重み付け。

官・局長級にまで昇り詰めてから転じてもよかったが，近年は当選回数至上主義が貫徹されているので，「ポスト佐藤期になると，局長級以上が激減し，それ以下が急増している」と指摘した（内田，1989，164頁も同旨）。他方で「参議院については，現在なお次官・局長級からの転進が主流」だと述べているが，データは示していない。そこで総選挙・通常選挙ごとに，初当選した高級官僚及び（課長就任前に官を辞したキャリアも捉えるため）中堅公務員に占める次官・局長級の割合を議院別に見ていくと，概ね以上の指摘は裏付けられた（図4-2。但し衆議院は田中政権から激減するのではなく，岸内閣以降漸減している(1)）。つまり代議士として出世するため，役人として昇進する前の若い段階で国政に打って出ている。参議院の場合は，ストックにおける高級官僚数は減りながらも，高級官僚の入場フローに占める局長級以上出身者の割合は変わっていない。

ところで前述のように一般公務員は官公労と相当重複していた訳だが，それに関連して民間も含めた全般的な労組出身議員についても，ここで論じておきたい。政党別に見れば，社会党，民社党，共産党の順に労組出身が多いのは予想通りである（表4-1）。また労組出身者は全体として増え

（1）　佐藤・松崎（1986，232頁）は課長以下も扱っているとしているが，実数から判断して中堅公務員は入れていないと思われる。そこで彼らの分析との比較のため，課長級以上の自民党だけに絞っても，田中内閣ではなく佐藤内閣から激減する（図は省略）。

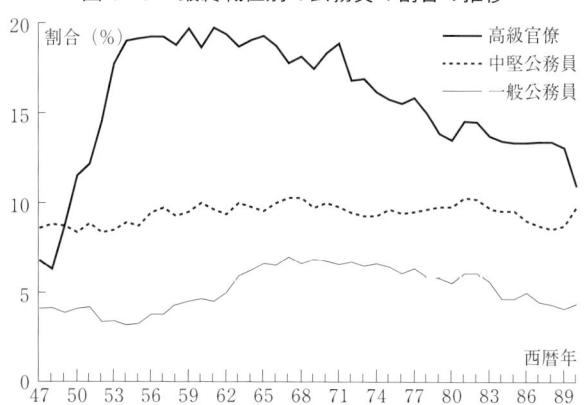

図4-1 最終職位別の公務員の割合の推移

図4-2 初当選した高級官僚・中堅公務員に占める次官・局長級経験者の割合の推移

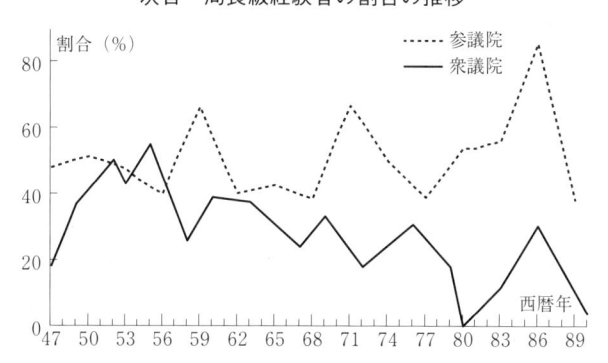

ているが（図4-3，各年末現在），これは実は社会党に限った話で，他党はそれほど大きい変化はない。「総評政治部」とさえ揶揄された社会党の人材的な労組依存は，時を経るにつれて強まったことを物語る。また他の前歴と異なり労組出身議員の初当選年齢は明確に上昇しており（図は省略），国会議員職が労組幹部の上がりポストと化していったことを示している。また組織代表としての性格を反映してか，労組出身の割合は参議院の方が高い。

また公務員から除外した教員について，私学も含めて瞥見しておく。全

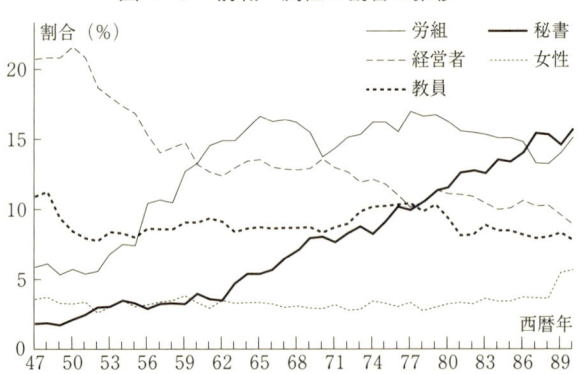

図4-3 前職・属性の割合の推移

体としては1割弱であるところ、やはり共産党、社会党が2割前後と多いが、うち組合経由は4割前後と案外少数派である（表4-1）。時期的な変化は特に見られない（図4-3）。ヨーロッパで漸増傾向にあるのとは異なるものの、絶対的水準はそれほど変わらない（Best and Cotta, 2000, fig. 13.11[(2)]）。

（2） 地方政治家

次にもう一つの有力な前歴である地方政治家出身について検討すれば、全国会議員の3割が該当する。これは欧州より2、3割少ない（Best and Cotta, 2000, fig. 13.3）。内訳を見ると、都道府県議が一番多く、市区郡町村議、市区郡町村長、都道府県知事（内地・外地での官選知事も含む）と続く（表4-1。以下各々、県議等、市議等、市長等、知事と略す。なおいずれも直接公選でない時期のものも含む）。また初当選年齢は比較的遅い（表4-2）。

まずこれら地方政治職間の重複関係から整理する。市レヴェルと県レヴェルとの関係で言えば、市議等の57％、市長等の46％は県議にもなっている。県政をとばし市町村レヴェルの政治経験だけでいきなり国政に登場す

[(2)] 大学教員は他の教員と性格が異なるので、表4-1と図4-3では教員に含めていないが、Best and Cotta（2000, fig. 13.11）は含んでいる。

ることは困難なのであろう。もう一方で知事は，単に少ないばかりでなく，他の地方政治職経験とのクロス表を作成すると（表は省略），相反関係にあるかもしくはカイ二乗値が有意でなく，全く異なる昇進経路であることを示唆している。これは，知事に内務官僚を中心とした官選知事が含まれていることも関連していると思われ，現に知事経験者の75％は高級官僚でもある（他の地方政治職では非公務員が8割以上である[3]）。

なお地方議会で議長に就くことがどれほど重みを持つかであるが，市議等，県議等のうち議長経験者はそれぞれ13％，16％であり，地方議会で地位を極めてから国会に出てくる訳ではない。そこまで下積みが長いと国会議員として経歴を蓄える時間的余裕が失われるからであろう。また地方議会で権力基盤を積むことが，国会議員選挙に勝つためにそれほど必要でもないことの表れとも考えられる（表2-1-3）。

次に党派別の分布を検討しよう（表4-1）。まず地方議会議員（特に市議等）については，公明党に多く，共産党に少ないことが目につく。同じ組織政党でも，公明党が地方レヴェルから叩き上げてくるのに対して，共産党は国会議員と地方議員を比較的峻別していると言える。但し詳しく検討を加えると（図は省略），公明党は1960年代に国政へ本格的に進出する際，大幅に地方議員を登用したのだが，彼らが退場するのに伴い，地方政治家の比率は他党並となっている。自民党は意外にも平均的な水準しか地方議員をリクルートしていない。他方，市長等は自民党と社会党で多い。知事が自民党に多いのは地方政治家としてというよりは官僚としてだと考えられる。議院別では，知事を除く各地方政治職とも衆議院の方が多い。

最後に時系列変化を追う。各年末時点で在職している国会議員に占める地方政治家全体の比率を見ると（図4-4），3割程度でずっと一定している。しかし内訳を調べると，県議のプレゼンスだけが一貫して上昇している。こうした傾向は，初当選時期別に見ると一層明瞭である（図は省略）。つまり国会に進出するにあたっての，市議等・市長等に対する県議等の優位は，当初からあったのではなく，戦後を通じて徐々に形成されてきた訳

（3） 重久・農端（2005，81頁）によれば，戦後の参議院議員で（前職に限らない）知事経験者のうち，39％は官選知事である。

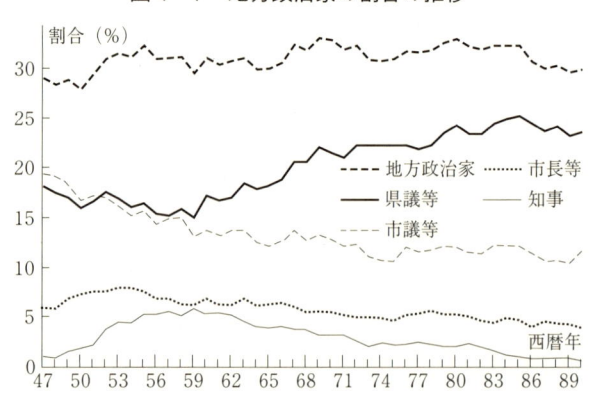

図4-4 地方政治家の割合の推移

である。なお1960年以降は初当選の中で知事出身者が急減するが，これはそれまで多かった戦前の官選知事が出尽くしたからだと思われる。また初当選時の年齢は（ケースの少ない知事が高齢化しているのを除き）あまり変わっていない。

(3) その他の前歴・属性

　その他によく言及される前歴として，経営者（営利団体の長），政治家秘書について概観する（表4-1）。まず政党別に見ると自民党に経営者や秘書が多い。次に時系列的変化をたどると（図4-3），一貫して経営者は減り（これは実は参議院だけである），秘書は増えている。なお秘書は45歳と若くして初当選する（表4-2）。それでも経営者が当初2割近くいたのは，欧州がずっと1割程度だったのと比べれば多い方である（Best and Cotta, 2000, fig. 13.7）。

　前歴の他に，議員に就く前から持っている属性について見ておく。まず最終学歴であるが，標準的な4段階の学歴分布を見ると，大卒が圧倒的に多い（表4-1）。これはヨーロッパ諸国の平均より約1割高い（Best and Cotta, 2000, fig. 13.2）。そこで焦点を大卒率に絞って前歴ごとの違いを調べると（表4-2），高級官僚が9割を越すのに対して，労組は3割台に留まる。また地方政治家も半分のみが大卒であり，平均よりも低い（高級官僚の多い知事だけは9割以上が大卒）。以上を踏まえて政党別の大卒率を

調べると，高級官僚の多い自民は7割以上であり，他方で一般公務員や労組出身が多い社会党は半分に満たない。他の政党はその中間の6割前後である。なお衆議院の方が高学歴である。また時間的変化に目を転じると（図4-5），占領期に高級官僚の進出に伴い大卒率も6割を越え，その後は6割台で一定水準を保つが，学士号がインフレした新学制世代が増えることで，1970年代後半以降また増え始めた。

最後に性別についてだが，女性は平均して3.3％であり，ヨーロッパで1980年代以降1，2割を達しているのと比べて（Best and Cotta, 2000, fig. 13.6）明らかに少ない。参議院の地方区（3.5％）が全国区・比例区（10.4％）より女性の割合が低いのは，一般的に選挙制度がより比例的であるほど女性議員が選出されやすいからであるが（Vengroff, Creevey and Krisch, 2000），衆議院より高い点は選挙制度以外の説明を必要とする。また共産党は意図的な方針によるのか，女性議員が極端に多い。そのため女性議員の他の職業との相関などは，教員経験者が党派を問わず多いこと（36％）を除き，共産党のそれとほぼ同じなので，詳細は割愛する[4]。

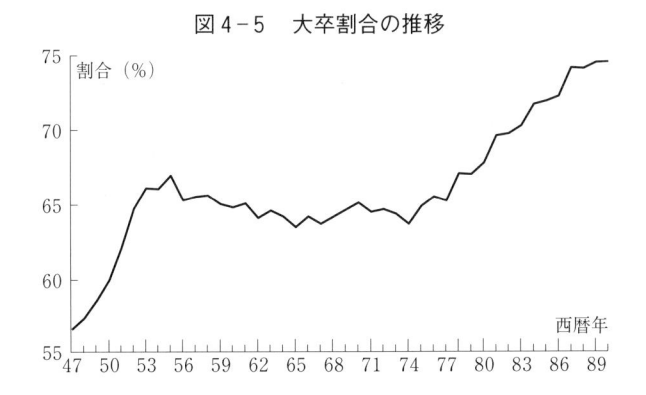

図4-5　大卒割合の推移

（4）　なお河野（1995）は女性代議士の特徴として，教員出身が多いこと，かつては夫の身代わりが多いことを挙げている。

参考文献

和文

浅野一郎・河野久編. 2003. 『新・国会事典　用語による国会法解説』有斐閣.
浅野善治・高橋和之・高見勝利・成田憲彦. 2000. 「〔座談会〕期待される国会像」『ジュリスト』1177：2-36.
浅野正彦. 2006. 『市民社会における制度改革　選挙制度と候補者リクルート』慶應義塾大学出版会.
荒敬. 1994. 『日本占領史研究序説』ミネルヴァ書房.
伊藤修一郎. 2002. 『自治体政策過程の動態　政策イノベーションと波及』慶應義塾大学出版会.
岩井奉信. 1988. 『立法過程』東京大学出版会.
ウィリアムズ，ジャスティン（市雄貴・星健一訳）. 1989. 『マッカーサーの政治改革』朝日新聞社.
内田健三. 1989. 『現代日本の保守政治』岩波書店.
内田健三・金原左門・古屋哲夫編. 1990. 『日本議会史録　第4巻』第一法規.
大石眞. 1997. 「国会改革をめぐる憲法問題」『法学論叢』141(6)：1-24.
大蔵省財政史室編. 1981. 『昭和財政史　終戦から講和まで　第一七巻　資料（一）』東洋経済新報社.
大蔵省財政史室編. 1982. 『昭和財政史　終戦から講和まで　第一八巻　資料（二）』東洋経済新報社.
大蔵省財政史室編. 1994. 『昭和財政史　昭和二七-四八年度　第三巻　予算（一）』東洋経済新報社.
大河内繁男. 2000. 『現代官僚制と人事行政』有斐閣.
大山礼子. 2003a. 『比較議会政治論』岩波書店.
大山礼子. 2003b. 『国会学入門　第2版』三省堂.
鹿毛利枝子. 1997. 「制度認識と政党システム再編」大嶽秀夫編『政界再編の研究』有斐閣, 303-38.
加藤淳子. 1991. 「政策決定過程の理論と実証——公的年金制度改革と医療保険制度改革のケースをめぐって」『レヴァイアサン』8：165-84.
上川龍之進. 2005. 『経済政策の政治学　90年代経済危機をもたらした「制度配置」の解明』東洋経済新報社.
川人貞史. 2004. 『選挙制度と政党システム』木鐸社.

川人貞史．2005．『日本の国会制度と政党政治』東京大学出版会．
川人貞史・川人典子．1997．『衆議院総選挙候補者選挙区統計　1890-1990　改訂版』（フロッピー・ディスク）エル・デー・ビー．
川人貞史・福元健太郎・増山幹高・待鳥聡史．2002．「国会研究の現状と課題——資料解題を中心として」『成蹊法学』55：157-200．
川人貞史・増山幹高．2005．「権力融合と権力分立の立法過程的帰結」『年報政治学　2005-Ⅰ』181-200．
河野銀子．1995．「エリート女性の輩出ルートに関する考察——衆議院議員を事例として」『教育社会学研究』56：119-37．
教育社編．1979．『内閣・総埋府』教育社．
行政改革会議．1997．『最終報告』．
栗山雅子．1981．「占領期の"外交"〔1〕GHQ と終戦連絡事務局」『みすず』251：2-21．
黒田覚．1958．『国会法』有斐閣．
黒田展之編．1984．『現代日本の地方政治家　地方議員の背景と行動』法律文化社．
現代議会政治研究会．1987．『議会用語ハンドブック』ぎょうせい．
河野勝．2002．『制度』東京大学出版会．
小島和夫．1979．『法律ができるまで』ぎょうせい．
財政調査会編．1955．『国の予算　昭和三〇年度』同友書房．
財政調査会編．1956．『国の予算　昭和三一年度』同友書房．
斉藤十朗．1998．「二院制と参議院のあり方」『議会政治研究』45：1-12．
酒田正敏．1993．「帝国議会の『立法権』行使の時系列的変化について」有馬学・三谷博編『近代日本の政治構造』吉川弘文館，20-65．
佐久間彊編．1960．『戦後自治史Ⅲ（参議院議員選挙法の制定）』自治大学校．
佐藤幸治．1990．『憲法〔新版〕』青林書院．
佐藤誠三郎・松崎哲久．1986．『自民党政権』中央公論社．
佐藤達夫．1953．「法律が生まれるまで」『法律時報』25(1)：45-50．
佐藤達夫．1957．「参議院全国区制の成立過程」『レファレンス』83：1-27．
佐藤達夫．1994．『日本国憲法成立史　第四巻』有斐閣．
佐藤吉弘．1994．『注解　参議院規則（新版）』参友会．
鮫島眞男．1996．『立法生活三十二年　私の立法技術案内』信山社．
参議院事務局．1992．『参議院改革の経緯と実績』参議院事務局．
参議院事務局．1999．『参議院改革の経緯と実績（二）』参議院事務局．
参議院事務局編．1998a．『平成10年版　参議院先例録』大蔵省印刷局．
参議院事務局編．1998b．『平成10年版　参議院委員会先例録』大蔵省印刷局．
参議院事務局編．1998c．『平成10年版　参議院先例諸表』大蔵省印刷局．

重久良輝・農端康輔. 2005.「議員プロフィール」東大法・第5期蒲島郁夫ゼミ編『参議院の研究　第2巻　議員・国会編』木鐸社, 49-104.
七高敬三郎. 1987.『国会の常識』泉書房.
衆議院・参議院編. 1962.『議会制度七十年史　帝国議会史』上・下. 大蔵省印刷局.
衆議院・参議院編. 1963.『議会制度七十年史　憲政史概観』大蔵省印刷局.
衆議院・参議院編. 1990a.『議会制度百年史　院内会派編貴族院・参議院の部』大蔵省印刷局.
衆議院・参議院編. 1990b.『議会制度百年史　院内会派編衆議院の部』大蔵省印刷局.
衆議院・参議院編. 1990c.『議会制度百年史　議会制度編』大蔵省印刷局.
衆議院・参議院編. 1990d.『議会制度百年史　貴族院・参議院議員名鑑』大蔵省印刷局.
衆議院・参議院編. 1990e.『議会制度百年史　国会議案件名録』大蔵省印刷局.
衆議院・参議院編. 1990f.『議会制度百年史　国会史』上・中・下. 大蔵省印刷局.
衆議院・参議院編. 1990g.『議会制度百年史　衆議院議員名鑑』大蔵省印刷局.
衆議院事務局編. 1978.『衆議院先例集　昭和五十三年版』衆栄会.
衆議院事務局編. 1994.『衆議院先例集諸表　平成6年版』衆栄会.
衆議院事務局編. 2003a.『衆議院先例集　平成15年版』衆栄会.
衆議院事務局編. 2003b.『衆議院委員会先例集　平成15年版』衆栄会.
菅原琢. 2005.「本会議」東大法・第5期蒲島郁夫ゼミ編『参議院の研究　第2巻　議員・国会編』木鐸社, 362-404.
鈴木隆夫. 1953.『国会運営の理論』聯合出版社.
関守. 1984.「内閣提出法律案の立案過程」『ジュリスト』805：25-33.
総理府編. 1959.『内閣・総理府Ⅰ』大蔵省印刷局.
総理府史編纂委員会. 2000.『総理府史』大蔵省印刷局.
曽我謙悟. 2005.『ゲームとしての官僚制』東京大学出版会.
高松淳也. 2004.「社会資本整備の政治過程における決定のルールとアリーナ——整備新幹線と空港整備をケースとして」『レヴァイアサン』35：59-85.
竹中治堅. 2005a.「『日本型分割政府』と参議院の役割」『年報政治学　2004』99-125.
竹中治堅. 2005b.「日本型分割政府と法案審議——拒否権プレーヤーと『金融国会』再論」『選挙学会紀要』5：43-59.
竹中治堅. 2006.『首相支配　日本政治の変貌』中央公論新社.
建林正彦. 1997.「中小企業政策と選挙制度」『年報政治学　1997』177-96.
建林正彦. 2004.『議員行動の政治経済学　自民党支配の制度分析』有斐閣.

辻清明．1969．『新版　日本官僚制の研究』東京大学出版会．

都築一治編．1998．『1995年 SSM 調査シリーズ 5　職業評価の構造と職業威信スコア』1995年 SSM 調査研究会．

寺光忠．1947．『國會の運営　参議院規則釈義』刑務協会．

東大法・蒲島郁夫ゼミ編．2000．『現代日本の政治家像』木鐸社．

東大法・第5期蒲島郁夫ゼミ編．2005．『参議院の研究　第2巻　議員・国会編』木鐸社．

内閣制度百年史編纂委員会編．1985．『内閣制度百年史』上・下．大蔵省印刷局．

内閣法制局百年史編集委員会編．1985．『内閣法制局百年史』大蔵省印刷局．

内閣法制局史編集委員会編．1974．『内閣法制局史』大蔵省印刷局．

直井優．1979．「職業的地位尺度の構成」富永健一編『日本の階層構造』東京大学出版会，434-72．

直井優・盛山和夫．1990．『現代日本の階層構造　1　社会階層の構造と過程』東京大学出版会．

中久郎編．1980．『国会議員の構成と変化』政治広報センター．

中野目徹．1996．「閣議書・解読のための予備的考察──『立法資料』としての位置づけをめぐって」山中永之佑監修『近代日本地方自治立法資料　四』弘文堂，69-84．

中村剛．1998．「参議院の常任委員会再編──経緯と問題点」『議会政治研究』45：18-23．

中山千夏．1986．『国会という所』岩波書店．

生天目忠夫．1990．「附帯決議の意義と効果」『議会政治研究』16：18-24．

西尾勝．2001．『行政学　新版』有斐閣．

日本人事行政研究所編．各年．『給与小六法』学陽書房．

日本有権者連盟編．1996．『政治家の通信簿』四谷ラウンド．

野島貞一郎編．1971．『緑風会十八年史』中央公論事業出版．

河世憲（ハ　セフン）．2000．「国会審議過程の変容とその原因」『レヴァイアサン』27：125-54．

秦郁彦．1987．『戦前期日本官僚制の制度・組織・人事』東京大学出版会．

ビアード，C. A.（斎藤眞・有賀貞訳著）．1986．『アメリカ政党史』東京大学出版会．

福元健太郎．2000．『日本の国会政治　全政府立法の分析』東京大学出版会．

福元健太郎．2003．「立法」平野浩・河野勝編『アクセス　日本政治論』日本経済評論社．135-52頁．

福元健太郎．2004．「国会は『多数主義』か『討議アリーナ』か？　増山幹高著『議会制度と日本政治　議事運営の計量政治学』（木鐸社，二〇〇三年）をめぐって」『レヴァイアサン』35：152-9．

福元健太郎・脇坂明. 2004.「国会議員の人材ポートフォリオ分析」『学習院大学経済経営研究所年報』18：71-86.
古川隆久. 2001.『戦時議会』吉川弘文館.
古川隆久. 2005.『昭和戦中期の議会と行政』吉川弘文館.
毎日新聞特別取材班. 1996.『ルポルタージュ 国会は死んだか？』毎日新聞社.
前田英昭. 1990.『明治・大正・昭和・平成 エピソードで綴る国会の一〇〇年』原書房.
前田英昭. 2001.『国会と政治改革』小学館.
牧原出. 1996.「内閣・官房・原局——占領終結後の官僚制と政党（二）」『法学』60（3）：461-536.
牧原出. 2003.『内閣政治と「大蔵省支配」 政治主導の条件』中央公論新社.
牧原出. 2005.「戦後日本の『内閣官僚』の形成」『年報政治学 2004』47-66.
牧原出. 2006.「憲政の中の『内閣官僚』」坂野潤治・新藤宗幸・小林正弥編『憲政の政治学』東京大学出版会, 271-317.
増田正. 1995.「第二院の役割と参議院改革」堀江湛・笠原英彦編『国会改革の政治学』PHP研究所, 145-72.
増山幹高. 1998.「国会運営の対立と協調——空間理論化と計量的検証」『公共選択の研究』30：83-90.
増山幹高. 2002.「政権安定性と経済変動——生存分析における時間変量的要因」『年報政治学 2002』231-45.
増山幹高. 2003.『議会制度と日本政治 議事運営の計量政治学』木鐸社.
増山幹高. 2004.「福元書評への応答——立法における時間と影響力」『レヴァイアサン』35：160-3.
増山幹高. 2006.「立法における変換 vs 態度表明——国会審議と附帯決議」『レヴァイアサン』38：131-53.
待鳥聡史. 2000.「緑風会の消滅過程——合理的選択制度論からの考察」水口憲人・北原鉄也・久米郁男編『変化をどう説明するか 政治篇』木鐸社, 123-45.
待鳥聡史. 2001a.「参議院自民党における閣僚ポスト配分ルールの形成——出発点としての一九七一年参議院議長選挙」『選挙研究』16：67-77.
待鳥聡史. 2001b.「国会研究の新展開」『レヴァイアサン』28：134-43.
待鳥聡史. 2002.「参議院自民党と政党再編」『レヴァイアサン』30：67-89.
待鳥聡史. 2004.「議会研究と国会研究の間で」『レヴァイアサン』35：146-51.
待鳥聡史・福元健太郎. 2004.「両院協議会と衆院再議決——国会における二院制の政策的帰結」日本選挙学会研究会報告論文. <http：//www-cc.gakushuin.ac.jp/~e982440/>
松澤浩一. 1987.『議会法』ぎょうせい.

真渕勝．1987．「アメリカ政治学における『制度論』の復活」『思想』761：126-54．
真渕勝．1994．『大蔵省統制の政治経済学』中央公論社．
御厨貴．1996．『政策の総合と権力』東京大学出版会．
三谷太一郎．1977．「政党内閣期の条件」中村隆英・伊藤隆編『近代日本研究入門』東京大学出版会，68-86．
向大野新治．2002．『衆議院　そのシステムとメカニズム』東信堂．
村川一郎．1985．『日本の政策決定過程』ぎょうせい．
百瀬孝．1990．『事典昭和戦前期の日本　制度と実態』吉川弘文館．
吉野孝・今村浩・谷藤悦史編．2001．『誰が政治家になるのか』早稲田大学出版部．
リード，スティーヴン・R，2003．「並立制における小選挙区候補者の比例代表得票率への影響」『選挙研究』18：5-11．
臨時行政調査会．1964．『改革意見』．
若田恭二．1986．『現代日本の政治と風土』ミネルヴァ書房．

英文

Adler, Scott E., and John S. Lapinski, eds. 2006. *The Macropolitics of Congress*. Princeton: Princeton University Press.

Alt, James E., Gary King, and, Curtis S. Signorino. 2001. "Aggregation Among Binary, Count, and Duration Models: Estimating the Same Quantities from Different Levels of Data." *Political Analysis* 9 (1): 21-44.

Andeweg, Rudy B. 1992. "Executive-Legislative Relations in the Netherlands: Consecutive and Coexisting Patterns." *Legislative Studies Quarterly* 17 (2): 161-82.

Baerwald, Hans H. 1974. *Japan's Parliament: An Introduction*. London: Cambridge University Press.

Bagehot, Walter. 1867=1963. *The English Constitution*. London: Oxford University Press.

Baldwin, Nicholas D. J., and Donald Shell, eds. 2001. *Second Chambers*. London: Frank Cass.

Banks, Jeffrey S. 1991. *Signaling Games in Political Science*. Chur, Switzerland: Harwood Academic.

Bates, Robert H, Avner Greif, Margaret Levi, Jean-Laurent Rosenthal, and Barry Weingast. 1998. *Analytic Narratives*. Princeton: Princeton University Press.

Beck, Nathaniel, Jonathan N. Katz, and Richard Tucker. 1998. "Taking Time Seriously: Time-Series-Cross-Section Analysis with a Binary Dependent Variable." *American Journal of Political Science* 42 (4): 1260-88.

Best, Heirich, and Maurizo Cotta, eds. 2000. *Parliamentary Representatives in Europe 1848-2000: Legislative Recruitment and Careers in Eleven European Countries*. Oxford: Oxford University Press.

Binder, Sarah A. 1997. *Minority Rights, Majority Rule: Partisanship and the Development of Congress*. Cambridge, England: Cambridge University Press.

Binder, Sarah A. 2003. *Stalemate: Causes and Consequences of Legislative Gridlock*. Washington D. C.: Brookings Institution Press.

Binder, Sarah A., and Steven S. Smith. 1997. *Politics or Principle? : Filibustering in the United States Senate*. Washington D. C.: Brookings Institution Press.

Blondel, Jean, et al. 1969. "Legislative Behaviour: Some Steps towards a Cross-National Measurement." *Government and Opposition* 5 (1): 67-85.

Bottom, William P., Cheryl L. Eavey, Gary J. Miller, and Jennifer Nicoll Victor. 2000. "The Institutional Effect on Majority Rule Instability: Bicameralism in Spatial Policy Decisions." *American Journal of Political Science* 44 (3): 523-40.

Box-Steffensmeier, Janet M., and Christopher Zorn. 2002. "Duration Models for Repeated Events." *Journal of Politics* 64 (4):1069-94.

Box-Steffensmeier, Janet M., and Bradford S. Jones. 2004. *Event History Modeling: A Guide for Social Scientists*. Cambridge, England: Cambridge University Press.

Brams, Steven J. 1989. "Are the Two Houses of Congress Really Coequal." In *The Federalist Papers and the New Institutionalism*, eds. Bernard Grofman and Donald Wittman. New York: Agathon Press, 125-41.

Brennan, Geoffrey, and Alan Hamlin. 1992. "Bicameralism and Majoritarian Equilibrium." *Public Choice* 74 (2): 169-79.

Bryce, James. 1921. *Modern Democracies*. 2 Vols. London: Macmillan and Co.

Conference on the Reform of the Second Chamber. 1918. *Letter from Viscount Bryce to the Prime Minister*. HMSO, Cd: 9038.

Cowhey, Peter F., and Mathew D. McCubbins, eds. 1995. *Structure and Policy in Japan and the United States*. New York: Cambridge University Press.

Cox, Gary W. 1987. *The Efficient Secret: The Cabinet and the Development of Political Parties in Victorian England*. Cambridge, England: Cambridge University Press.

Cox, Gary. 1994. "Strategic Voting Equilibria under the Single Nontransferable Vote." *American Political Science Review* 88 (3): 608-21.

Cox, Gary W., and Mathew D. McCubbins. 1993. *Legislative Leviathan: Party Government in the House*. Berkeley: University of California Press.

Cox, Gary W., and Mathew D. McCubbins. 2005. *Setting the Agenda: Responsible Party Government in the U.S. House of Representatives*. New York: Cambridge University Press.

Cox, Gary W., and Mathew D. McCubbins. 2006. "Managing Plenary Time in Democratic Legislatures." Paper prepared for presentation at the World Congress of the International Political Science Association, Fukuoka, Japan, July 10, 2006.

Cox, Gary, Mikitaka Masuyama, and Mathew D. McCubbins. 2000. "Agenda Power in the Japanese House of Representatives." *Japanese Journal of Political Science* 1 (1): 1-21.

Cox, Gary, and Frances Rosenbluth. 1995. "Anatomy of a Split: The Liberal Democrats of Japan." *Electoral Studies* 14 (4): 355-76.

Cox, Gary W., Frances M. Rosenbluth, and Michael F. Thies. 1999. "Electoral Reform and the Fate of Faction: The Case of Japan's Liberal Democratic Party." *British Journal of Political Science* 29 (1): 33-56.

Cox, Gary W., Frances M. Rosenbluth, and Michael F. Thies. 2000. "Electoral Rules, Career Ambitions, and Party Structure: Comparing Factions in Japan's Upper and Lower Houses." *American Journal of Political Science* 44 (1): 115-22.

Cox, Gary W., and Michael F. Thies. 1998. "The Cost of Intraparty Competition: The Single, Nontransferable Vote and Money Politics in Japan." *Comparative Political Studies* 31 (3): 267-92.

Döring, Herbert, ed. 1995. *Parliament and Majority Rule in Western Europe*. Frankfurt: Campus Verlag.

Döring, Herbert. 2001. "Parliamentary Agenda and Legislative Outcomes in Western Europe." *Legislative Studies Quarterly* 31 (1): 145-65.

Döring, Herbert, and Mark Hallerberg, eds. 2004. *Patterns of Parliamentary Behaviour: Passage of Legislation across Western Europe*. Aldershot: Ashgate.

Esping-Andersen, Gøsta. 1999. *Social Foundations of Postindustrial Economies*. Oxford: Oxford University Press.

Ferrara, Federico, Erik S. Herron, and Misa Nishikawa. 2005. *Mixed Electoral Systems Contamination and Its Consequences*. New York: Palgrave Macmillan.

Franzese, Robert J., Jr. 2002. *Macroeconomic Policies of Developed Democracies*. Cambridge, England: Cambridge University Press.

Fukumoto, Kentaro. 2004. "How Many Laws does the Legislature Make? Cross Country Comparison and Cointegrated Time Series of Japan." Paper prepared for the Annual Meeting of the Midwest Political Science Association, Chicago, IL, USA, April 15-8, 2004. <http://www-cc.gakushuin.ac.jp/~e982440/>

Fukumoto, Kentaro. 2005. "Decreasing Electoral Risk and Strategic Retirement to Avoid Losing Election: Survival Analysis of Legislators' (Political) Life at Systematically Dependent Competing Risks." Paper presented at the Annual Meeting of the Midwest Political Science Association, Chicago, IL, USA, April 7-10,

2005. <http://www-cc.gakushuin.ac.jp/~e982440/>
Gibbons, Robert. 1992. *Game Theory for Applied Economists*. Princeton: Princeton University Press.
Greif, Avner. 2006. *Institutions and the Path to the Modern Economy: Lessons from Medieval Trade*. New York: Cambridge University Press.
Haggard, Stephan, and Mathew D. McCubbins, eds. 2001. *Presidents, Parliaments, and Policy*. Cambridge, England: Cambridge University Press.
Hammond, Thomas H., and Gary J. Miller. 1987. "The Core of the Constitution." *American Political Science Review* 81 (4): 1155-74.
Hofstadter, Richard. 1969. *The Idea of a Party System: The Rise of Legitimate Opposition in the United States, 1780-1840*. Berkeley: University of California Press.
Horiuchi, Yusaku, and Ryota Natori. 2006. "Subnationally Inconsistent National Electoral System: An Institutional Obstacle to the Duvergerian Equilibrium in Japan." Australian National University and Kansai University. Unpublished Manuscript.
Inter-Parliamentary Union. 1986. *Parliaments of the World: A Comparative Reference Compendium*. 2nd ed. 2 Vols. Aldershot: Gower.
Iversen, Torben. 1999. *Contested Economic Institutions: The Politics of Macroeconomics and Wage Bargaining in Advanced Democracies*. Cambridge, England: Cambridge University Press.
Kawato, Sadafumi. 2000. "Strategic Contexts of the Vote on Political Reform Bills." *Japanese Journal of Political Science* 1 (1): 23-51.
King, Anthony. 1976. "Modes of Executive-Legislative Relations: Great Britain, France, and West Germany." *Legislative Studies Quarterly* 1 (1): 11-36.
King, Gary, Robert O. Keohane, and Sidney Verba. 1994. *Designing Social Inquiry: Scientific Inference in Qualitative Research*. Princeton: Princeton University Press.
Kohno, Masaru. 1997. *Japan's Postwar Party Politics*. Princeton: Princeton University Press.
König, Thomas. 2001. "Bicameralism and Party Politics in Germany: An Empirical Social Choice Analysis." *Political Studies* 49 (3): 411-37.
Krauss, Ellis S. 1984. "Conflict in the Diet: Toward Conflict Management in Parliamentary Politics." In *Conflict in Japan*, eds. Ellis S. Krauss, Thomas P. Rohlen, and Patricia G. Steinhoff. Honolulu: University of Hawaii Press, 243-93.
Krehbiel, Keith. 1991. *Information and Legislative Organization*. Ann Arbor: University of Michigan Press.
Laakso, Markku, and Rein Taagepera. 1979. "The 'Effective' Number of Parties: A

Measure with Application to West Europe." *Comparative Political Studies* 12 (1): 3-27.
Lijphart, Arend, ed. 1992. *Parliamentary versus Presidential Government*. Oxford: Oxford University Press.
Lijphart, Arend, 1999. *Patterns of Democracy: Government Forms and Performance in Thirty-Six Countries*. New Haven: Yale University Press.
Lijphart, Arend, and Don Aitkin. 1994. *Electoral Systems and Party Systems: A Study of Twenty-Seven Democracies, 1945-1990*. Oxford: Oxford University Press.
Linz, Juan J., and Arturo Valenzuela. 1994. *The Failure of Presidential Democracy*. Baltimore: Johns Hopkins University Press.
Longley, Lawrence D., and David M. Olson, eds. 1991. *Two into One: The Politics and Processes of National Legislative Cameral Change*. Boulder: Westview Press.
Madison, James, Alexander Hamilton, and John Jay. 1788=1987. *The Federalist Papers*. Edited by Isaac Kramnick. London: Penguin Books.
Mainwaring, Scott, and Matthew Soberg Shugart, eds. 1997. *Presidentialism and Democracy in Latin America*. New York: Cambridge University Press.
Marshall, Geoffrey, ed. 1989. *Ministerial Responsibility*. Oxford: Oxford University Press.
Martin, Lanny W. 2004. "The Government Agenda in Parliamentary Democracies." *American Journal of Political Science* 48 (3): 445-61.
Martin, Lanny W., and Georg Vanberg. 2004. "Policing the Bargain: Coalition Government and Parliamentary Scrutiny." *American Journal of Political Science* 48 (1): 13-27.
Masuyama, Mikitaka. 1998. "Legislative Scheduling: A Case of the Japanese Diet." Paper for delivery at the Annual Meeting of the American Political Science Association, Boston, MA, USA, September 3-6, 1998.
Mayhew, David R. 1974. *Congress: The Electoral Connection*. New Haven: Yale University Press.
Mayhew, David R. 2005. *Divided We Govern: Party Control, Lawmaking, and Investigations, 1946-2002*. 2nd ed. New Haven: Yale University Press.
Mezey, Michael L. 1979. *Comparative Legislatures*. Durham: Duke University Press.
Mill, John Stuart. 1867=1975. "Considerations on Representative Government." In *Three Essays*. idem. Oxford: Oxford University Press, 143-423.
Miller, Gary J., and Thomas H. Hammond. 1990. "Committees and the Core of the Constitution." *Public Choice* 66 (3): 201-27.
Miller, Gary J., Thomas H. Hammond, and Charles Kile. 1996. "Bicameralism and the Core: An Experimental Test." *Legislative Studies Quarterly* 21: 83-103.

Mochizuki, Mike Masato. 1982. *Managing and Influencing the Japanese Legislative Process: The Role of Parties and the National Diet*. Ph. D. Dissertation. Harvard University.

Norris, Pippa. 2004. *Electoral Engineering: Voting Rules and Political Behavior*. Cambridge, England: Cambridge University Press.

Olson, Mancur. 1965. *The Logic of Collective Action: Public Goods and the Theory of Groups*. Cambridge, MA: Harvard University Press.

Ostrom, Elinor. 1990. *Governing the Commons: The Evolution of Institutions for Collective Action*. Cambridge, England: Cambridge University Press.

Pedersen, Mogens N. 1979. "The Dynamics of European Party Systems: Changing Patterns of Electoral Volatility." *European Journal of Political Research* 7 (1): 1-26.

Pempel, T. J. 1986. "Uneasy Toward Autonomy: Parliament and Parliamentarians in Japan." In *Parliaments and Parliamentarians in Democratic Politics*, ed. Ezra N. Suleiman. New York: Holmes and Meier, 106-53.

Pierson, Paul. 2004. *Politics in Time: History, Institutions, and Social Analysis*. Princeton: Princeton University Press.

Polsby, Nelson W. 1975. "Legislatures." In *Handbook of Political Science*. Vol. 5, eds. Fred I. Greenstein and Nelson W. Polsby. Reading: Addison-Wesley Publishing Company, 257-319.

Ramsdell. Daniel B. 1992. *The Japanese Diet: Stability and Change in the Japanese House of Representative 1890-1990*. Lanham: University Press of America.

Ramseyer, J. Mark, and Frances McCall Rosenbluth. 1993. *Japan's Political Marketplace*. Cambridge, MA: Harvard University Press.

Reed, Steven R. 1990. "Structure and Behaviour: Extending Duverger's Law to the Japanese Case." *British Journal of Political Science* 20 (3): 335-56.

Reed, Steven R. 1992. *Japan Election Data: The House of Representatives, 1947-1990*. Ann Arbor: Center for Japanese Studies, The University of Michigan.

Rogers, James R. 1998. "Bicameral Sequence: Theory and State Legislative Evidence." *American Journal of Political Science* 42 (4): 1025-60.

Rogers, James R. 2001. "An Informational Rationale for Congruent Bicameralism." *Journal of Theoretical Politics* 13 (2): 123-51.

Rosenbluth, Frances, and Michael F. Thies. 2001. "The Electoral Foundations of Japan's Banking Regulation." *Policy Studies Journal* 29 (1): 23-37.

Sartori, Giovanni. 1976. *Parties and Party Systems: A Framework for Analysis*. Vol. 1. Cambridge, England: Cambridge University Press.

Sartori, Giovanni. 1994. *Comparative Constitutional Engineering: An Inquiry into Structures, Incentives, and Outcomes*. New York: New York University Press.

Schickler, Eric. 2001. *Disjointed Pluralism: Institutional Innovation and the Development of the U.S. Congress*. Princeton: Princeton University Press.

Shepsle, Kenneth A. 1979. "Institutional Arrangements and Equilibrium in Multidimensional Voting Models." *American Journal of Political Science* 23 (1): 27-59.

Sloof, Randolph. 1998. *Game-Theoretic Models of the Political Influence of Interest Groups*. Boston: Kluwer Academic.

Steinmo, Sven, Kathleen Ann Thelen, and Frank Longstreth. 1992. *Structuring Politics: Historical Institutionalism in Comparative Analysis*. Cambridge, England: Cambridge University Press.

Streeck, Wolfgang, and Kathleen Thelen. 2005. "Introduction: Institutional Change in Advanced Political Economies." In *Beyond Continuity: Institutional Change in Advanced Political Economies*, eds. idem. New York: Oxford University Press.

Thelen, Kethleen. 2004. *How Institutions Evolve: The Political Economy of Skills in Germany, Britain, the United States, and Japan*. Cambridge, England: Cambridge University Press.

Tsebelis, George, and Jeannette Money. *Bicameralism*. 1997. Cambridge, England: Cambridge University Press.

Vengroff, Richard, Lucy Creevey, and Henry Krisch. 2000. "Electoral System Effects on Gender Representation: The Case of Mixed Systems." *Japanese Journal of Political Science* 1 (2): 197-227.

Weingast, Barry R., and William J. Marshall. 1988. "The Industrial Organization of Congress; or, Why Legislatures, Like Firms, Are Not Organized as Markets." *Journal of Political Economy* 96 (1): 132-63.

Weinbaum, Marvin G. 1975. "Classification and Change in Legislative Systems: With Particular Application to Iran, Turkey and Afganistan." In *Legislative Systems in Developing Countries*, eds. G. R. Boynton and Chong Lim Kim. Durham: Duke University Press, 31-68.

謝　辞

　私にとって2冊目の単著となる本書は，東京大学から博士（法学）の学位を授与されるに先立ち提出した同名の学位申請論文に，若干修正を施したものである。主査の蒲島郁夫教授，紹介教員の加藤淳子教授の他，石川健治，大串和雄，長谷部恭男の各教授に審査の労をお執り頂いた。また同論文を書籍として出版することは，学習院大学研究成果刊行助成金により可能となった。
　本書の基となっている論文の初出は次の通りである。

　　序　章　書き下ろし（一部，「立法」『アクセス　日本政治論』（平野
　　　　　浩・河野勝編，日本経済評論社，2003年），135-52頁）
　　第1章　「法案数管理に見る内閣の統合機能──現行政府法案提出手
　　　　　続の形成過程と定着理由（一）（二）（三・完）」『議会政治研究』
　　　　　No. 67（2003年），23-9頁，No. 68（2003年），69-79頁，No. 69
　　　　　（2004年），46-59頁
　　第2章
　　　　第1節　「参議院議員は衆議院議員よりもシニアか？」日本政治学
　　　　　　　会編『年報政治学　2003年』（岩波書店，2003年），245-59頁
　　　　第2節　「二院制の存在理由」『レヴァイアサン』30号（2002年），
　　　　　　　90-114頁
　　　　補　論　書き下ろし
　　第3章　「国会定足数の政治的実態」『議会政治研究』47号（1998年），
　　　　　1-9頁
　　終　章　書き下ろし
　　付　録
　　　　1，2　書き下ろし

3 「国会議員の入場と退場：1947－1990」『選挙研究』19号（2004年），101－10頁

岩波書店，議会政治研究会，日本経済評論社，日本政治学会，日本選挙学会，木鐸社は，今回これらの転載を快諾して頂いた。

前著（福元，2000）出版前後からの私の研究は，増山幹高氏抜きにしては考えられない。同氏の議会研究は，私にとって多くを学びとる源泉であり，かつ批判の対象であった。増山氏は，私が最初に想定した読者であり，おそらくは最良の理解者であった。私の質問に対して，生存分析の手ほどきから御自身の研究の問題点まで，懇切丁寧に教えて頂いた。

また増山氏の他，川人貞史，待鳥聡史の諸氏と行っている共同研究（通称，川人プロジェクト）は，小所帯ながらも濃密な議論を「人格的対立抜きに」繰り広げてきたと自負している。普段から電子メールで戦わせていた論争を形にしたのが，『レヴァイアサン』35号での誌上論争（福元，2004；待鳥，2004；増山，2004）であった。いくつかの学会パネルで報告を行い，川人・福元・増山・待鳥（2002），川人・増山（2005），福元・待鳥（2004）といった共著論文も成果として出ている。川人氏が作成した選挙データを私の国会議員データと合併するに際しては，川人氏にご協力頂いた。さらに共同研究あるいは私個人に対して，日本学術振興会科学研究補助金，櫻田会特別共同研究助成，成蹊大学研究助成費などもいただいた。後二者は，部外者の大学教員も迎え入れて下さったことを，特に記しておきたい。

修業時代と就職してからの大きな違いの1つは，異なる大学院で学んだ人々と研究会で交わることだ。それぞれに前提としている古典や，何を論証すれば納得するかという暗黙のルールが違っており，他流試合のような趣きがあった。本研究の各部分は，学習院大学，慶應義塾大学，政策研究大学院大学，東京大学，同志社大学，北海道大学で報告された。伊藤修一郎，河村和徳，河野勝，小林良彰，谷口尚子，谷口将紀，三浦まり，平野浩，村瀬洋一，山本耕資の諸氏をはじめ，多くの方から有益なコメントを頂戴した。この他，2003年度日本政治学会年報委員会審査委員会及び匿名

査読者,『選挙研究』論文匿名査読者からも,貴重な助言を賜った。また国会議員データを作成するに際して,久保田正志,斉藤利彦,数土直紀,辻直人,米山泰揚の諸氏には,教育学,社会学,行政官の視点から助言を頂いた。Steven R. Reed 氏には更新版・私家版のデータをご提供頂いた。

本研究の最終段階は,2003－5年の長期研修でハーヴァード大学に客員研究員として滞在した際になされた。この間,日本学術振興会には海外特別研究員として採用して頂いた。受入教授であった Susan J. Pharr 教授は,研究を博士論文にまとめることを勧めて下さった。また第2章の補論を書いた背景には,Gary King 教授のもとで,統計分析をなるべくわかりやすいものにすることを学んだことがある。この他,Margarita Estevez-Abe, Alexander Keyssar, Robert D. Putnam, Kevin M. Quinn, Jasjeet Singh Sekhon, Theda Skocpol の諸教授に演習でお世話になった。政治参加や政治学方法論に関する,米国でのその他の研究成果は,今後発表していく所存である。

政治学は,大学の研究者だけでなく,実際に政治に携わっている方々の協力も不可欠である。資料収集にあたり,国立公文書館本館,同つくば分館,財務省,参議院事務局,衆議院事務局,内閣官房にお邪魔した。議会政治研究会の大久保昭三氏は,初の単著論文（本書第3章）を執筆する機会を与えて下さり,保科弘・自由民主党国会対策委員会事務部長（当時）はインタビューに応じて頂いた。政治学者と国会事務局職員との国会研究会における議論にも啓発されている。

勤務先の学習院大学では,佐々木毅,村松岐夫の両教授をはじめとして同僚の方々にお世話になっている。また,西野さち恵,神宮文代,緒方敦子,河合智子,滝口聖子,木村芙美子の歴代副手による研究補助なくして,本書は成り立たなかった。さらにデータ作成等の作業は多くのアルバイト学生に手伝って頂いた。また本研究には,学習院大学経済経営研究所からも研究費を受けた。その成果は福元・脇坂（2004）にまとめられている。

木鐸社の坂口節子氏は,無理なスケジュールの中で巧みな編集手腕を発揮して出版にまでこぎつけて頂いた。

以上の全ての方々に,この場を借りて厚く御礼申し上げる。

本書を妻の西形涼子に捧げる。本研究の歩みは，彼女との付き合いにほぼ重なる。一見味気ない話ばかりかもしれないが，ためにする議論を大まじめに受け取って相手をするのも可笑しくて仕方ないものだよ，という私の気持ちを伝えたい。

　2007年2月

下落合の寓居にて
福元　健太郎

索引

あ行

アリーナ型議会 22, 26
R 142
委員会 22, 24, 38, 84, 90, 112-4, 116-8, 123-5, 128-30, 132-3, 163, 165-6, 169, 171-3, 175-7, 179, 189-95
委員会名称変更 117, 194
委員差し替え 176
委員長 26, 114, 117-8, 168, 171-2, 185, 195
委員長不一致 117-8, 121
医師 95, 97, 197
意思表示機能 112-3
一院制 139
1次式モデル 142-4, 157
一括審議法案 86, 89
一般公務員 198, 200-3, 207
右派社会党 166, 168, 198
A法案（提出確定） 37, 87-8
英訳 43-4, 48-50
SPSS 142, 144, 146, 148-50, 157
大蔵委員会 84, 115, 165
大蔵省 36-8, 47, 58, 62, 73, 83-5, 194
オッズ比 112
重み付け 94, 96, 100, 102, 109, 118, 200-1

か行

会期 23-4, 26, 118, 123-4, 136, 174, 192
回帰分析 109, 129, 133, 151-2
カイ二乗値 112, 125
階層化 99, 105, 150
外務省連絡局 43, 45, 48-9
閣外協力 118, 195
閣議決定 36-9, 41-4, 46-8, 51-3, 62-3, 71-3
閣議報告 68
閣議申し合せ 36, 59, 72, 80, 83
閣議了解 52
閣議了承 85

各省協議→他省庁関係
学制 95-7, 197, 207
学歴 94, 111, 134, 146, 184, 197, 200-1, 206
課長級 100, 198, 201
金森徳次郎 13, 91
加齢効果 98, 104
関係省庁→他省庁関係
頑健標準誤差 99, 103, 105, 109, 128-9, 142, 160
官公労 201, 203
監視 33-4, 39, 43, 45, 80, 84
　　早期監視 39, 41-3, 48-9, 55, 63, 77, 85, 89
完全ベイジアン均衡→均衡
観測単位 98, 105, 109, 140, 151, 161, 196
官房長 71, 74-5
官僚優位論 24
議員経歴年数 106, 142, 144, 151
議院審議属性 122, 127-31, 133
議院独自派 118-121, 135, 184-5
議院内閣制 22-3, 25-7, 120-1, 136, 167
議員立法 26
議運（議院運営委員会） 24, 26, 138, 165-6, 170-1, 177, 179-80
期限切れ法案 86-8
危険率 98-9, 104, 145, 154-6, 158
議事設定権 26, 117-8
議場内交渉係 177
基層的要因 123, 129-31
貴族院 19, 91-2, 103, 138, 184, 191
議長 13, 26, 89, 93, 98, 124, 127, 137, 166, 168, 170-2, 175, 178-9, 205
基本モデル 141-3, 153-5
記名投票 164, 193
休憩 164-5, 167-9
教員 197, 200-1, 204, 207
強行採決 186
共産党 95-6, 101-2, 130, 169-70, 192-3, 200-1, 203-5, 207

行政改革　34, 186
共線性　101, 105, 127, 144, 161
局長級　198, 201-3
拒否権　24, 26
許容度　101, 127, 129, 131, 133
均衡　81-3, 183
経営者　97, 100, 102, 104, 199-201, 204, 206
形状パラメータ　98-9, 104, 157, 159-60
継続審議　26, 192
経路依存　82
欠損値　105, 122, 125, 129, 131, 189-95
県議　200-1, 204-5
現行手続　31-2, 35, 39-40, 50, 52, 55, 62-3, 65-8, 72-3, 76, 79-81, 83-5, 89
憲法　13, 34, 45, 52, 54, 76, 92-4, 127, 133-6, 138, 178, 184, 196
　第43条　138
　第45条　92
　第46条　92
　第56条　163
　第59条第2項　127
　第59条第4項　127, 133
　第60条　136
　第61条　136
　第67条第2項　136
　第69条　136
権力の分割　19, 139
工学的発想　15, 17, 186-7
後議院　121-6, 129, 131-5, 138-9, 184, 191, 195
高級官僚　97, 100, 102, 104, 109, 198-203, 205-7
交差項　145, 150, 160
後参議院　113-4, 121-4, 127, 133-4
後衆議院　113-4, 122, 124
河野謙三　13, 93, 124, 137
公務員　115, 165, 198, 200-2, 204
公明党　95-6, 101-2, 192, 200-1, 205
合理的政治アクター　17-8, 185
国対（国会対策（委員会））　24, 65, 79, 87, 127, 163, 165, 173-8, 181, 184
55年体制　119
国会改革　13-4, 178, 186

国会正常化　164, 173, 176
国会中心主義　23
国会法　136, 176-7
　第2条（旧）　60
　第10章　136
　第13条　136
　第48条　118
　第49条　163, 176
　第56条　35, 66, 136
　第56条の2　191
　第57条　136
　第57条の2　136
　第58条　124, 191
　第121条　136
　第124条　180
国会法改正　85
国会無能論　23
※印法案→予算関係法案
コンセンサス型民主制　22-3, 26-8

さ行

最小二乗法　109, 152
在職年数　94-101, 104-5, 107-11, 134-5, 140, 142, 151-2, 155, 158, 184, 196, 200-1
財務省　88
最尤法　152, 154, 156, 158
左派社会党　166, 168
散会　165, 168, 170
△印法案→予算関係法案
参議院運営の改革に関する意見　13
参議院改革　13, 93-4, 113, 121, 123-4, 136-8, 184
参議院改革協議会　98
参議院規則　136
　第29条　124
　第37条　166
　第72条（旧）　193
　第74条　114, 116-7
　第84条　163, 171
参議院先議　64-5, 75, 86, 88, 94, 114, 121-2, 131, 135, 137-8, 184
参議院の将来像に関する意見書　178

参議院の将来像を考える有識者懇談会　178
参議院問題懇談会　13
暫定予算　170
GS（連合国総司令部民政局（もしくは政治局））　44-51, 53
GHQ（連合国総司令部）　32, 43-52, 54-8, 60, 73, 75, 92, 165, 178
時間依存（リスクの）　99, 143-4, 158
時間依存変数　104-5, 146, 151, 160-1
次官会議申合　59
次官級　201-3
時間独立（リスクの）　143, 153, 155
時間独立変数　145, 156
市議　200-1, 204-5
シグナル　79-83, 89, 183
重宗雄三　127
事件　140-1, 146, 151, 155, 161
事件間時間　149-150
指数モデル　155, 160
施政方針演説　72
事前承認（GSの）　45-50, 53
事前審査（与党の）→与党事前審査
下審査（内閣法制局の）　36-7, 39, 55, 67, 80
市長　200-1, 204-5
シニオリティ　110, 134, 150, 184
地盤固定効果　104
C法案（提出検討中）　37, 88
自民党　73-4, 95-6, 100-1, 134-5, 164-5, 169, 173, 175, 184, 192, 198, 200-1, 205-7
事務局
　議院事務局　138, 175, 179-80, 193-4
　自民党事務局　177
事務次官　53-4, 60-1, 63, 68, 70, 74
事務次官等会議　38, 52-3, 55, 58, 80
事務次官等会議申合せ　66
事務総長（議院の）　175
地元出身　99-102
社会党　49, 95-6, 101-2, 164, 168-9, 172-3, 192-3, 198, 200-1, 203-5, 207
衆議院改革に関する調査会　89
衆議院規則　136
　第35条　124

第41条　166
第67条の2　166
第92条　84, 114
第106条　163
衆議院再議決　118, 127, 136
衆議院審議優越の仮説　121-2, 127-8, 131
衆議院先議　64-5, 84, 87, 110, 113-4, 121-3, 128, 130, 133, 135-6, 138, 184
衆議院先議法案審議優越の仮説　114, 121-2, 127-8, 131
衆議院優越規定（憲法の）　94, 127, 136, 138, 184
終結→事件
終結時間加速モデル　98, 102, 107, 157-9
集合行為問題　32-3, 78
収集組織　34, 49, 53, 68, 79-80
修正　22-5, 44, 46, 50, 53, 61, 90, 110, 122, 136
　形式修正　190
　実質修正　114, 117, 120-2, 128, 130-3, 135, 190
修正日程値　125, 127
終点　98, 109, 159
重要度　123, 128, 130, 132-3, 190
重要法案　31-2, 52, 65, 79, 86-8, 110, 112, 120, 123, 135, 138, 172, 177, 183, 185, 190-1
終連（外務省終戦連絡中央事務局）　43-4, 46, 49
趣旨説明　112, 114, 117-8, 126, 128, 130, 132, 134, 191
首席内閣参事官（内閣官房内閣参事官室首席内閣参事官）　36, 64, 68, 70, 72, 74-5
出席率　164-5, 173, 177, 179
受領　122, 124, 126-8, 132-4
条件付確率　148, 152-6
条件付分散修正モデル　97-8, 151, 161
条件付リスク　147-8
召集日　118, 192
小選挙区制　15, 20
小選挙区比例代表並立制　16-7
条約　86, 136
職能代表制　92, 97
女性　198, 200-1, 204, 207

索引　227

所属政党　96, 100, 105, 196, 198, 200
諸派・無所属　95-6, 101-2, 118, 135, 184, 198-9
司令部→GHQ
審議拒否　24
審議期間の確保　94, 121, 123, 137-8, 184
人材ポートフォリオ　111
審査回数　113-4, 117-8, 120, 122, 129-35, 191
新制度論　15
慎重かつ充実した効率的な審議　14, 93, 113
枢密院　19, 52
数理分析　92, 137
STATA　100, 105, 142, 155, 157-60
政治学方法論　140
政治局→GS
生存時間　142, 145-6, 150-3, 155, 157-8, 161
生存分析　97-8, 102, 106, 139
政党　23-5, 93, 109, 135, 185-6
政党構成　118-21, 127
政党優位論　25
制度改革　13-7, 186
制度変化　18, 20, 23, 40
制度補完性　20
生年　109-10
政府委員室　53
世襲　16, 197, 199
世代　95-6, 109-10, 207
セレクション・バイアス　105, 109-10, 149
全会一致　22, 24, 26, 192-3
先議院　113, 121-4, 126-30, 132-5, 137-9, 184, 195
先議院審議優越の仮説　114, 121-3, 127-8
先議希望議院　53, 57, 64-6, 70, 84-5
選挙期　78, 126, 196
選挙区　105, 109, 165
選挙区定数　92, 104-5, 107, 196
選挙制度　16-7, 185
選挙法　92, 134, 184
全国区　92, 94-7, 99, 101-2, 104, 106-7, 109, 134, 184, 196, 207
先参議院　113-4, 121-2
戦時議会　42
先衆議院　113-4, 123, 126

選択的議事手続　112-3, 122, 135
選択的制裁　33-4, 40-2, 49, 59, 77, 79, 89
選別指標　32-4, 41-2, 49, 51-2, 57-9, 63-4, 69, 76, 86-7, 89
戦略的行動　17-8, 185-6
占領終結　57, 60, 172
前歴　146, 197, 199-201, 203
総括質疑　74, 84-5
相関係数　113, 117, 125-6, 131
早期提出　33, 39, 49
総理庁　49, 53-4
総理答弁（委員会の）　112, 114, 128, 130, 132-3, 189
総理府官房総務課（内閣総理大臣官房総務課）　53-4, 60-1, 63-5, 74, 194
族議員　16, 34

た行

第1類　67-9, 73
大学教授　95, 97, 197, 199
対決法案　65, 110, 167-8, 173
退場　98-9, 102, 105-6, 140-1, 143, 146, 148, 150-4, 158-61
退場オッズ　106-7
退場速度　154, 156, 159
退場リスク　105, 142
大臣自粛　93
対数オッズ　112-4, 117-8, 120, 141, 153
大卒　94-5, 201, 206-7
大統領制　19, 22, 120
大日本帝国憲法　34
第2類　67-9, 73
他省庁関係　37, 66-7, 71, 80
多数決型民主制　22
多数者意見署名　193
多数主義　24, 26, 117
ダミー変数モデル　144, 150, 157
知事　200-1, 204-7
知的専門職　97, 111, 134, 184
地方区　92, 94-7, 105-6, 160, 196, 207
地方公務員　198, 201
地方政治家　16, 100, 102-3, 109, 199-201, 204-6

中央省庁再編　54, 86
中堅公務員　198, 200-3
中選挙区制　15, 20
通算時間　97-9, 142, 149-51, 161
吊し　123, 126, 128-30, 132-3
t 検定　100, 125
　　対応のある t 検定　113
帝国議会　13, 19, 41-5, 100-3, 109, 196
提出期限　33-4, 39-40, 42, 49, 51, 55, 59-60, 63, 67, 74, 76-83, 89, 183
提出時期等調　37, 39, 89, 183
提出取り止め　33, 40, 44, 59, 77, 79, 89
提出予定法案等件名・要旨調　36-7, 39-40, 42, 51, 54-6, 58-9, 62-4, 68-73, 75, 86, 89, 183, 194
定例日　164
デュヴェルジェの法則　15
討議アリーナ　25, 112, 185
党議拘束　93
統合機能（内閣の）　31, 34, 40, 42, 55
統合組織　33-4, 39, 45, 48-9, 53, 68, 79-80, 89, 185
当選回数　94, 98-9, 137, 140, 149, 202
討論（委員会の）　112, 114, 117-8, 128, 130-3, 189-90
都議選　164, 169
得票比　102, 104-7, 146, 196, 199
ドループ商　104-5, 199

な行

内閣委員会　84, 115
内閣官房　36-9, 48, 52-5, 60, 66-8, 70-1, 73, 75, 84, 138
内閣官房長官　53, 59, 61, 63-5, 68, 70-2, 74, 165
内閣官房内閣参事官室　37, 39, 54, 61, 63, 70, 72-3, 79, 86
内閣官房内閣参事官室首席内閣参事官→首席内閣参事官
内閣官房内閣総務官室　54, 72, 86-7
内閣官房副長官　53, 60, 70
内閣法制局　36-40, 43-4, 47, 51-2, 55-7, 60, 63-70, 74-5, 79-80, 84

西尾末広　49, 164
2 次式モデル　144, 157
2 大政党制　15, 17, 19-20
日程間値　123, 126, 128-30, 191-2
日程値　124, 191-2, 195
入閣　110, 140
入場　98-9, 146
入場回数　98-9, 104-5, 149-50, 160, 196
入場年齢　99-102, 106
任期　92, 94, 96, 98, 104-7, 134-5, 140, 184, 200
任期終了年　102, 106-7
ねじれ国会　135
粘着性　24, 26, 173
年内成立法案　60
年齢　108, 110-1, 134, 184, 196

は行

廃案　22-4, 26, 32-3, 46, 90, 114, 122, 128-33, 136, 185, 195
ハザード・モデル　156-7
初当選　102, 107-10, 135, 161, 201, 203-6
パレート最適　82-3
反対政党数　123, 128-30, 132-3, 192
反復終結　97-8, 102, 106, 149, 151, 160
左側切断　99, 146, 149, 152, 159-61
B 法案（提出予定）　37, 88
非予算関係法案　35-6, 38, 40, 63, 67, 69, 71, 74-5, 83, 85-6
比例区　94-7, 99, 101-2, 104-5, 109, 134, 160, 184, 196, 207
比例ハザード・モデル　144-6, 157-9
不均一分散　109
附帯決議　112, 114, 120, 128, 130-2, 193
付託　38, 115-8, 123-4, 195
付託委員会　114-7, 121, 194
付託替え　117, 194

付託率　116
プレ現行手続　66, 68, 72-3, 80, 83
分割政府　120
文書課長　39, 53, 60-1, 64-5, 68, 72, 75, 84
文書課長等会議　37, 40, 70, 73, 84, 86
分析的叙述　31
米国　22, 28, 92, 150, 174, 181
ベースライン退場オッズ　106-7
ベースライン・ハザード　157, 160
ベースライン・リスク　105, 143-6, 150
ペゼアセン指数　118
変換型議会　22
法案数　31-2, 38, 42, 49, 51-2, 74, 76, 79, 89, 183
法案数管理　31, 42, 49-50, 53, 73
法曹　95, 97
補正予算　72, 76, 86-7, 168
補二重対数リンク　153, 155-6
本会議　163-73, 176, 178-80, 190-1
本審査回数　125, 133-4
本吊し　126, 137
本付託　116-7

ま行

右側打ち切り　98, 105-6, 148-9, 151-3, 155, 159-161
　　非情報的打ち切り　149
みなし否決　122, 127-8, 130, 132-4, 136
民社党　95-6, 101-2, 110, 164, 176, 192, 198, 200-1, 203
民政局→GS
無条件確率　148, 152-4, 156, 161
無条件リスク　148
無所属→諸派・無所属
目的の分割　19, 139

や行

野党　32, 77, 79, 83, 89, 135-6, 163-5, 167-8, 173-6, 178, 185
野党委員長　117
有意政党　123, 192
有効会派数　118, 127-8, 130-2, 134

優先法案　79-82, 85-6, 89
要綱　36, 41-4, 51-2, 55-6, 62, 67, 73-4, 84
要目票　46, 48
予算　36-7, 63-5, 71-2, 83, 85, 89, 136, 164-5, 174, 194-5
予算委員会　74, 84-5, 166
予算概算要求　36-7, 62
予算関係以外の法案→非予算関係法案
予算関係法案　35-40, 52, 56, 58, 61-3, 65-7, 69-78, 83-5, 87-9, 123, 128, 130-1, 136, 189, 194
　　※印法案　35-6, 38, 40, 63, 69-70
　　△印法案　35-6, 38, 73, 77, 88
予算関係法案中心主義　39, 41, 62, 77-8, 83, 85-7
予算国会　35-8, 63, 69, 73, 75, 77-8, 83-4, 89, 118, 123, 129, 183, 192, 194-5
予算提出　40, 74, 77-8, 83
予算を伴う議員立法　85
与党　69-70, 75-6, 79, 87-90, 117, 119-120, 163-4, 167-9, 173-5, 178, 185, 195
与党委員長　127-8, 130-2, 136, 195
与党幹事長　85, 177
与党議席率　118, 127-8, 131, 136
与党事前審査　35, 89
与党折衝（与党関係）　37, 66, 73, 80
予備審査　55, 94, 121, 124-6, 128, 132-4, 136-8, 164, 169, 184, 189, 191, 195
予備送付　126
予備吊し　126, 137
予備付託　116-7, 125-6, 194-5
ヨーロッパ（欧州）　202, 204, 206-7

ら行

ラバー・スタンプ論　23
離散時間モデル　104-5, 107, 139-140, 146-7, 151-3, 155, 157, 159, 161
理事会　24, 26, 138, 165
リスク　141, 153
留意事項　37, 86-8, 186
流会　164, 169, 171, 173
両院協議会　118, 136
両院共通会派　120

両院不一致　117-8, 120-1
緑風会　95-7, 101-2, 110, 135, 168, 184, 199
臨時国会　58, 69, 75-6, 85
累積在職年数　99, 102, 104, 108
連続時間モデル　105, 139, 145, 151, 154-7, 161
連続任期　98-9, 102, 105, 160, 196
連調（総理庁連絡調整中央事務局）　43, 46-50
連立　127, 174

労働組合　100-2, 104, 199-201, 203-4, 206-7
ロジスティック回帰分析　102, 105-6, 128-9, 132, 139, 141-2, 161

わ行

ワイブル・モデル　98, 102, 104, 107, 157-8, 160

著者略歴

福元健太郎（ふくもと　けんたろう）
　1972年　生まれる
　1995年　東京大学法学部卒業
　　　　　東京大学法学部助手，学習院大学法学部専任講師，同助教授，
　　　　　ハーヴァード大学客員研究員を経て
　2007年　学習院大学法学部教授（4月より），博士（法学，東京大学）
　専攻　　日本政治，立法政治，統計分析
　主要著作
　　『日本の国会政治　全政府立法の分析』（東京大学出版会，2000年）
　　『日本政治　変動の30年　政治家・官僚・団体調査に見る構造変容』
　　　（共著，東洋経済新報社，2006年）
　　『アクセス　日本政治論』（共著，日本経済評論社，2003年）
　　『デモクラシーの政治学』（共著，東京大学出版会，2002年）
　　『代議士とカネ』（共著，朝日新聞社，1999年）
　　『政治改革1800日の真実』（共著，講談社，1999年）
　連絡先
　　〒171-8588　豊島区目白1-5-1　学習院大学法学部
　ホームページ
　　http://www-cc.gakushuin.ac.jp/~e982440/

立法の制度と過程
Legislative Institutions and Process

2007年2月21日　第1版第1刷印刷発行　ⓒ

（乱丁・落丁本はお取替致します）

著者との了解により検印省略			
著　者	福　元　健太　郎		
発行者	坂　口　節　子		
発行所	㈲　木　鐸　社		
印　刷　㈱アテネ社	製　本　高地製本		

〒112-0002　東京都文京区小石川5-11-15-302
電話（03）3814-4195　　ファクス（03）3814-4196
振替 東京00100-5-126746　http://www.bokutakusha.com/

ISBN978-4-8332-2389-8 C3031

増山幹高著
議会制度と日本政治　■議事運営の計量政治学
A5判・300頁・定価：本体4000円＋税

既存研究のように，理念的な議会観に基づく国会無能論やマイク・モチヅキに端を発する行動論的アプローチの限界をこえて，日本の民主主義の根幹が議院内閣制という制度に構造化されていることを再認識する。この議会制度という観点から戦後日本の政治・立法過程の分析を体系的・計量的に展開する画期的試み。

川人貞史著
選挙制度と政党システム
A5判・300頁・4000円＋税

著者がこの十数年間に，様々な分析モデルを活用して進めてきた研究の中から選挙制度と政党システムをめぐるパフォーマンスの分析によって国及び日本政治の構造変化を明らかにする諸章よりなる。各論考は，発表時，それぞれ学界の注目を集め，研究の水準を飛躍的に高めた。

三宅一郎著
選挙制度変革と投票行動
A5判・240頁・3500円＋税

選挙制度改革後2回に亙って行われた総選挙に示された有権者の投票行動の分析から55年体制崩壊後の政治変化を読み取る三宅政治学の現在。有権者による小選挙区・比例区の2票の使い分け，一部で言われている戦略投票との関係など，著者の一貫したアプローチを新しいそれとの整合を図ることを試みる。

東大法・蒲島郁夫第5期ゼミ編
参議院の研究
第Ⅰ巻　選挙編　A5判・600頁・10000円＋税
第Ⅱ巻　議員・国会編　A5判・600頁・10000円＋税

松本保美著
理論とテクノロジーに裏付けられた
新しい選挙制度
46判・200頁・2000円＋税

投票に関して，既に明らかになった理論的な結論を紹介することによって現在の投票制度の不合理な点を指摘・分析するとともに，それにとって代る投票制度を提言する，同時に，その実現可能性をコンピュータ・ネットワーク技術の面から検討する。最後に大胆なアイディアを提示して，議論の叩き台とする。